# Édito

## Employeurs, membres du CSE

*Ce guide vous est destiné*



Les ordonnances du 22 septembre 2017 ont ment des règles relatives à la représentation ... avail ne parle plus de délégués du personnel, de co... ou de comité d'hygiène, de sécurité et des conditions de tra... CHSCT) : ces différentes instances ont été remplacées par le comité social et économique (CSE). Le CSE est donc l'unique instance de représentation du personnel. A ceci près qu'il faut distinguer le CSE des entreprises de moins de 50 salariés du CSE des entreprises de 50 salariés et plus.

S'ils portent le même nom, ces CSE ne se ressemblent en rien : leurs rôles, leurs fonctionnements, mais surtout leurs moyens, sont très différents. L'objet de ce guide est de vous aider à appréhender ces règles en nous focalisant sur le CSE des entreprises de moins de 50 salariés, qui ne fait pas l'objet de la même attention que le CSE des entreprises de plus de 50 salariés.

Ce guide a vocation à répondre à toutes vos interrogations sur le CSE : qui doit le mettre en place et quand ? Comment fonctionne-t-il ? Quel est le rôle des élus ? Quels sont leurs moyens ? De quelle protection disposent-ils pour exercer leur mandat ? Nous nous sommes efforcés de rendre les règles complexes plus accessibles, dans un ouvrage complet accompagné de modèles et de nombreux exemples pour vous guider, pas à pas, dans la mise en place et le fonctionnement du CSE.

Nous espérons que ce guide vous apportera les réponses que vous attendiez.

Pauline Moreau Avila

# Sommaire

Partie 1 **Les particularités du CSE dans les entreprises de 11 à 49 salariés** ..... 7

*Chapitre 1* - Ce qu'il faut savoir sur le comité social et économique ..... 8
*Chapitre 2* - Qui doit mettre en place un CSE ? ..... 13
*Chapitre 3* - Calculer l'effectif de l'entreprise ..... 16

Partie 2 **Élire le comité social et économique** ..... 21

*Chapitre 1* - Le déroulement des élections professionnelles ..... 22
*Chapitre 2* - Qui vote ? Qui peut se porter candidat ? ..... 27
*Chapitre 3* - Du protocole d'accord préélectoral à la campagne électorale ..... 29
*Chapitre 4* - Du vote des salariés au dépouillement des bulletins ..... 38
*Chapitre 5* - Établir le résultat des élections ..... 45

Partie 3 **Le rôle du CSE en matière de droit du travail et de négociation collective** ..... 53

*Chapitre 1* - Présenter les réclamations des salariés à l'employeur ..... 54
*Chapitre 2* - Les droits d'information et de consultation du CSE ..... 61
*Chapitre 3* - Le rôle du CSE en matière de licenciement ..... 74
*Chapitre 4* - Assister les salariés en cas de discrimination ..... 76
*Chapitre 5* - Négocier un accord avec le CSE ..... 81

Partie 4 **Le rôle du CSE en matière de santé, de sécurité et de conditions de travail** ..... 87

*Chapitre 1* - Veiller à la santé, à la sécurité et aux conditions de travail des salariés ..... 88
*Chapitre 2* - Alerter l'employeur ..... 97
*Chapitre 3* - Agir avec l'inspecteur du travail et le médecin du travail ..... 107

Partie 5 **Le fonctionnement du CSE** ..... 115

*Chapitre 1* - Se réunir sous la présidence de l'employeur ..... 116
*Chapitre 2* - Un local pour se réunir, un panneau d'affichage pour communiquer ..... 122
*Chapitre 3* - Des heures de délégation pour exercer le mandat sur le temps de travail ..... 127
*Chapitre 4* - La liberté de déplacement des membres du CSE ..... 137
*Chapitre 5* - Le droit à la formation des membres du CSE ..... 141
*Chapitre 6* - Invoquer le délit d'entrave ..... 147

Partie 6 **Le mandat des élus** ..... 151

*Chapitre 1* - Ce qu'il faut savoir sur le mandat d'élu du CSE ..... 152
*Chapitre 2* - La protection des membres du CSE ..... 158
*Chapitre 3* - Faire face au contentieux de la rupture du contrat de travail ..... 165
*Chapitre 4* - La protection des membres en cas de discrimination pour l'exercice d'un mandat ..... 169

Partie 7 **Modèles** ..... 173

# LE CSE

# DANS LES ENTREPRISES DE MOINS DE 50 SALARIÉS

## CE QU'IL FAUT SAVOIR

**Ce guide a été rédigé par Pauline MOREAU AVILA**
**et mis à jour par Séverine BAUDOUIN**

**Avec l'aide de la rédaction sociale des Éditions Législatives :**
**Frédéric AOUATE** (Guide CSE)
**Julien FRANCOIS**
et **Virginie GUILLEMAIN**

Lefebvre Dalloz

EDITIONS LEGISLATIVES

**Pour nous contacter :**
Éditions Législatives – 10, place des Vosges – CS 10359 – 92072 Paris La défense cedex
Tel : 01 83 10 10 10
www.editions-legislatives.fr



ISBN : 978-2-85086-546-6

Composition : Éditions Législatives

# Partie 1

# Les particularités du CSE dans les entreprises de 11 à 49 salariés

Chapitre 1

# Ce qu'il faut savoir sur le comité social et économique

## 1. Le comité social et économique dans les entreprises de moins de 50 salariés

**Remarque :** cet ouvrage est exclusivement consacré au comité social et économique des entreprises de moins de 50 salariés. Les Éditions Législatives Lefebvre-Dalloz publient un ouvrage consacré au CSE des entreprises de 50 salariés et plus. Il s'agit du Guide CSE.

Le comité social et économique (CSE) est une instance représentative du personnel, dont la mise en place est obligatoire dans toutes les entreprises de 11 salariés et plus. Dans les entreprises de 11 à 49 salariés, il remplace les délégués du personnel, dont il reprend les attributions.

Dans les entreprises de 50 salariés et plus, le comité social et économique fusionne le comité d'entreprise, le CHSCT et les délégués du personnel.

**Remarque :** le CSE a été institué par l'ordonnance du 22 septembre 2017, ratifiée par la loi du 29 mars 2018 et son décret d'application n° 2017-1819 du 29 décembre 2017. Cette nouvelle législation est applicable depuis le 1er janvier 2018.

### *1.1 Quand le comité social et économique doit-il être mis en place dans l'entreprise ?*

Les entreprises doivent mettre en place un comité social et économique dès l'instant qu'elles emploient, sans discontinuité depuis 12 mois, au moins 11 personnes (article L. 2311-2 du code du travail).

### *1.2 Comment est composé le comité social et économique de l'entreprise ?*

Côté représentants du personnel, le CSE comporte un nombre égal de titulaires et de suppléants déterminés en fonction de l'effectif de l'entreprise (articles L. 2314-1 et R. 2314-1) :

| Effectif de l'entreprise | Nombre d'élus |
|---|---|
| 11 à 24 salariés | 1 titulaire, 1 suppléant |
| 25 à 49 salariés | 2 titulaires, 2 suppléants |

## 1.3 *Quelles sont les missions essentielles du comité social et économique ?*

Dans les entreprises dont l'effectif est compris entre 11 et 49 salariés, le comité social et économique a les attributions suivantes (article L. 2312-5) :

- présenter à l'employeur les réclamations individuelles et collectives relatives aux salaires, à l'application du code du travail et des autres dispositions légales ainsi que des conventions et accords collectifs applicables dans l'entreprise ;
- alerter l'employeur en cas d'atteinte aux droits des salariés, à leur santé physique et mentale ou aux libertés individuelles dans l'entreprise ;
- alerter l'employeur lorsque survient une situation de danger grave et imminent ou un risque en matière de santé publique et d'environnement ;
- promouvoir la santé, la sécurité et l'amélioration des conditions de travail dans l'entreprise et réaliser des enquêtes en matière d'accident du travail ou de maladie professionnelle ;
- saisir l'inspection du travail de toutes les plaintes et observations relatives à l'application du droit du travail dans l'entreprise.

Le comité social et économique doit par ailleurs être consulté par l'employeur dans un certain nombre de situations, notamment en cas de projet de licenciement économique ou de reclassement d'un salarié déclaré inapte par la médecine du travail (v. p. 63 et s.).

## 1.4 *Quels sont les moyens des membres du comité social et économique ?*

Pour pouvoir accomplir leurs missions, les membres du CSE disposent des moyens suivants :

- un crédit d'heures (on parle également d'heures de délégation). C'est le temps que l'employeur doit laisser aux élus titulaires pour exercer leur mandat pendant le temps de travail ;
- une liberté de déplacement, qui s'exerce aussi bien à l'intérieur qu'à l'extérieur de l'entreprise. Cette liberté peut être exercée tant qu'elle ne désorganise pas l'entreprise ;
- un droit à la formation, notamment en matière de santé, de sécurité et de conditions de travail ;
- une protection pour garantir l'indépendance des élus face à l'employeur : le contrat de travail d'un représentant du personnel ne peut être rompu à l'initiative de l'employeur sans autorisation de l'inspecteur du travail.

## 1.5 Où trouver les règles applicables au comité social et économique ?

### Dans le code du travail

Les règles relatives au fonctionnement et aux missions du comité social et économique se trouvent essentiellement dans le code du travail, aux articles L. 2311-1 et suivants et R. 2312-1 et suivants.

**Remarque :** le code du travail est divisé en différentes parties thématiques. Ces parties sont ensuite divisées en livres, en titres puis en chapitres, eux-mêmes divisés en sections. Il y a des articles législatifs (L), qui sont issus des lois et des articles réglementaires (R), qui sont quant à eux issus des décrets. Les premiers se trouvent dans la première partie du code et les autres en seconde partie du code.

| Règles relatives | Articles du code du travail | Voir guide |
|---|---|---|
| Aux attributions du CSE | L. 2312-1 à L. 2312-7 | p. 54 à 113 |
| A la mise en place et à la suppression du CSE | L. 2313-1 à L. 2313-10 | p. 13 à 20 |
| A la composition du CSE | L. 2314-1 à L. 2314-3 | p. 8 |
| Aux élections du CSE | L. 2314-4 à L. 2314-32 | p. 22 à 51 |
| A la durée et à la fin du mandat des membres | L. 2314-33 et L. 2314-37 | p. 152 à 158 |
| Au fonctionnement du CSE | L. 2315-1 à L. 2315-22 | p. 116 à 149 |

### Dans les accords collectifs

Il est toujours possible d'aménager les règles du code du travail dans un sens plus favorable par un accord d'entreprise (article L. 2251-1). Il faut aussi penser à vérifier ce que prévoit éventuellement la convention collective de branche dont relève l'entreprise à propos des instances représentatives du personnel.

### Dans la jurisprudence

Une bonne partie de la jurisprudence applicable aux délégués du personnel, notamment en ce qui concerne les élections professionnelles et l'exercice des mandats, reste applicable au comité social et économique. Le CSE a maintenant plusieurs années d 'existence et génère sa propre jurisprudence, toujours abondante dans ce domaine.

**Remarque :** la jurisprudence correspond à l'ensemble des décisions de justice rendues. Les décisions les plus importantes sont celles rendues par la Cour de cassation, que l'on peut trouver sur le site internet : www.legifrance.gouv.fr

Les décisions rendues par la Cour de cassation sont la plupart du temps référencées ainsi : Cass. soc., date, n° de pourvoi (qui correspond au numéro de la décision et qui permet de retrouver la décision plus facilement).

# 2. Moins de 50 salariés, 50 salariés et plus, ce n'est pas le même CSE

## 2.1 *En fait, il existe deux types de CSE*

Le code du travail fait la différence entre deux types de comité social et économique selon l'effectif de l'entreprise :

- le comité dans les entreprises dont l'effectif est compris entre 11 et 49 salariés ; il remplace les délégués du personnel ;
- le comité dans les entreprises de 50 salariés et plus : il remplace le CE, le CHSCT et les délégués du personnel.

Remarque : quel que soit l'effectif de l'entreprise, pour mettre en place un CSE, l'employeur doit organiser ce que l'on appelle des élections professionnelles. Ces élections permettent aux salariés de l'entreprise d'élire, parmi le personnel de l'entreprise, leurs représentants au comité social et économique.

## 2.2 *Aperçu des différences essentielles*

### Dans les entreprises de 50 salariés et plus, le CSE a un rôle beaucoup plus large

| | Entreprise de 11 à 49 salariés | Entreprise de 50 salariés et plus |
|---|---|---|
| Missions légales du CSE | • Présenter les réclamations individuelles et collectives des salariés à l'employeur. | • Présenter les réclamations individuelles et collectives des salariés à l'employeur.<br>• Consultations récurrentes et ponctuelles du CSE.<br>• Accès à une base de données économiques sociales et environnementales (BDESE).<br>• Activités sociales et culturelles. |
| Droit à une expertise | Non | • Droit de se faire assister par un expert-comptable.<br>• Droit de se faire assister par un expert santé, sécurité et conditions de travail. |
| Droit d'alerte | • En cas de danger grave et imminent.<br>• En matière de santé publique et d'environnement.<br>• En cas d'atteinte aux droits des personnes. | • En cas de danger grave et imminent.<br>• En matière de santé publique et d'environnement.<br>• En cas d'atteinte aux droits des personnes.<br>• Droit d'alerte économique. |

## Les deux comités sociaux et économiques n'ont ni les mêmes droits ni les mêmes moyens

| | Entreprise de 11 à 49 salariés | Entreprise de 50 salariés et plus |
|---|---|---|
| Heures de délégation et mandat | • 10 heures de délégation par mois.<br>• Pas de limitation du nombre de mandats successifs. | • Le nombre d'heures de délégation dépend de l'effectif.<br>• Limitation à 3 mandats, avec possibilité de dérogation dans certains cas. |
| Formation des membres | • Formation santé, sécurité et conditions de travail. | • Formation santé, sécurité et conditions de travail.<br>• Formation économique réservée aux élus titulaires. |
| Budget | Non | • Budget de fonctionnement.<br>• Budget des activités sociales et culturelles. |
| Personnalité civile (1) | Non | Oui |

(1) La personnalité civile donne certains droits, comme celui de posséder des biens, de passer des contrats et d'agir en justice.

## A chaque comité social et économique ses propres règles de fonctionnement

| | Entreprise de 11 à 49 salariés | Entreprise de 50 salariés et plus |
|---|---|---|
| Organisation interne du CSE | • Mise à disposition d'un local et d'un panneau d'affichage. | • Mise à disposition d'un local et d'un panneau d'affichage.<br>• Désignation d'un secrétaire et d'un trésorier.<br>• Mise en place de commissions internes au CSE.<br>• Représentants au conseil d'administration ou de surveillance.<br>• Représentants à l'assemblée générale de la société.<br>• Obligation d'avoir un règlement intérieur. |
| Réunions plénières du CSE | • 1 réunion par mois. | • Tous les mois ou tous les deux mois selon l'effectif, avec possibilités d'aménagement par accord. |

Chapitre 2

# Qui doit mettre en place un CSE ?

## 1. Quelles entreprises sont concernées par le comité social et économique ?

Pour être dans l'obligation de mettre en place un CSE, l'entreprise doit remplir 2 conditions (articles L. 2311-1 et L. 2311-2) :

- elle doit obligatoirement occuper au moins 11 salariés sur le territoire national. Mais attention, ce seuil d'effectif de 11 salariés doit avoir été atteint pendant 12 mois consécutifs ;
- il doit s'agir d'une entreprise du secteur privé. Les établissements publics industriels et commerciaux et les établissements administratifs employant du personnel de droit privé sont également soumis à la législation sur le CSE.

Tous les employeurs qui remplissent ces conditions, quels que soient le secteur d'activité, l'objet et la forme juridique de l'entreprise, doivent appliquer la législation sur le comité social et économique.

**Exemple :** il s'agit notamment des sociétés commerciales, des sociétés agricoles, des sociétés civiles, des associations, des confédérations syndicales, des organismes de droit privé gérant un service public, des groupements économiques (GIE), etc.

Être soumis à la législation sur le comité social et économique ne signifie pas que l'employeur est dans l'obligation de doter l'entreprise d'un CSE. Il doit seulement tout mettre en œuvre, en organisant des élections professionnelles, pour permettre aux salariés d'élire leurs représentants du personnel. Si aucun salarié ne se présente comme candidat, il y a alors carence et l'on ne peut rien reprocher à l'entreprise.

## 2. Que faire lorsque l'entreprise comporte plusieurs établissements ?

Il peut arriver que les salariés d'une même entreprise travaillent dans des lieux différents, plus ou moins éloignés les uns des autres (il se peut, par exemple, que les salariés travaillent dans différentes agences, magasins ou ateliers appartenant à la même entreprise). Si un ou plusieurs atelier(s) occupent 11 salariés ou plus, la question se pose de savoir à quel niveau (entreprise, établissement) l'employeur doit mettre en place un CSE ?

Dans les entreprises de 50 salariés et plus, il est possible de mettre en place un CSE central d'entreprise au niveau de l'entreprise et des comités d'établissement au niveau des établissements (dès lors qu'il y a au moins deux établissements distincts).

Cela n'est cependant pas possible dans les entreprises dont l'effectif est compris entre 11 et 49 salariés (article L. 2313-1). L'employeur doit mettre en place un CSE au niveau de l'entreprise, même si, en pratique, l'entreprise est divisée en différents établissements.

Cependant, le code du travail prévoit la possibilité de négocier un accord d'entreprise ayant pour but de mettre en place des représentants de proximité (article L. 2313-7).

---

**Remarque :** à noter que l'article L. 2313-7 du code du travail prévoit la possibilité d'instaurer par accord des « représentants de proximité ». L'idée est de permettre aux salariés d'avoir des représentants du personnel dans les différents lieux de travail, afin qu'ils puissent faire remonter les problématiques de tous les salariés. Ces représentants de proximité sont choisis parmi les membres du CSE ou désignés par le CSE parmi les salariés de l'entreprise pour une durée qui prend fin avec celle du mandat des membres élus du comité. Ce sont des salariés protégés. Tout est prévu par l'accord qui les institue (nombre, attributions, modalités de désignation, de fonctionnement...). Cependant, il semble que ces dispositions ne s'appliquent pas dans les entreprises de moins de 50 salariés, car la mise en place de ces représentants de proximité est liée à la détermination des établissements distincts (v. notamment, Cass. soc., 1$^{er}$ févr. 2023, n° 21-13.206), ce qui est exclu dans les entreprises de moins de 50 salariés. Toutefois la jurisprudence ne s'est pas encore prononcée directement sur le cas particulier des entreprises de moins de 50 salariés.

---

## 3. Mettre en place un CSE au niveau d'une unité économique et sociale (UES)

### 3.1 *Qu'est-ce qu'une UES ?*

Il s'agit ici de la problématique inverse. Il peut arriver qu'un employeur crée plusieurs petites structures (de 4 salariés, par exemple), parfois pour échapper à la législation sur le CSE. Ce n'est cependant pas parce que ces structures comptent moins de 11 salariés qu'il est impossible de mettre en place un CSE.

---

**Exemple :** s'il existe 4 entreprises de 4 salariés, il n'est pas possible de mettre en place un CSE dans chacune de ces entreprises. Cependant, les 4 entités occupent ensemble 16 salariés, et si elles remplissent un certain nombre de critères, elles pourront être qualifiées d'unité économique et sociale (UES). L'employeur devra alors mettre en place un CSE au niveau de l'UES qui compte 16 salariés et qui remplit donc les conditions d'effectifs.

---

L'unité économique et sociale est un concept juridique qui permet de tenir compte de la réalité de la situation de ces différentes entités et pas du découpage effectué par l'employeur. Une UES est composée de plusieurs entreprises juridiquement distinctes, mais ayant entre elles des liens si étroits sur le plan économique et social qu'on considère qu'il n'y a qu'une seule entreprise pour l'application de la législation sur le CSE.

---

**Remarque :** il faut nécessairement que ce soit des entreprises juridiquement distinctes prises dans l'ensemble de leurs personnels. L'UES ne pourra donc pas être reconnue entre les établissements d'une même entreprise ou entre une entreprise et l'un de ses services. De la même manière, elle ne peut pas être reconnue entre une société et l'établissement d'une autre société.

---

Par conséquent, dès lors qu'une UES regroupe au moins 11 salariés, la mise en place d'un CSE commun devient obligatoire (article L. 2313-8).

Différents critères permettent de déterminer si plusieurs entreprises forment une UES :

- les différentes entreprises doivent former entre elles une unité économique, qui est caractérisée par :

– la concentration des pouvoirs de direction, qui est souvent matérialisée par le fait que ce sont les mêmes personnes qui dirigent les entreprises,

– la complémentarité des activités : les activités peuvent être considérées comme complémentaires lorsque la politique générale suivie en matière commerciale est la même par exemple ;

- les différentes entreprises doivent former entre elles une unité sociale, qui est caractérisée par un ensemble d'indices :

– la permutabilité ou la mobilité du personnel entre les différentes sociétés, la gestion unique et centralisée du personnel,

– l'identité de conditions de travail, de rémunération, d'avantages sociaux.

---

Remarque : à chaque élection, il faut s'assurer que la composition et le périmètre de l'unité économique et sociale n'ont pas changé.

---

Les juges ont reconnu l'existence d'une UES dans les situations suivantes :

| Arrêts de la Cour de cassation | Décisions |
|---|---|
| Cass. soc., 12 janv. 2005, n° 03-60.477 | Bien que deux entreprises aient leurs propres outils de production ainsi que leurs propres moyens commerciaux et de comptabilité, les juges ont considéré qu'il s'agissait d'une UES. Les éléments retenus étaient :<br>• l'existence d'une gestion commune des ressources humaines : la même entité diffusait les informations aux salariés et un comité commun gérait les chantiers ;<br>• une concentration des pouvoirs de direction qui permettait une gestion économique commune ;<br>• les salariés étaient permutables d'une société à l'autre. |
| Cass. soc., 10 mai 2000, n° 99-60.081 | Trois entreprises bénéficiaient du même règlement intérieur, de la même convention collective, du même accord de participation et du même régime de prévoyance. En outre, il y avait des dirigeants communs dans les trois conseils d'administration. |
| Cass. soc., 1er févr. 2006, n° 05-60.277 | Deux entreprises avaient la même politique en termes de conditions de travail, de rémunération et de statut social. Cela permettait une permutabilité des salariés entre les différentes entreprises. Par ailleurs, les deux entreprises étaient gérées par une direction commune. |

### 3.2 *Faire reconnaître l'existence d'une UES*

Il est possible de reconnaître l'existence d'une UES de deux manières :

- par un accord collectif d'entreprise, ce qui est en pratique assez rare, surtout dans les entreprises de moins de 50 salariés ;
- si aucun accord n'est trouvé, les chefs des entreprises concernées, les salariés et les organisations syndicales représentatives peuvent saisir le tribunal judiciaire qui jugera de l'existence ou non d'une UES.

Chapitre 3

# Calculer l'effectif de l'entreprise

## 1. Comment se calcule le seuil de 11 salariés ?

La mise en place d'un CSE est obligatoire dans les entreprises employant 11 salariés et plus. Ce seuil doit avoir été atteint pendant 12 mois consécutifs (article L. 2311-2).

**Remarque :** le calcul se fait mois par mois. Si, pendant un mois, l'effectif passe en deçà de 11 salariés, le décompte des 12 mois consécutifs repart de zéro.

Une fois ce seuil atteint pendant 12 mois consécutifs, l'employeur doit organiser des élections pour mettre en place le CSE.

Même si l'entreprise emploie dès sa création au moins 11 salariés, l'employeur n'est pas obligé de mettre immédiatement en place un CSE, il peut attendre 12 mois consécutifs pour déclencher les élections.

**Remarque :** si l'effectif est passé en dessous de 11 salariés pendant au moins 12 mois consécutifs, le CSE n'est pas renouvelé (article L. 2313-10). Il n'est toutefois pas nécessaire que l'effectif ait été atteint pendant 12 mois consécutifs au moment du renouvellement. Par exemple, pour un CSE devant être renouvelé en décembre, si l'entreprise est passée sous la barre des 11 salariés de juillet à décembre, le CSE sera renouvelé. En revanche, si l'effectif est de moins de 11 salariés depuis au moins le mois de décembre de l'année N-1, le CSE ne sera pas renouvelé.

Le calcul de l'effectif est soumis à un certain nombre de règles légales. Chaque salarié ne constitue pas forcément une unité d'effectif et toutes les personnes travaillant dans l'entreprise ne font pas nécessairement partie de l'effectif. Certains salariés, par exemple, sont décomptés au prorata de leur temps de travail ou de la durée de leur contrat de travail ou encore sont exclus du calcul de l'effectif (comme les apprentis, par exemple).

# 2. Qui est pris en compte pour le calcul de l'effectif de l'entreprise ?

## 2.1 *Les salariés liés à l'entreprise par un contrat de travail*

Tous les salariés de l'entreprise doivent être comptabilisés dans l'effectif. Sont notamment pris en compte (article L. 1111-2) :

- les salariés en contrat à durée indéterminée ;
- les salariés en contrat à durée déterminée ;
- les salariés à temps partiel ;
- les titulaires d'un contrat unique d'insertion. Il s'agit des contrats qui permettent de faciliter l'insertion professionnelle des personnes rencontrant des difficultés sociales et professionnelles d'accès à l'emploi, comme les jeunes en difficulté et les bénéficiaires de minima sociaux : RSA, etc.

D'autre part, un salarié, même s'il est encore en période d'essai ou en cours de préavis, doit être pris en compte dans l'effectif.

---

**Remarque :** ce n'est que si le salarié demande à être dispensé de préavis et que cette demande est acceptée par l'employeur, qu'il sort de l'effectif à compter du jour où il a cessé de travailler. Lorsque la dispense émane de l'employeur, le salarié continue à faire partie de l'effectif jusqu'à l'expiration normale du préavis.

---

Certains salariés peuvent, pour une raison ou pour une autre, être physiquement absents de l'entreprise au moment où l'employeur calcule l'effectif. Ils sont cependant pris en compte. C'est le cas pour des salariés dont le contrat de travail est suspendu, quelle que soit la cause de suspension :

- absence pour maladie ou accident du travail ;
- absence pour maladie ou accident non professionnel ;
- congés relatifs à la maternité, la paternité, l'adoption et l'éducation des enfants ;
- congés payés ;
- congé de formation ;
- exercice du droit de grève ;
- congé pour création ou reprise d'entreprise ;
- congé sabbatique ;
- fermeture temporaire d'entreprise (activité partielle) ;
- mise à pied.

---

**Remarque :** les télétravailleurs sont également pris en compte dans l'effectif de l'entreprise, même s'ils travaillent chez eux à temps complet.

---

## 2.2 *Sous certaines conditions, les intérimaires et les travailleurs mis à disposition*

Bien que les intérimaires et les travailleurs mis à disposition n'aient pas un contrat de travail avec l'entreprise utilisatrice dans laquelle ils travaillent, ils doivent être pris en compte dans l'effectif de cette entreprise (article L. 1111-2).

---

**Remarque :** les salariés d'une entreprise sous-traitante ou d'un prestataire n'ont pas de contrat avec l'entreprise dans laquelle ils travaillent, mais ils ont un contrat de travail avec l'entreprise qui les envoie effectuer ces missions.

---

Il existe des conditions supplémentaires pour les travailleurs mis à disposition. Ces travailleurs, pour qu'ils soient pris en compte dans l'effectif de l'entreprise utilisatrice, doivent remplir deux conditions :
- ils doivent être présents dans les locaux de cette entreprise ;
- ils doivent avoir travaillé dans l'entreprise pendant un an.

### 2.3 *Les catégories exclues du calcul de l'effectif*
Il ne faut pas prendre en compte pour le calcul de l'effectif :
- les stagiaires conventionnés, c'est-à-dire ceux dont l'école a signé une convention de stage avec l'entreprise ;
- l'employeur lui-même, sauf s'il a un contrat de travail avec l'entreprise ;
- les apprentis ;
- les salariés sous contrat de professionnalisation (contrats qui permettent l'acquisition d'une qualification professionnelle) ;
- les salariés recrutés en CDD ou en intérim pour remplacer un salarié absent.

## 3. Un temps plein, un temps partiel, un CDD, un intérimaire : comment les comptabiliser ?

### 3.1 *Les salariés en CDI à temps plein*
Pour les salariés en contrat à durée indéterminée travaillant à temps complet, la règle est simple, ils comptent pour une unité.

---

**Remarque :** le décompte des effectifs pour la mise en place d'un comité social et économique ou son renouvellement serait simple si l'entreprise n'occupait que des salariés à temps complet comptés pour une unité. D'autres salariés sont décomptés au prorata de leur temps de travail ou de la durée de leur contrat de travail.

---

### 3.2 *Les CDD, les travailleurs mis à disposition et les intérimaires*
Les CDD, les travailleurs mis à disposition et les salariés intérimaires, qui alternent des périodes travaillées et des périodes non travaillées, sont pris en compte au prorata de leur temps de présence au cours des 12 mois précédant la date à laquelle l'effectif est évalué.

---

**Remarque :** cela conduit l'employeur à comptabiliser des salariés qui ont quitté l'entreprise au moment où il comptabilise l'effectif. Même si leur contrat a pris fin avant les élections, l'employeur doit les prendre en compte au prorata de leur temps de présence au cours des 12 derniers mois.

---

**Exemple :** une entreprise veut déterminer son effectif en janvier 2024. Elle doit tenir compte des CDD, des intérimaires et des salariés mis à sa disposition entre le 1er janvier 2023 et le 31 décembre 2023. Au cours de cette période, l'entreprise a, par exemple, eu recours :
- à 3 salariés sous contrat à durée déterminée de 3 mois d'octobre à décembre ;
- à 1 salarié sous contrat à durée déterminée de 6 mois de juillet à décembre ;
- à 1 travailleur intérimaire pendant 9 mois d'avril à septembre.

Ces salariés seront pris en compte pour les effectifs du mois de janvier à raison de 2 unités : [(3 x 3) + (1 x 6) + (1 x 9)]/12 = 2 unités.
Si le salarié n'a été embauché que pour quelques jours ou n'a pas travaillé un mois entier, le calcul peut être effectué en jours ouvrables, 12 mois correspondant à 302 jours ouvrables (365 jours - 52 dimanches - 11 jours fériés = 302 jours).

**Exemple :** une entreprise a eu recours à un CDD pendant 170 jours et à un intérimaire pendant 80 jours. Ces salariés seront pris en compte dans l'effectif pour 0,827 unité (170 + 80)/302 = 0,827 unité.

## 3.3 *Les salariés à temps partiel*

Les salariés dont la durée du travail est inférieure à la durée légale ou conventionnelle du travail calculée sur la semaine, le mois ou l'année sont considérés comme des salariés à temps partiel.

**Exemple :** un salarié qui travaille 34 heures 30 par semaine ou 2 heures par semaine est un travailleur à temps partiel.

Les salariés à temps partiel sont pris en compte dans l'effectif en divisant la somme totale des horaires inscrits dans les contrats de travail par la durée légale du travail (35 heures) ou par la durée conventionnelle (s'il existe un accord d'entreprise qui prévoit une autre durée du travail).

**Exemple :** une entreprise à 35 heures emploie 7 salariés à 32 heures, 2 salariés à 23 heures et 1 salarié à 34 heures. Le calcul à effectuer est le suivant : [(7 x 32) + (2 x 23) + (1 x 34)]/35 = 8,68 unités.

Si un salarié est à la fois à temps partiel et sous contrat à durée déterminée, il faut prendre en compte les deux règles de proratisation précitées.

**Exemple :** un salarié travaille dans une entreprise à 35 heures pour une durée déterminée de 9 mois et pour travailler 32 heures par semaine. Le calcul à effectuer est le suivant : (9/12) x (32/35) = 0,685 unité.

## 3.4 *Que faire si cela ne tombe pas juste ?*

Tous les salariés ne comptent pas forcément pour une unité dans l'effectif, notamment les CDD ou les temps partiels. Lorsque le résultat de l'effectif comporte des décimales, aucune disposition ne prévoit qu'il faut l'arrondir au nombre entier supérieur ou inférieur (Cass. soc., 17 juin 2009, n° 08-60.594).

**Exemple :** si le calcul donne un résultat de 22,3 salariés, l'employeur pourra arrondir au nombre entier inférieur (22 salariés) ou supérieur (23 salariés). Si le calcul de l'effectif donne un résultat de 22,8 salariés, l'employeur peut arrondir à l'entier supérieur (23 salariés), mais rien ne l'y oblige (il pourra considérer que 22,8 salariés c'est 22 salariés).

# 4. Que faire si l'effectif évolue à la hausse ou à la baisse ?

## *4.1 L'effectif passe en dessous de 11 salariés*

L'employeur peut supprimer le CSE si, à l'expiration des mandats des élus, l'effectif de l'entreprise n'a pas atteint au moins 11 salariés depuis au moins 12 mois consécutifs (article L. 2313-10). Par conséquent, le CSE ne disparaît pas au moment où l'effectif de l'entreprise passe en dessous du seuil de 11 salariés, il continue à exister jusqu'au terme des mandats de ses élus.

---

**Exemple :** l'effectif de l'entreprise passe sous le seuil de 11 salariés en janvier 2024 et se maintient à ce niveau jusqu'à l'échéance des mandats des élus du CSE, qui a lieu en octobre 2024. Au 1er octobre 2024, l'effectif de l'entreprise ne sera pas resté en dessous de 11 salariés pendant 12 mois consécutifs. En conséquence, le CSE doit être renouvelé. En revanche, si l'effectif était descendu en dessous de 11 salariés dès octobre 2023, le CSE n'aurait pas à être renouvelé.

---

**Remarque :** dès lors que l'effectif atteint au moins 11 salariés, pendant 12 mois consécutifs à nouveau, l'employeur doit alors organiser de nouvelles élections. Le non-renouvellement préalable du CSE ne l'en dispense pas.

---

## *4.2 L'effectif atteint au moins 50 salariés*

Lorsque l'effectif atteint au moins 50 salariés pendant 12 mois consécutifs, le CSE pourra exercer toutes les attributions d'un comité social et économique d'une entreprise de 50 salariés et plus. Mais attention, cela ne sera possible qu'à l'expiration d'un délai de 12 mois à compter de la date à laquelle le seuil de 50 salariés a été atteint pendant 12 mois consécutifs (article L. 2312-2). C'est donc 24 mois après le franchissement de seuil de 50 salariés que le CSE pourra exercer toutes ses attributions.

---

**Exemple :** une entreprise atteint l'effectif de 52 salariés de janvier à décembre 2023. Ce n'est qu'à compter de janvier 2025 qu'elle devra se conformer à l'ensemble des obligations d'information/consultation du CSE prévues pour les entreprises de 50 salariés et plus.

---

Cependant, dans le cas où, à l'expiration de ce délai de 12 mois, le mandat du CSE restant à courir est inférieur à un an, ce délai ne court qu'à compter du renouvellement du comité.

---

**Exemple :** reprenons l'exemple de l'entreprise dont l'effectif a atteint 52 salariés de janvier à décembre 2023. Cependant, ici, les mandats arrivent à expiration en novembre 2024, le CSE disposera donc de la totalité de ses attributions au plus tard en décembre 2025, soit 12 mois après le renouvellement.

---

## *4.3 Si l'employeur renouvelle le CSE, il faut à nouveau calculer l'effectif de l'entreprise*

Pour déterminer le nombre de représentants du personnel à élire pour le renouvellement du CSE, il convient d'apprécier l'effectif à la date du premier tour de scrutin (Cass. soc., 23 mars 2011, n° 10-60.175).

# Partie 2

# Élire le comité social et économique

Chapitre 1

# Le déroulement des élections professionnelles

## 1. L'objet des élections ?

Les élections professionnelles servent à élire les représentants au CSE. Pour désigner ces représentants du personnel, on parle de la délégation du personnel au comité social et économique.

Dans une élection politique, ce sont les citoyens qui votent. Dans le cadre d'élections professionnelles, ce sont les salariés qui votent pour la liste de candidats qu'ils estiment la plus à même de les représenter.

Les élections professionnelles permettent de :

- mettre en place un CSE. Si une entreprise compte au moins 11 salariés pendant 12 mois consécutifs et que cette entreprise était jusque-là dépourvue de CSE, il est obligatoire de mettre en place un CSE. Pour se conformer à cette obligation légale, l'employeur doit organiser des élections professionnelles ;
- renouveler le CSE. Si, dans l'entreprise, un comité social et économique a déjà été mis en place, l'employeur doit renouveler l'instance si, à l'issue des mandats, l'effectif n'est pas descendu en dessous de 11 salariés pendant 12 mois consécutifs.

**Remarque :** qu'il s'agisse de renouveler ou de mettre en place un CSE, les élections s'organisent de la même façon (v. p. 174). La seule différence est la date à laquelle l'employeur doit convoquer les organisations syndicales à la négociation du protocole d'accord préélectoral. Lorsqu'il s'agit de renouveler le CSE, l'employeur doit les inviter 2 mois avant l'expiration des mandats. Lorsqu'il s'agit de mettre en place un CSE, il faut inviter les organisations syndicales à négocier dès lors que la condition d'effectif est réunie.

## 2. Qui organise les élections ?

C'est à l'employeur qu'il revient d'organiser les élections. Il doit en prendre l'initiative, en vérifiant préalablement que son entreprise est concernée par la mise en place d'un CSE.

Remarque : les salariés ou les organisations syndicales ne peuvent pas décider d'organiser les élections si l'employeur ne le fait pas. Cependant, lorsque le CSE n'a pas été mis en place, un salarié ou un syndicat peut demander à l'employeur d'organiser les élections s'il estime que les conditions sont réunies pour les organiser (si un PV de carence a été établi, la demande ne peut intervenir qu'à l'issue d'un délai de 6 mois suivant l'émission du PV de carence). L'employeur doit engager le processus électoral dans le mois suivant la réception de la demande (article L. 2314-8). S'il ne respecte pas son obligation, il est possible de demander au tribunal judiciaire d'ordonner l'organisation des élections.

En pratique, engager le processus électoral revient à :

- informer le personnel de l'organisation des élections en vue de mettre en place le CSE (v. p. 175). Le document doit indiquer la date envisagée pour le premier tour, lequel doit avoir lieu au plus tard le 90e jour suivant l'information du personnel ;

Remarque : l'information peut se faire par tout moyen ; elle doit être datée. L'envoi d'un courriel ou la diffusion d'une note de service suffit.

- inviter, simultanément à l'information du personnel, des organisations syndicales à négocier un protocole d'accord préélectoral destiné à fixer les modalités concrètes d'organisation et de déroulement du scrutin.

Remarque : si aucune organisation syndicale ne répond à l'invitation de l'entreprise, la négociation de ce protocole préélectoral est matériellement impossible. Pour autant, cela ne dispense pas l'employeur d'organiser l'élection du CSE.

A noter que dans les entreprises dont l'effectif est compris entre 11 et 20 salariés l'employeur doit procéder à l'invitation des organisations syndicales uniquement si un salarié s'est porté candidat dans les 30 jours suivant l'information par l'employeur de l'organisation des élections (article L. 2314-5, alinéa 5).

Remarque : attention, dans tous les cas l'employeur doit organiser les élections. Dans les entreprises de 11 à 20 salariés, si aucun salarié ne s'est porté candidat dans les 30 jours de l'information des salariés, l'employeur n'a pas à inviter les organisations syndicales à négocier le protocole préélectoral, il devra déterminer seul les modalités de l'élection, mais un premier et, le cas échéant, un second tour, doivent être obligatoirement organisés.

## 3. Comment ça marche ?

### *3.1 L'élection des représentants du personnel se déroule en 1 ou 2 tours*

Au premier tour, seuls les syndicats peuvent présenter des candidats. C'est ce que l'on appelle le monopole syndical. Au second tour, il n'y a plus de monopole syndical. Sous réserve de remplir les conditions d'éligibilité, tout salarié peut se porter candidat.

Un second tour a lieu :

- lorsque le quorum n'est pas atteint au premier tour, c'est-à-dire lorsque le nombre de votants est inférieur à la moitié des électeurs inscrits ;
- lorsque la totalité ou une partie des sièges n'a pu être pourvue à l'issue du premier tour de scrutin pour l'élection des représentants du personnel.

Le second tour doit être organisé dans un délai de 15 jours à dater du premier tour (article L. 2314-29). On compte en jours calendaires et non en jours travaillés.

### 3.2 *Les élections du CSE sont organisées par collèges électoraux*

Pour assurer une meilleure représentation des salariés, le processus électoral tient compte du fait qu'il existe différentes catégories de salariés (cadres, employés, ouvriers, etc.) qui n'ont pas tous les mêmes problèmes et les mêmes conditions de travail. C'est la raison pour laquelle les élections sont organisées par collèges électoraux, lesquels regroupent les salariés par grandes catégories de personnel. Ne sont éligibles sur les listes établies pour chaque collège que les salariés qui sont électeurs dans ce collège. Cela permet d'assurer une représentation spécifique des différentes catégories professionnelles dans l'entreprise.

Ainsi, le CSE est normalement élu :

- d'une part, par les ouvriers et employés, qui constituent selon l'usage le plus courant dans les entreprises, le « premier collège » ;
- d'autre part, par les cadres, ingénieurs, chefs de service, agents de maîtrise et assimilés, qui constituent le « deuxième collège ».

Cependant, dans les entreprises de moins de 25 salariés dans lesquelles il faut élire un seul titulaire et un seul suppléant, un seul collège électoral est mis en place. Il regroupe l'ensemble des catégories de personnel (article L. 2314-11).

## 4. Que faire si aucun candidat ne se présente ?

Il arrive parfois qu'aucun salarié ne se porte candidat à l'élection. Dans ce cas, l'employeur doit organiser les élections (premier et second tour) et établir un procès-verbal de carence si aucun candidat ne s'est présenté au premier tour et au second tour (article L. 2314-9). L'employeur ne peut cependant pas établir le PV de carence dans les 30 jours après l'annonce de l'organisation des élections : la carence doit être constatée au jour du second tour du scrutin.

**Remarque :** l'employeur peut utiliser le modèle de PV de carence proposé sur le site www.elections-professionnelles.travail.gouv.fr

En tout état de cause, l'employeur doit informer le personnel de cette impossibilité de mettre en place ou de renouveler le CSE. Il peut le faire sous la forme qu'il souhaite (courriel, intranet, affichage, etc.), mais la forme doit permettre d'établir de manière certaine la date à laquelle l'information a été faite. Il transmet le PV de carence dans les 15 jours à l'inspection du travail.

 

Le PV de carence constitue pour l'entreprise une garantie. Il lui permettra de prouver officiellement qu'elle a respecté ses obligations et que l'absence de CSE ne lui est pas imputable. En effet, dans un certain nombre de situations, l'employeur encourt une sanction s'il ne peut pas présenter, pour justifier qu'il a accompli ses obligations en matière électorale, un PV de carence. En voici quelques exemples :

- possibilité de poursuites pour délit d'entrave (article L. 2317-1) ;
- tout licenciement économique intervenu dans une entreprise dépourvue de CSE, alors qu'elle y est assujettie, est irrégulier et ouvre droit au profit du salarié licencié à une indemnité qui ne peut être inférieure à un mois de salaire brut (article L. 1235-15). Dès lors que l'employeur a établi un PV de carence, il n'est pas exposé à cette sanction ;
- pour mettre en place l'intéressement dans une entreprise, l'employeur doit être en mesure de prouver qu'il a rempli ses obligations en matière de représentation du personnel. S'il n'y a pas de CSE dans l'entreprise, il devra présenter le PV de carence. A défaut, il ne sera pas possible de mettre en place l'intéressement dans l'entreprise ;
- si un employeur n'a pas établi de PV de carence et s'il licencie un salarié inapte, il devra verser au salarié une indemnité légale au moins égale à 6 mois de salaire (article L. 1226-15) ;
- un employeur ne peut pas dénoncer un usage d'entreprise s'il n'a pas organisé des élections du CSE. S'il n'y a pas d'élu, il devra présenter le PV de carence pour que la dénonciation soit régulière.

Lorsqu'un employeur a engagé un processus électoral qui s'est soldé, en l'absence de candidature, par un PV de carence, la demande d'organisation des élections par un syndicat ou un salarié ne pourra intervenir que dans un délai de 6 mois après l'établissement de ce PV (article L. 2314-8).

# 5. Organiser des élections partielles

## *5.1 Dans certains cas, l'employeur a l'obligation d'organiser des élections partielles pour compléter le CSE*

Pour une raison ou pour une autre, il peut arriver qu'un représentant du personnel quitte ses fonctions d'élu au CSE (départ de l'entreprise, démission du mandat, etc.). L'employeur doit dans certains cas organiser ce que l'on appelle des élections partielles, pour élire de nouveaux représentants aux postes devenus vacants.

**Remarque :** avant d'organiser les élections partielles, l'employeur doit faire jouer les mécanismes de suppléance. Ainsi, si un titulaire quitte ses fonctions d'élu, le suppléant doit le remplacer.

Ces élections doivent être organisées dans deux hypothèses (article L. 2314-10) :
- soit le nombre de membres titulaires du CSE se réduit de moitié ou plus. Il s'agit alors de pourvoir tous les sièges vacants dans tous les collèges ;
- soit un collège électoral n'est plus représenté. Il s'agit alors de pourvoir uniquement les sièges vacants du collège concerné.

C'est à l'employeur de prendre l'initiative d'organiser des élections partielles et les nouveaux représentants du personnel sont dans ce cas élus pour la durée du mandat restant à courir. Il devra organiser les élections selon les modalités prévues par le protocole d'accord préélectoral de la dernière élection.

**Remarque :** l'obligation d'organiser ces élections partielles vaut si la réduction du nombre de titulaires est intervenue plus de 6 mois avant la fin des mandats en cours. A moins de 6 mois, l'entreprise peut attendre les prochaines élections.

## 5.2 *Élections partielles et élections complémentaires*

Il arrive parfois que l'effectif augmente en cours de mandat, ce qui pourrait laisser penser qu'il faut alors organiser des élections complémentaires pour avoir un nombre d'élus qui corresponde à l'effectif. Il ne faut cependant pas confondre élections partielles et élections complémentaires.

La loi ne prévoit pas d'élections complémentaires en cas d'augmentation de l'effectif en cours de mandat. L'employeur n'a donc pas l'obligation d'organiser de telles élections, il faudra attendre la fin des mandats des élus pour tenir compte de cette augmentation de l'effectif.

Chapitre 2

# Qui vote ? Qui peut se porter candidat ?

## 1. Qui vote ?

Sont électeurs l'ensemble des salariés sous réserve de certaines conditions (article L. 2314-18). L'employeur doit vérifier que ces conditions sont remplies à la date du premier tour des élections.

| Pour être électeur, il faut | Pour aller plus loin |
|---|---|
| Appartenir à l'entreprise | • Appartenir à l'entreprise, cela signifie être lié à l'entreprise par un contrat de travail (CDD, CDI, contrat de travail à temps partiel, contrat d'apprentissage, etc.).<br>• Les salariés temporairement absents sont toujours électeurs (salariés en arrêt de travail pour maladie, en congé de formation, en congés payés, en congé de maternité, etc.). |
| Avoir travaillé dans l'entreprise depuis au moins 3 mois | • Le calcul de l'ancienneté est le même pour un salarié à temps complet et à temps partiel.<br>• Il existe certaines règles particulières :<br>– lorsqu'un salarié est embauché en CDI juste après un CDD, la durée du CDD est intégralement prise en compte au titre de l'ancienneté (article L. 1243-11). *Idem* pour les missions d'intérim effectuées dans les 3 mois précédant l'embauche (article L. 1251-38) ;<br>– en cas d'embauche à l'issue d'un stage d'une durée supérieure à 2 mois, cette durée est prise en compte pour l'ouverture des droits liés à l'ancienneté (article L. 1221-24). |
| Bénéficier de ses droits civiques | • Cela signifie qu'un salarié ne doit avoir fait l'objet d'aucune interdiction, déchéance ou incapacité relative à ses droits civiques. |
| Être âgé de 16 ans révolus | • Il faut prendre en compte l'âge à la date du 1er tour des élections. |

**Remarque :** les salariés assimilés à l'employeur (cadres dirigeants, représentants de l'employeur à la présidence du CSE) sont électeurs, mais ils ne sont pas éligibles (article L. 2314-19).

## 2. Qui peut se porter candidat ?

Le code du travail prévoit également des critères d'éligibilité, lesquels établissent qui peut se porter candidat (article L. 2314-19). L'employeur doit vérifier que ces conditions sont remplies à la date du premier tour des élections professionnelles.

| Pour se porter candidat, il faut | Pour aller plus loin |
|---|---|
| Être électeur | • Il faut remplir les critères précédemment évoqués.<br>• Le salarié doit être inscrit sur la liste électorale. |
| Appartenir à l'entreprise | • Appartenir à l'entreprise, cela signifie être lié à l'entreprise par un contrat de travail (CDD, CDI, contrat de travail à temps partiel, contrat d'apprentissage, etc.).<br>• Les salariés temporairement absents sont toujours éligibles (salariés en arrêt de travail pour maladie, en congé de formation, en congés payés, congé de maternité, etc.).<br>• Lorsque le salarié travaille simultanément dans plusieurs entreprises (cela peut être le cas pour un salarié qui a deux contrats à temps partiel dans deux entreprises différentes), il ne peut être candidat que dans une entreprise. Il doit donc choisir celle dans laquelle il se présente. |
| Avoir travaillé dans l'entreprise depuis au moins un an | • Cette ancienneté minimale se calcule de la même manière que celle de 3 mois dont doit justifier le salarié pour pouvoir voter.<br>• Dans les entreprises de travail temporaire et dans les entreprises de portage salarial, l'ancienneté requise est de 6 mois (articles L. 2314-20 et L. 2314-21). |
| Être âgé de 18 ans révolus | Il faut prendre en compte l'âge au moment du 1er tour des élections. |

Attention, certains salariés ne peuvent pas assurer une bonne représentation des salariés du fait de leur proximité avec l'employeur. De ce fait, ils ne peuvent pas être candidats (article L. 2314-19) :

- les salariés qui ont un lien de parenté avec l'employeur. Ainsi, le conjoint, le partenaire lié par un PACS, le concubin, la belle-mère, le beau-père, la belle-fille, le gendre, la belle-sœur et le beau-frère de l'employeur ne sont pas éligibles ;
- les salariés qui disposent d'une délégation écrite particulière d'autorité leur permettant d'être assimilés au chef d'entreprise ou qui le représentent effectivement devant le CSE.

## 3. Qu'en est-il pour les salariés venant d'entreprises extérieures ?

Les règles sont différentes pour les salariés mis à disposition dans l'entreprise.

**Remarque :** on appelle salariés mis à disposition les salariés envoyés par une entreprise sous-traitante ou par un prestataire pour travailler dans une autre entreprise, couramment appelée « entreprise utilisatrice ». Ces travailleurs n'ont pas de contrat de travail avec l'entreprise utilisatrice, ils en ont un avec leur entreprise d'origine.

| Électorat dans l'entreprise utilisatrice | Éligibilité dans l'entreprise utilisatrice |
| --- | --- |
| • Les salariés mis à disposition peuvent voter à condition :<br>– d'avoir été présents dans l'entreprise utilisatrice pendant 12 mois de manière continue. Il peut donc arriver qu'un salarié mis à disposition soit comptabilisé dans l'effectif de l'entreprise utilisatrice, mais ne puisse pas y être électeur,<br>– d'être présents dans les locaux de l'entreprise ;<br>• Les salariés mis à disposition doivent choisir au sein de quelle entreprise ils vont voter : celle qui les emploie, c'est-à-dire l'entreprise d'origine, ou celle pour laquelle ils travaillent, c'est-à-dire l'entreprise utilisatrice. Ce choix doit être effectué au moment de l'organisation des élections de l'entreprise utilisatrice.<br>• A ce titre, l'entreprise utilisatrice interroge par écrit les entreprises prestataires qui mettent à disposition les salariés pour savoir quel salarié mis à disposition vote dans l'entreprise utilisatrice (v. p. 176). | • Les salariés mis à disposition ne sont pas éligibles au CSE de l'entreprise utilisatrice.<br>• Ils ne peuvent se porter candidat que dans leur entreprise d'origine. |

Chapitre 3

# Du protocole d'accord préélectoral à la campagne électorale

## 1. Informer les salariés de la tenue des élections

L'employeur doit informer les salariés de l'organisation des élections au plus tard 90 jours avant le jour du premier tour du scrutin (article L. 2314-5 du code du travail).

**Remarque :** l'employeur peut informer les salariés par tout moyen. Il peut le faire par le biais de panneaux d'affichage, grâce à l'intranet, par e-mail ou par la diffusion d'une note d'informations. Il faut que ce moyen d'information précise la date à laquelle l'information a été transmise au salarié, pour que l'employeur puisse prouver, en cas de litige, qu'il a informé les salariés selon les délais prévus (v. p. 175).

# 2. Négocier un protocole d'accord préélectoral (PAP)

## 2.1 *Inviter les organisations syndicales à la négociation*

Préalablement à l'élection, l'employeur doit inviter les organisations syndicales à la négociation d'un protocole d'accord préélectoral, document qui fixe les modalités de l'élection (v. p. 177). Cette invitation consiste, en pratique, à informer les organisations syndicales de la date de la négociation du PAP. L'invitation à négocier doit parvenir :

- au plus tard 15 jours avant la date de la première réunion de négociation du PAP s'il s'agit de mettre en place le CSE ;
- 2 mois avant le jour où les mandats en cours prennent fin s'il s'agit de renouveler le CSE. Le premier tour doit avoir lieu dans la quinzaine précédant l'expiration des mandats en cours.

---

**Remarque :** dans les entreprises de 11 à 20 salariés, l'employeur n'a pas à inviter les organisations syndicales à la négociation du protocole préélectoral, si aucun salarié ne s'est porté candidat dans les 30 jours suivant l'information des salariés (article L. 2314-5, alinéa 5). L'employeur devra déterminer seul les modalités de l'élection, mais un premier et, le cas échéant, un second tour, doivent être obligatoirement organisés.

---

Cette invitation doit comprendre le nom et l'adresse de l'employeur ; l'intitulé et l'identifiant de la convention collective de branche applicable, le cas échéant ; le lieu, la date et l'heure de la première réunion de négociation du PAP (article D. 2314-1-1).

L'employeur doit inviter tous les syndicats qui peuvent présenter des candidats aux élections (article L. 2314-5).

| En pratique, l'employeur doit inviter | Pour aller plus loin… |
|---|---|
| Les syndicats représentatifs dans l'entreprise (invitation par courrier) | • Il s'agit des syndicats qui ont présenté des candidats aux dernières élections de représentants du personnel et qui ont obtenu au moins 10 % des voix au premier tour. |
| Les syndicats qui ont constitué une section syndicale dans l'entreprise (invitation par courrier) | • Une section syndicale peut être constituée dans une entreprise dès lors que plusieurs salariés (2 ou plus) sont adhérents à un même syndicat. |
| Les syndicats affiliés à une organisation syndicale représentative au niveau national et interprofessionnel (invitation par courrier) | • Les organisations syndicales représentatives au niveau national et interprofessionnel sont la CFDT, la CGT, FO, la CFE-CGC et la CFTC.<br>• S'il n'y a pas de présence syndicale dans l'entreprise, l'employeur peut adresser l'invitation à la confédération. A charge ensuite pour la confédération de transférer l'invitation au syndicat correspondant. |
| Les autres syndicats pouvant présenter des candidats (invitation par tous moyens : affichage, courriel, etc.) | Il s'agit des syndicats :<br>• légalement constitués depuis au moins 2 ans,<br>• qui satisfont aux critères de respect des valeurs républicaines et d'indépendance vis-à-vis de l'employeur,<br>• et dont le champ professionnel et géographique couvre l'entreprise. |

## 2.2 *Que peut-on négocier dans le PAP ?*

### Le nombre et la composition des collèges électoraux peuvent être modifiés

Le code du travail prévoit que l'effectif est normalement divisé en deux collèges électoraux (article L. 2314-12) :

- le « premier collège », constitué par les ouvriers et les employés ;
- le « second collège », constitué par les ingénieurs, les chefs de service, les techniciens, les agents de maîtrise et assimilés.

---

**Remarque :** attention, lorsque l'effectif de l'entreprise est inférieur à 25 salariés, il n'y a qu'un seul collège électoral étant donné qu'il n'y a qu'un seul siège à pourvoir (article L. 2314-11).

---

Il est possible, dans le PAP, de modifier le nombre de collèges électoraux, sous réserve d'en déterminer également la composition. Pour pouvoir modifier le nombre de collèges électoraux, toutes les organisations syndicales représentatives dans l'entreprise doivent signer le PAP. S'il n'y a pas d'organisation syndicale dans l'entreprise, ou si une organisation syndicale ne signe pas le PAP, il n'est pas possible de modifier le nombre de collèges.

---

**Exemple :** il arrive parfois que la division en deux collèges ne corresponde pas à la réalité de l'entreprise. Dans une entreprise de 44 salariés, 2 sièges sont à pourvoir. Dans l'entreprise travaillent 2 ingénieurs et 42 employés. Il semble alors plus judicieux de n'avoir qu'un seul collège électoral. Il faudra que toutes les organisations syndicales représentatives dans l'entreprise signent le PAP.

---

### La répartition du personnel et des sièges entre les collèges électoraux est fixée par le protocole préélectoral

Une fois que le nombre de collèges électoraux est fixé, il convient de déterminer précisément la composition de chaque collège électoral et les catégories de salariés qui y figureront. Très concrètement, il s'agit de déterminer si tel ou tel salarié appartient au collège 1 ou au collège 2. Cette répartition doit être prévue dans le protocole d'accord préélectoral (article L. 2314-13). Pour déterminer à quel collège appartient un salarié, il faut examiner les fonctions qu'il exerce.

---

**Remarque :** le PAP doit également fixer le nombre de sièges qui revient à chaque collège. Cela ne pose pas de difficultés majeures et dans les entreprises de moins de 50 salariés il n'y a pas de véritable négociation pouvant être menée sur ce thème. S'il y a un siège à pourvoir, il n'y aura qu'un seul collège électoral et donc le siège reviendra au collège unique. S'il y a deux sièges à pourvoir et deux collèges électoraux, chaque collège doit se voir attribuer un siège.

---

### Les modalités d'organisation et de déroulement des élections sont fixées par le protocole préélectoral

Toutes les modalités d'organisation des élections peuvent être négociées. A défaut, ce sera à l'employeur de les fixer. Parmi les questions qui devront être abordées, signalons notamment :

- les lieux d'affichage des listes électorales : il convient de multiplier les points d'affichage afin de permettre à chaque salarié de vérifier que les informations le concernant sont exactes et qu'il est inscrit dans le bon collège ;

- la date limite de dépôt des listes de candidats : elle doit laisser un temps suffisant à l'employeur pour l'impression des bulletins de vote, tout en laissant le temps à chaque organisation syndicale pour le premier tour et aux salariés pour le second tour de faire acte de candidature ;
- les caractéristiques des bulletins de vote : elles sont librement définies par les partenaires sociaux, qui précisent les inscriptions à porter sur chaque bulletin. L'accord doit également définir le format et les couleurs des bulletins de vote ;
- les modalités du vote par correspondance : il est librement organisé. Les parties à l'accord préélectoral déterminent les catégories de personnel concernées par ce vote, en veillant cependant à favoriser le vote direct dans l'entreprise. Les modalités du vote par correspondance doivent assurer l'anonymat du vote. Le calendrier du vote par correspondance doit concilier les délais d'acheminement, d'envoi et de retour, ainsi que le temps de réflexion nécessaire aux votants. L'accord précise si les frais de retour des votes sont pris en charge par l'employeur ;
- la composition des bureaux de vote : un bureau de vote est mis en place pour chaque collège. Il surveille le bon déroulement du scrutin le jour des élections. L'accord peut arrêter les modalités de désignation des membres des bureaux de vote. Les organisations syndicales pour le premier tour et les candidats libres pour le second tour peuvent proposer des noms. Il peut également être fait appel au volontariat des électeurs de l'entreprise. Une date limite de composition des bureaux de vote doit être fixée ;
- les horaires des bureaux de vote : sans pénaliser l'activité de l'entreprise, il faut que l'amplitude horaire soit suffisante pour permettre aux salariés de voter facilement ;
- les modalités d'organisation de la campagne électorale : date limite pour faire campagne, modalités de diffusion des professions de foi auprès des salariés, etc. ;
- la désignation des délégués de liste. Chaque liste peut désigner un délégué de liste pour surveiller les opérations électorales. Il est souhaitable de prévoir ce délégué de liste dans le protocole et de préciser les modalités de l'absence de son poste de travail ;
- les modalités du dépouillement : afin d'assurer une parfaite information de tous les membres du bureau de vote, les règles relatives au dépouillement (décompte du nombre de voix et règles d'attribution des sièges) peuvent être rappelées dans le protocole ou sur un document annexé.

## 2.3 *Adopter le PAP*

Pour être valable, le protocole préélectoral doit être signé par la majorité des syndicats ayant participé à sa négociation, dont les organisations représentatives majoritaires en voix lors des dernières élections. Si ces résultats ne sont pas disponibles, on retient la majorité en nombre des syndicats représentatifs dans l'entreprise (article L. 2314-6).

Pour certaines clauses, plus sensibles, il faut que les organisations syndicales adoptent le PAP à l'unanimité.

| Modalités d'adoption | Thèmes de négociation |
|---|---|
| Double majorité | • Les modalités d'organisation et de déroulement des opérations électorales (article L. 2314-28)<br>• La répartition du personnel entre les collèges (article L. 2314-13<br>• La répartition des sièges entre les collèges (article L. 2314-13)<br>• L'augmentation du nombre des sièges ou le volume des heures individuelles de délégation (article L. 2314-7)<br>• La clause mentionnant l'accord collectif autorisant le vote électronique et définissant ses modalités (article R. 2314-13) |
| Unanimité | • La modification du nombre et de la composition des collèges électoraux (article L. 2314-12) |

Une fois adopté, le protocole d'accord préélectoral sera valable pour les deux tours de l'élection professionnelle.

### 2.4 *Faut-il afficher le PAP dans l'entreprise ?*

Il n'est pas obligatoire d'afficher le PAP dans l'entreprise. Cependant, il faut nécessairement informer les salariés d'un certain nombre d'éléments concernant l'organisation des élections. Généralement, le protocole d'accord préélectoral n'est pas affiché, l'employeur se contentant de diffuser une note de service ou d'envoyer un e-mail aux salariés pour les informer de la date des élections, de la date limite de dépôt des candidatures, des modalités de vote par correspondance, etc.

### 2.5 *Que faire en cas de désaccord ?*

Il peut arriver que l'employeur et les syndicats ne se mettent pas d'accord :

- s'il y a désaccord sur les modalités d'organisation des élections, il faut saisir le tribunal judiciaire ;
- s'il y a désaccord sur la répartition du personnel et des sièges entre les collèges, la décision est prise par l'administration (Dreets du siège de l'entreprise).

**Remarque :** cependant, lorsqu'aucune organisation syndicale représentative dans l'entreprise n'a pris part à la négociation, ce qui est courant dans les entreprises de 11 à 49 salariés, c'est l'employeur qui répartit le personnel et les sièges entre les différents collèges électoraux (article L. 2314-14).

## 3. Que se passe-t-il en l'absence d'organisation syndicale ?

En l'absence d'organisation syndicale, la négociation du protocole préélectoral n'est pas possible. Pour autant, l'élection du comité social et économique doit quand même avoir lieu. A charge pour l'employeur de décider seul :

- des modalités d'organisation de l'élection (jour de dépôt des listes, horaires d'ouverture des bureaux de vote, etc.) ;
- de la répartition du personnel et des sièges entre les différents collèges électoraux (article L. 2314-14) selon les dispositions prévues par le code du travail.

# 4. L'employeur doit élaborer les listes électorales de l'entreprise

Ces règles s'appliquent également dans les entreprises de 11 à 20 salariés lorsqu'aucun candidat ne s'est présenté dans les 30 jours suivant l'information des salariés sur les élections, l'employeur n'étant alors pas tenu de convier les organisations syndicales à la négociation du protocole préélectoral (article L. 2314-5, alinéa 5).

## *4.1 A l'employeur d'élaborer les listes électorales*

Après la négociation du PAP, si négociation il y a eu, il faut dresser la liste des salariés qui ont le droit de voter dans l'entreprise, c'est la liste électorale. L'établissement de la liste électorale est à la charge de l'employeur. C'est une opération importante pour les salariés puisqu'elle conditionne le droit de vote, mais aussi le droit de se porter candidat aux élections : il faut avoir la qualité d'électeur pour être candidat aux élections.

**Remarque :** si l'employeur s'est trompé dans l'élaboration de la liste (il peut avoir ajouté ou omis de mentionner un salarié électeur, avoir inscrit un électeur dans un mauvais collège, etc.), il est possible de faire un recours auprès du tribunal judiciaire dans les 3 jours suivant l'affichage de la liste (articles R. 2314-23 et s.). Il est également possible d'agir après les élections. Mais, l'oubli commis par l'employeur sur une liste ne sera pas toujours d'une gravité suffisante pour annuler les élections. En cas de contestation de la régularité des listes électorales, l'employeur doit fournir les éléments nécessaires au contrôle de ces listes (Cass. soc., 20 juin 2012, n° 11-19.643).

Le nombre de collèges électoraux détermine le nombre de listes à établir :

- s'il y a un collège électoral, l'employeur doit établir une liste électorale commune à tous les électeurs ;
- s'il y a deux collèges électoraux, l'employeur doit établir deux listes électorales différentes :

– une correspondant aux électeurs du premier collège ;
– une correspondant aux électeurs du second collège.

L'employeur établit les listes électorales pour les deux tours : pas besoin de modifier la liste électorale entre le premier et le second tour.

## *4.2 Les informations obligatoires*

L'employeur doit faire figurer sur la liste électorale toutes les mentions qui déterminent la qualité d'électeur et permettent le contrôle de la régularité des listes électorales. Il faut donc que soient mentionnés :

- le nom et le prénom de chaque électeur ;
- la date de naissance (qui permet de vérifier la condition d'âge) ;
- la date d'embauche (qui permet de vérifier la condition d'ancienneté). Attention, la date d'embauche n'est pas forcément déterminante pour apprécier l'ancienneté, compte tenu de la prise en compte des périodes travaillées dans d'autres établissements de l'entreprise ou en contrats précaires.

### 4.3 *L'employeur doit rendre publiques les listes électorales*

L'employeur doit rendre publiques les listes électorales pour que chaque salarié puisse vérifier qu'il y figure bien. Généralement, cette publicité se fait par un affichage dans l'entreprise au moins 4 jours avant la date du premier tour du scrutin. En effet, la contestation des listes peut se faire dans les 3 jours à compter du jour où elles ont été rendues publiques (article R. 2314-24). Il est donc conseillé de les afficher au moins 4 jours avant la date du premier tour du scrutin, pour éviter toute contestation des élections.

---

Remarque : généralement, les accords préélectoraux envisagent des délais de publication de l'ordre de 10 à 15 jours, ce qui laisse un peu plus de temps pour corriger les éventuelles erreurs.

---

Lorsqu'un changement intervient dans l'effectif de l'entreprise après la publication d'une liste électorale, l'employeur doit rectifier la liste pour tenir compte de ce changement. Attention ! Cette rectification ne peut être exigée que jusqu'au quatrième jour qui précède le premier tour, car la liste rectifiée doit, en tout état de cause, être publiée au plus tard le quatrième jour avant la date du scrutin.

## 5. Élaborer et déposer les listes de candidats

### 5.1 *Élaborer les listes de candidats*

Ce sont les syndicats ou les candidats qui doivent élaborer ces listes. Ils doivent y mentionner un certain nombre d'informations :

- le nom du salarié ;
- le collège électoral pour lequel les candidats sont désignés ;
- la nature du siège pour lequel ils se présentent (titulaire, suppléant) ;
- le nom de l'organisation syndicale, si le candidat est présenté par une organisation syndicale.

Attention, les élections se déroulent en deux tours :

- le premier tour, pour lequel seuls les syndicats peuvent présenter des listes de candidats ;
- le second tour, pour lequel toutes les candidatures sont acceptées (sous réserve de répondre aux critères d'éligibilité).

Il faudra donc élaborer des listes de candidats différentes pour le premier tour et pour le second tour.

Pour élaborer ces listes, les salariés et les syndicats disposent d'une grande liberté :

- il est possible de présenter des listes incomplètes : une liste de candidats peut comprendre moins de candidats que de sièges à pourvoir ;
- un salarié peut à la fois se présenter comme titulaire et suppléant.

Certaines règles doivent cependant être respectées :

- le nombre de candidats ne peut pas excéder le nombre de sièges à pourvoir ;
- un salarié ne peut se porter candidat que sur une liste établie pour le collège au sein duquel il est électeur. Il est donc impossible de se porter candidat pour deux collèges différents.

## 5.2 *Respecter la représentation équilibrée entre les femmes et les hommes*

### Les listes syndicales de candidats doivent respecter les règles de parité

D'après le code du travail, pour chaque collège électoral, les listes comportant plusieurs candidats doivent être composées d'un nombre de femmes et d'hommes correspondant à la part de femmes et d'hommes inscrits sur la liste électorale. Les listes sont composées alternativement d'un candidat de chaque sexe jusqu'à épuisement des candidats d'un des sexes (article L. 2314-30). C'est la représentation équilibrée entre les femmes et les hommes, souvent appelée « règles de parité des listes de candidats ».

En fait, compte tenu de la jurisprudence, il faut appliquer les règles suivantes :

- s'il y a un siège à pourvoir, les listes peuvent présenter indifféremment un homme ou une femme ;
- s'il y a deux sièges à pourvoir, les listes syndicales doivent obligatoirement présenter un homme et une femme, quelle que soit la proportion de femmes et d'hommes du collège (l'ordre de présentation importe peu). Il est interdit de ne faire figurer qu'un homme ou qu'une femme (Cass. soc., 9 mai 2018, n° 17-14.088).

Ces règles s'appliquent aux listes syndicales au premier et au deuxième tour, pour les titulaires comme les suppléants mais pas aux candidats sans étiquette syndicale présentées au second tour (Cass. soc., 25 nov. 2020, n° 19-60.222).

---

**Remarque :** ces règles trouveront rarement à s'appliquer dans les entreprises de 11 à 49 salariés. En effet, il y a soit un seul mandat (1 titulaire et 1 suppléant), soit 2 mandats mais répartis dans 2 collèges (1 titulaire premier collège, 1 titulaire second collège, pareil pour les suppléants). Les syndicats sont donc libres de présenter un candidat de n'importe quel sexe. C'est seulement si un accord unanime prévoit l'instauration d'un seul collège dans une entreprise de 25 à 49 salariés que la règle s'appliquera.

---

### L'élection du dernier candidat peut être annulée en cas de violation des règles de parité

Concrètement, en cas de violation de cette règle, le tribunal judiciaire, s'il est saisi de l'irrégularité, annule l'élection du dernier élu en suivant l'ordre inverse de la liste des candidats (article L. 2314-32). Le siège restera vacant (les règles relatives aux élections partielles s'appliquent cependant, le cas échéant). Il est également possible de saisir le tribunal judiciaire avant l'élection et déclarer la liste de candidats irrégulière car ne respectant pas les règles de parité. Le juge peut alors reporter la date de l'élection pour permettre la régularisation (Cass. soc., 11 déc. 2019, n° 18-26.568).

La liste des titulaires du syndicat AB présente 2 candidats hommes :

- M. X
- M. Y

Si le tribunal judiciaire est saisi après l'élection, il doit annuler l'élection de M. Y si les deux candidat sont élus. Il annulera l'élection de M. X si un seul candidat est élu.

Le même syndicat AB présente pour sa liste de suppléants, seulement Mme Z alors que 2 mandats sont à pourvoir. Son élection sera aussi annulée si le tribunal judiciaire est saisi.

### 5.3 *Déposer les listes de candidats*

Le code du travail ne dit rien sur les modalités de dépôt des listes de candidats. Il revient donc au protocole préélectoral ou, à défaut, à l'employeur de fixer les règles du jeu. Il est d'usage de prévoir une remise en main propre contre signature ou un envoi en recommandé avec avis de réception.

**Remarque :** un envoi par e-mail est-il possible ? Juridiquement, rien ne l'interdit. Mais, en cas de problème, il faudra pouvoir prouver que l'e-mail a bien été envoyé et reçu.

S'agissant de la date et de l'heure limites de dépôt des listes, il revient aussi au protocole préélectoral de les fixer. A défaut d'accord préélectoral, l'employeur peut fixer une date limite de dépôt.

Que faire si une liste est déposée hors délai ? Tout dépend de la manière dont a été fixée la date limite de dépôt :

- si la date limite de dépôt a été fixée par le protocole préélectoral et qu'une liste de candidats est déposée après la date limite, l'employeur peut refuser la liste de candidatures ;
- si la date limite de dépôt a été fixée par l'employeur et que le dépôt de la liste est tardif, le rejet automatique de la liste par l'employeur n'est pas toujours justifié. En effet, étant donné que l'employeur a fixé les règles seul, il faut qu'il soit plus souple sur le respect des délais. Par conséquent, pour rejeter la liste de candidats arrivée trop tard, l'employeur devra justifier que ce retard porte atteinte au bon déroulement des élections.

Une fois que la liste est déposée, l'employeur ne peut pas la modifier même si elle lui semble irrégulière. S'il souhaite la contester, il doit saisir le tribunal judiciaire.

## 6. Le déroulement de la campagne électorale

Comme en matière d'élections politiques, les candidats aux élections du CSE ont le droit de faire connaître aux électeurs leurs idées et « leur programme ». Le code du travail ne contient aucune disposition en ce domaine. Cela ne signifie pas que tout est permis, il faut respecter un certain nombre de principes.

**Remarque :** il ne faut pas oublier que le premier tour est réservé aux syndicats. Par conséquent, avant le premier tour, seuls les syndicats peuvent mener une campagne électorale. C'est seulement au second tour que les candidats libres pourront faire campagne.

Quand faire campagne ? En matière d'élections politiques, le code électoral interdit la distribution de bulletins, de circulaires et d'autres documents le jour du scrutin. Rien de tel pour les élections de CSE. Aussi, la campagne peut se poursuivre, en théorie, jusqu'au jour du scrutin. En pratique, une diffusion tardive à quelques jours du scrutin, voire le jour même, peut entraîner l'annulation des élections s'il s'avère que celle-ci a eu une influence déterminante sur les résultats du scrutin.

**Exemple :** la diffusion la veille et le matin même du scrutin d'un tract anonyme invitant vivement à l'abstention au premier tour pour permettre un second tour avec des candidatures libres est de nature à influencer les résultats du scrutin. Il n'est donc pas possible de procéder à de tels agissements, au risque de voir annuler les élections.

La propagande électorale peut se faire par affichage, réunions d'information, tracts, envoi d'e-mail, etc. C'est au protocole d'accord préélectoral d'organiser les moyens de propagande. Il est par exemple possible d'autoriser la diffusion de tracts électroniques ou l'utilisation de l'intranet de l'entreprise.

**Remarque :** tout au long de la campagne électorale, l'employeur doit rester neutre et ne doit pas prendre parti pour tel ou tel candidat. L'employeur doit impérativement respecter cette obligation de neutralité, bien qu'il soit en charge de l'organisation des élections. S'il ne respecte pas cette obligation de neutralité, cela justifiera une annulation des élections, peu important que l'attitude de l'employeur ait eu ou non une conséquence effective sur les résultats (Cass. soc. 10 mai 2012, n° 11-14.178).

Chapitre 4

# Du vote des salariés au dépouillement des bulletins

## 1. A quoi faut-il penser le jour de l'élection du CSE ?

### *1.1 Préparer les bulletins de vote, les enveloppes, les urnes et les isoloirs*

L'organisation des élections professionnelles dans une entreprise est sensiblement similaire à l'organisation d'élections politiques et c'est à l'employeur qu'il revient de les organiser. On retrouve tous les éléments classiques de l'élection : il est nécessaire de prévoir des bulletins, des enveloppes, des isoloirs et des urnes.

#### Les bulletins

L'employeur doit mettre à la disposition pour chaque collège une quantité suffisante de bulletins de vote pour que tous les électeurs puissent voter. Ces bulletins doivent, d'une part, être séparés pour les titulaires et pour les suppléants et, d'autre part, être fournis en nombre égal pour chaque liste de candidats. Le bulletin de vote doit comporter certains renseignements :

- la date de l'élection, l'indication du premier ou du second tour et le vote dont il s'agit (titulaire ou suppléant) ;
- si la liste est présentée par un syndicat, il faudra mentionner le nom du syndicat.

 

Chaque liste de candidat doit avoir un bulletin, l'employeur ne peut pas faire mentionner deux listes de candidats sur le même bulletin.

Il convient par ailleurs de noter :

- d'une part, que l'employeur peut mettre à la disposition des électeurs des bulletins blancs pour leur permettre d'user de leur faculté de voter blanc ;
- d'autre part, que le protocole d'accord préélectoral peut prévoir de différencier par des couleurs les bulletins titulaires des bulletins suppléants.

### Les enveloppes

Les enveloppes doivent permettre d'assurer le secret du vote. Elles ne doivent donc pas permettre de deviner la nature du bulletin.

### L'isoloir

L'employeur doit organiser le vote de telle manière que les salariés puissent s'isoler avant d'aller voter. Il est conseillé de disposer des isoloirs dans le bureau de vote, mais ce n'est pas obligatoire. Les électeurs doivent toutefois bénéficier d'un dispositif d'isolement (pièce séparée, rideaux permettant d'isoler une partie de la pièce, etc.).

### L'urne

Comme pour les élections politiques, il est nécessaire de prévoir des urnes (il existe une urne pour les titulaires et une urne pour les suppléants et ce, pour chaque collège).

Il est préférable qu'elles soient transparentes, mais ce n'est pas une obligation. Il faut bien entendu que l'usage d'une urne opaque ne soit pas de nature à fausser les résultats du vote.

## 1.2 *Mettre en place les bureaux de vote*

Pour diriger et contrôler les opérations électorales, il faut un bureau de vote pour chaque collège. Le bureau de vote est composé d'un président et de deux assesseurs.

---

Remarque : Il faut absolument qu'un président de bureau de vote soit désigné, sinon cela pourra provoquer l'annulation des élections.

---

Pour désigner les membres des bureaux de vote, il faut respecter les règles suivantes :

- ils doivent être électeurs et appartenir au collège intéressé ;
- c'est le protocole d'accord préélectoral qui fixe les modalités de désignation des membres du bureau de vote. L'employeur ne peut pas, même à défaut d'accord, s'en charger lui-même. A défaut d'accord ou de dispositions dans le PAP, le bureau est composé des deux salariés, le plus âgé et le plus jeune, du collège.

---

Remarque : l'employeur ne peut pas être un membre du bureau. Il peut cependant être présent dans la salle le jour de l'élection tant qu'il n'essaie pas d'influencer le vote des salariés et qu'il reste neutre.

---

Le bureau de vote a différentes missions, il doit :

- vérifier que les personnes qui se présentent pour voter appartiennent au bon collège et ont bien la qualité d'électeur ;
- surveiller la mise des enveloppes dans les urnes pour éviter que des votes de titulaires soient déposés dans l'urne des suppléants ;
- veiller au secret du scrutin : passage dans les isoloirs mis à la disposition des électeurs, vérification des urnes avant le début du vote, etc. ;

- faire signer la liste d'émargement, que l'employeur doit lui fournir, au fur et à mesure que les électeurs votent ;
- se faire remettre, s'il y a lieu, les votes par correspondance et les ajouter aux votes exprimés sur place par les électeurs ;
- prononcer à l'heure prévue la clôture du scrutin, procéder au dépouillement, déterminer et proclamer les résultats et enfin établir un procès-verbal ;
- constater les irrégularités et les consigner dans le procès-verbal d'élection. Il ne peut pas décider d'annuler les élections.

## 2. Le vote par correspondance pour les absents

Il ne faut pas hésiter à organiser le vote par correspondance. Le jour du vote, certains électeurs peuvent être absents (salariés travaillant à l'extérieur de l'entreprise, congés payés, maladie, maternité, formation, etc.). Pour qu'ils puissent participer aux élections, il est d'usage de les faire voter par correspondance dans les conditions prévues par le protocole d'accord préélectoral.

**Remarque :** si le vote par correspondance est surtout utilisé pour permettre aux salariés absents de voter, il est tout à fait possible de le généraliser à tous les salariés. Dans ce cas, le recours au vote électronique, lequel obéit à des règles spécifiques, est plus fréquent. A noter que le vote par procuration est impossible.

La mise en place d'un vote par correspondance fait partie de la négociation du protocole d'accord préélectoral, l'employeur ne peut pas choisir de mettre en place un tel procédé de manière unilatérale. S'il n'y a pas de PAP, il ne sera pas possible de voter par correspondance. A défaut d'accord, il reste toutefois possible de demander au tribunal judiciaire d'ouvrir la possibilité de recours au vote par correspondance.

Le vote par correspondance doit être organisé de manière à garantir la liberté et le secret du vote et à permettre aux électeurs d'exprimer leur choix sans difficulté ni risque d'erreur. Il est donc nécessaire de leur adresser :

- une notice explicative, expliquant les modalités du vote ;
- les différents documents de propagande électorale distribués aux salariés de l'entreprise par les syndicats ou les candidats dans le cadre de la campagne ;
- les bulletins de vote et deux enveloppes destinées à recevoir les bulletins, qui ne devront comporter aucun signe distinctif sous peine de rendre le vote nul : l'une pour le vote titulaire, l'autre pour le vote suppléant ;
- il faut aussi une enveloppe timbrée qui servira à l'électeur pour adresser les enveloppes contenant les bulletins de vote. Elle portera au dos les nom, prénom, adresse et signature de l'expéditeur et sera ouverte par le bureau de vote qui déposera les deux enveloppes cachetées dans les urnes correspondantes.

**Remarque :** le mode d'acheminement des votes doit permettre d'assurer la liberté et le secret du vote. En général, la voie privilégiée est la voie postale.

# 3. Le vote électronique pour un scrutin dématérialisé

Le vote électronique permet de voter sur le lieu de travail ou à distance pendant une période délimitée. C'est un scrutin automatisé à l'aide de systèmes informatiques. Compte tenu de la complexité des opérations à effectuer et des garanties à prendre, il est très fortement recommandé de recourir à un prestataire extérieur, lequel pourra également accompagner l'employeur lors de toute la procédure.

---

**Remarque :** à noter que le vote électronique, s'il est souvent choisi comme unique mode de scrutin, peut très bien s'articuler avec un vote « physique » à l'urne. Les modalités devront être prévues et cela peut s'avérer compliqué à articuler en toute sécurité. Mais ce n'est pas interdit !

---

## 3.1 *Mettre en place le vote électronique*

### Accord ou décision unilatérale

Pour pouvoir être mis en place, le vote électronique doit être prévu par accord collectif d'entreprise (cet accord se distingue du protocole préélectoral). A défaut, l'employeur peut le mettre en place unilatéralement (article L. 2314-26 du code du travail).

---

**Remarque :** attention, s'il y a un délégué syndical dans l'entreprise, l'employeur se doit d'ouvrir des négociations et de négocier loyalement, à défaut, il ne pourra pas recourir au vote électronique par décision unilatérale. En l'absence de délégué syndical, l'employeur peut prévoir librement la possibilité et les modalités du vote électronique (Cass. soc., 13 janv. 2021, n° 19-23.533).

---

En cas d'accord, celui-ci doit être déposé auprès de l'administration (Dreets) avant la signature du protocole préélectoral : il n'est donc pas possible de signer l'accord et le PAP le même jour.

### Protocole préélectoral

Le protocole préélectoral doit :

- mentionner l'existence de l'accord d'entreprise relatif au vote électronique, le cas échéant (ce n'est pas prévu en cas de décision unilatérale mais cela semble prudent de le préciser) ;
- faire figurer en annexe la description détaillée du système retenu et du déroulement des opérations électorales (article R. 2314-13).

---

**Remarque :** et s'il n'y a pas de protocole préélectoral ? La jurisprudence a autorisé l'employeur à fixer les modalités de mise en œuvre du vote électronique. A défaut, ce sera le tribunal judiciaire qui le fera, dans les conditions prévues par l'accord d'entreprise (Cass. soc., 4 juin 2014, n° 13-18.914).

---

### RGPD

Organiser un vote électronique nécessite de collecter et d'utiliser des données personnelles des électeurs (courriel professionnel, coordonnées postales, matricule, etc.).

Aucune formalité particulière n'est à réaliser auprès de la CNIL, l'organisme public régulateur des données personnelles, en cas de recours au vote électronique.

En revanche, l'organisateur de l'élection (le « responsable de traitement »), doit respecter des obligations au regard du RGPD (« Règlement général sur la Protection des Données ») (CNIL, délib., 25 avr. 2019, n° 2019-053 : JO, 21 juin) :

- la réalisation d'une analyse d'impact relative à la protection des données (AIPD) ;
- l'inscription préalable du traitement au registre des activités de traitement ;
- l'information des personnes, notamment sur le déroulement des opérations de vote et sur le fonctionnement du système de vote électronique (en fournissant une notice, par exemple) ;
- l'encadrement du contrat de sous-traitance s'il est fait appel à un prestataire extérieur, etc.

**Remarque :** le site de la CNIL propose une grille d'analyse simple ainsi que des solutions à tous les objectifs de sécurité. Le prestataire de vote électronique peut aider l'employeur dans cette démarche, mais c'est l'employeur qui reste responsable en tant que responsable de traitement.

## 3.2 *Déterminer le dispositif de vote électronique*

### Cahier des charges

Un cahier des charges respectant les dispositions réglementaires sur le vote électronique doit être établi dans le cadre de l'accord d'entreprise le cas échéant ou par l'employeur en cas de décision unilatérale (articles R. 2314-5 et suivants). Il est tenu à la disposition des salariés sur le lieu de travail et diffusé sur l'intranet de l'entreprise lorsqu'il existe. Aucune forme spécifique n'est toutefois imposée.

### Garanties du système

Il faut veiller à ce que le vote électronique ne mette pas en danger la liberté et le secret du vote des salariés. Par conséquent, un certain nombre d'exigences doit être respecté :

- le système mis en place doit permettre d'assurer la confidentialité des données transmises (notamment celle des fichiers de listes électorales ainsi que les données d'identification pour accéder à la plateforme de vote, de même que pour l'émargement et le dépouillement des votes) ;
- le traitement des données doit obéir à certaines obligations (systèmes informatiques distincts, dédiés et isolés entre le « fichier des électeurs » et « l'urne électronique » recensant les votes exprimés, par exemple) ;
- le système doit être soumis, préalablement à sa mise en place ou à toute modification substantielle de sa conception, à une expertise indépendante ;
- une cellule d'assistance doit être mise en place par l'employeur, comprenant les représentants du prestataire : elle veille au bon fonctionnement et à la surveillance du système et c'est elle qui opère les contrôles obligatoires avant l'ouverture du scrutin et à sa clôture ;
- un dispositif de secours doit être prévu afin de pouvoir prendre le relais en cas de panne ;
- enfin les membres du bureau de vote et les élus doivent bénéficier d'une formation sur le système de vote et chaque salarié doit recevoir une notice d'information détaillée sur le déroulement des opérations électorales.

 

### 3.3 *Organiser le scrutin électronique*

Schématiquement, le vote doit se dérouler de la manière suivante :

- pour se connecter au système de vote, l'électeur se fait connaître par le moyen d'authentification qui lui aura été préalablement transmis de manière confidentielle ;
- une fois authentifié, l'électeur accède aux listes de candidats et exprime son vote. Son choix, qui peut être modifié avant validation, doit apparaître clairement à l'écran ;
- la transmission du vote et l'émargement font l'objet d'un accusé de réception que l'électeur a la possibilité de conserver ;
- une fois que le vote est validé, il ne peut plus être modifié. Le salarié n'a pas la possibilité de voter une deuxième fois.

Dès la clôture du scrutin, le dépouillement est automatiquement fait par le système informatique. Les membres du bureau doivent, après la clôture du dépouillement, sceller le système de vote pour empêcher toute utilisation frauduleuse des résultats. Les PV sont normalement générés par le système.

Le vote électronique requiert, comme le vote classique, une proclamation publique des résultats : c'est à la date de proclamation des résultats du scrutin que commence à courir le délai de 15 jours pendant lequel la contestation des élections est possible.

## 4. Le déroulement du vote

L'élection du CSE a lieu :

- pendant le temps de travail. Le protocole préélectoral peut prévoir, à l'unanimité, un vote hors temps de travail, notamment en cas de travail en continu (article L. 2314-27) ;
- sur les lieux de travail. Lorsque les lieux de travail sont très dispersés, le vote peut avoir lieu au siège social.

Comme pour une élection politique, les salariés doivent se déplacer pour venir voter (sauf en cas de vote par correspondance ou de vote électronique). Les membres du bureau ne doivent pas oublier de faire signer la liste d'émargement et signer cette même liste.

Le PAP, ou l'employeur, prévoit les heures pendant lesquelles les salariés peuvent voter. A l'heure fixée par le protocole préélectoral, le bureau de vote prononce publiquement la clôture du scrutin.

## 5. Le dépouillement des bulletins

Chaque bureau de vote procède ensuite aux opérations de dépouillement et ce, dès la clôture du scrutin. Il faut toujours commencer par le dépouillement des bulletins pour l'élection du titulaire, car, si un candidat est élu titulaire, il ne peut démissionner de son siège de titulaire pour se considérer élu en qualité de suppléant.

Pour le premier et le second tour, le dépouillement se déroule en plusieurs étapes :

- introduire les enveloppes intérieures des votes par correspondance dans les urnes correspondantes ;
- ouvrir l'urne, compter les enveloppes qui s'y trouvent et vérifier que le nombre d'enveloppes correspond au nombre total des votants cochés sur les listes d'émargement ;

- ouvrir les enveloppes et ranger les bulletins en tas distincts pour chaque liste : bulletins complets, bulletins dont certains noms ont été rayés, bulletins blancs, bulletins nuls ;
- transcrire sur des feuilles de dépouillement le nombre de bulletins recueillis par chaque liste, en séparant les bulletins complets de ceux comportant des ratures.

Pour le premier tour, il faut procéder à une étape supplémentaire : il faut vérifier que le nombre de votants est au moins égal à la moitié des électeurs inscrits sur la liste électorale, afin de vérifier que le *quorum* est atteint. Si le *quorum* n'est pas atteint, le premier tour n'est pas valable et il faut organiser un second tour dans les 15 jours qui suivent le premier (article L. 2314-29).

**Remarque :** le *quorum* est bien égal à la moitié des électeurs et non pas à « la moitié + une voix ». Ainsi pour 32 électeurs, le *quorum* est 16.

## 6. Comment calculer le *quorum* ?

Il faut prendre en compte le nombre de suffrages exprimés. Les votes blancs ou nuls ne comptent pas :

- un bulletin blanc est un bulletin qui n'exprime pas de vote en faveur d'un candidat. C'est le cas des bulletins blancs qui ont été mis à la disposition des électeurs, d'un bulletin sur lequel tous les noms de la liste de candidats ont été rayés et des enveloppes vides ;
- un bulletin nul est un bulletin entaché d'une irrégularité. C'est le cas :

– d'un bulletin trouvé dans l'urne sans enveloppe ou dans une enveloppe différente de celles fournies. Ceci ne devrait pas arriver si le bureau vérifie attentivement les opérations,

– d'un bulletin panaché sur lequel le votant a ajouté ou substitué des noms de candidats d'une autre liste ou de non-candidats,

– d'un bulletin sur lequel l'ordre de présentation a été modifié par l'électeur,

– si une enveloppe contient plusieurs bulletins, on considérera que c'est un bulletin nul.

Chapitre 5

# Établir le résultat des élections

## 1. Le calcul des voix et l'attribution des sièges

### *1.1 Comprendre le mode de scrutin*

Une fois que le dépouillement est effectué, il faut établir le résultat des élections. Il faut alors respecter le mode de scrutin : pour les élections professionnelles, il s'agit d'un scrutin de liste (cela signifie que l'on doit voter pour une liste de candidats et non pour tel ou tel candidat) avec représentation proportionnelle à la plus forte moyenne. Le mode de scrutin permet d'établir, après avoir dépouillé les votes, qui est élu. Il s'agit d'un type de scrutin particulier, qui ne ressemble en rien au scrutin majoritaire des élections présidentielles : dans les élections professionnelles, ce n'est pas forcément la liste qui a obtenu le plus de voix qui remporte le scrutin.

**Remarque :** il est possible de s'aider du logiciel mis à disposition par le ministère du Travail pour établir les résultats (www.elections-professionnelles.travail.gouv.fr).

Ces règles s'appliquent pour chaque collège séparément et pour les titulaires d'une part et les suppléants d'autre part. Ainsi, s'il y a deux collèges, il faut effectuer ces calculs 4 fois : une fois pour le titulaire du premier collège, une fois pour le suppléant du premier collège, une fois pour le titulaire du second collège et une fois pour le suppléant du second collège.

### *1.2 Les premiers sièges sont attribués en fonction du quotient électoral*

#### Première étape : calculer le quotient électoral

Pour déterminer le quotient électoral, il faut diviser le nombre de suffrages valablement exprimés par le nombre de sièges à pourvoir (article R. 2314-19).

**Remarque :** le nombre de suffrages valablement exprimés est égal au nombre de votants moins le nombre de bulletins nuls et blancs.

Le quotient doit être calculé pour chaque collège électoral. A l'intérieur de chaque collège, il convient d'effectuer le calcul pour les titulaires et pour les suppléants.

***En pratique, cela donne…***

Imaginons l'élection de membres titulaires du CSE où il y a deux sièges à pourvoir, deux listes et un seul collège : une liste A et une liste B :

- nombre de salariés inscrits sur les listes électorales : 44 ;
- votants : 41 ;
- blancs : 1 ;

• nuls : 2.

Le nombre de suffrages valablement exprimés est de : (41 - 1 - 2) = 38.

Le quotient électoral est donc égal à 38/2 = 19.

## Deuxième étape : calculer la moyenne des voix

La moyenne des voix d'une liste se calcule en divisant le total des voix obtenues par chaque candidat de la liste par le nombre de candidats de la liste :

- lorsque la liste comporte le même nombre de candidats que de sièges à pourvoir et qu'aucun nom n'a été rayé, le calcul du nombre de voix se réduit à un simple décompte des bulletins valables établis au nom de chaque liste ;
- lorsque la liste est incomplète, le nombre de voix qui revient à chaque liste de candidats se calcule en divisant le total des voix obtenues par cette liste par le nombre des candidats y figurant ;
- en cas de rature de certains noms, il faut décompter le nombre de voix obtenues par chaque candidat et faire la moyenne en divisant le total par le nombre de candidats figurant sur la liste.

***En pratique, cela donne…***

Reprenons notre exemple :

| Liste A | Liste B |
|---|---|
| Candidat 1 : 12 voix<br>(le nom du candidat 1 a été raturé une fois) | Candidat 1 : 25 voix<br>(le nom du candidat n'a pas été raturé) |
| Candidat 2 : 13 voix<br>(le nom du candidat n'a pas été raturé) | Candidat 2 : 21 voix<br>(le nom du candidat a été raturé 4 fois) |
| Moyenne des voix : (12 + 13)/2 = 12,5 | Moyenne des voix : (25 + 21)/2 = 23 |

## Troisième étape : calculer le nombre de sièges qui revient à chaque liste de candidats

Le quotient électoral et la moyenne de chaque liste étant ainsi calculés, on attribue à chaque liste un nombre de sièges égal à sa moyenne de voix divisée par le quotient électoral.

Remarque : le nombre de sièges attribués au quotient lors de la première répartition est nécessairement un nombre entier. Celui-ci sert ensuite de base au calcul des sièges restant attribués sur la base de la plus forte moyenne.

***En pratique, cela donne…***

| Liste A | Liste B |
|---|---|
| 12,5/19 = 0,65 donc 0 siège | 23/19 = 1,2 donc 1 siège |

Sur les 2 sièges d'élus titulaires qui étaient à pourvoir, 1 siège est attribué à la liste B. Il en reste donc 1 à pourvoir.

## 1.3 *Les sièges restant à pourvoir sont attribués à la plus forte moyenne*

Si aucun siège n'a été pourvu en application du quotient électoral ou s'il reste des sièges à pourvoir, ceux-ci seront attribués selon le système de la plus forte moyenne (article R. 2314-20). Pour ce faire, le nombre de voix obtenues par chaque liste est divisé par le nombre de sièges attribués à la liste augmenté d'une unité. Ainsi, le premier siège non pourvu est attribué à la liste ayant la plus forte moyenne. Lorsqu'il reste plusieurs sièges à pourvoir, il faut procéder de la même manière au calcul de la plus forte moyenne successivement pour chaque siège (Cass., soc., 12 juill. 2016, n° 15-25.638).

Remarque : la moyenne initiale obtenue est ainsi modifiée en fonction de chaque nouvelle attribution.

Lorsque deux listes obtiennent la même moyenne, le siège est attribué à la liste qui a obtenu le plus grand nombre de voix. En cas d'égalité sur le nombre de voix, le siège est attribué au plus âgé des deux candidats susceptibles d'être élus (article R. 2324-21).

Remarque : lorsqu'une liste incomplète obtient par le jeu du quotient et de la plus forte moyenne plus de sièges qu'elle n'a de candidats, les sièges vacants doivent être attribués à une liste concurrente ayant des candidats disponibles. Une liste incomplète ne peut prétendre à plus de sièges qu'elle n'a de candidats.

### *En pratique, cela donne...*

| Liste A | Liste B |
|---|---|
| 12,5/(0 + 1) = 12,5 | 23/(1 + 1) = 11,5 |
| Siège attribué à la liste A. | - |

## 1.4 *La désignation des élus d'une liste tient compte du nombre de ratures*

Une fois que les sièges ont été répartis entre les listes, il convient de déterminer dans chaque liste les candidats qui sont élus. Il faut pour cela appliquer les règles suivantes (article L. 2314-29) :

- si aucun des noms de la liste n'a été rayé, la désignation des candidats élus est faite en fonction de l'ordre de présentation sur la liste ;
- si le nombre de ratures est, pour chaque candidat, inférieur à 10 % du nombre de suffrages exprimés en faveur de la liste, la désignation des candidats élus est faite en fonction de l'ordre de présentation ;
- si le nombre de ratures est, pour chaque candidat, supérieur à 10 % du nombre de suffrages exprimés en faveur de la liste, la désignation des candidats élus est faite en fonction du nombre de voix de chaque candidat ;
- si pour une même liste, certains candidats ont obtenu un nombre de ratures inférieur à 10 % et d'autres un nombre de ratures supérieur ou égal à 10 %, les sièges seront attribués :

– dans un premier temps, aux candidats ayant obtenu moins de 10 % de ratures en fonction de l'ordre de présentation sur la liste,

– dans un second temps, aux candidats dont le nombre de ratures est supérieur ou égal à 10 % en fonction du nombre de voix obtenues.

### *En pratique, cela donne…*

Reprenons notre exemple :

| Liste A | Liste B |
|---|---|
| Candidat 1 : 12 voix (le nom du candidat 1 a été raturé une fois) | Candidat 1 : 25 voix (le nom du candidat n'a pas été raturé) |
| Candidat 2 : 13 voix (le nom du candidat n'a pas été raturé) | Candidat 2 : 21 voix (le nom du candidat a été raturé 4 fois) |
| Le nombre de ratures, pour les deux candidats, est inférieur à 10 % du nombre de suffrages obtenus (1,3 ici). Il faut donc prendre en compte l'ordre de présentation. C'est le candidat 1 qui est élu. | Le nombre de ratures du premier candidat (0 rature) est inférieur à 10 % du nombre de suffrages obtenus (2,5). Le nombre de ratures du second candidat (4) est supérieur à 10 % du nombre de suffrages obtenus. C'est le candidat qui a moins de 10 % de ratures qui est élu. C'est donc le candidat 1 qui est élu. |

Envisageons ensuite un autre exemple, pour illustrer les différentes hypothèses. Prenons comme exemple une liste de 2 candidats qui a obtenu 20 suffrages valablement exprimés et à qui il a été attribué 1 siège. Chaque simulation prendra en compte un nombre de ratures différent.

*Première hypothèse* : les deux candidats de la liste ont moins de 10 % de ratures (donc moins de 2 ratures dans notre exemple). Il faut prendre en compte l'ordre de présentation des candidats.

| Candidat 1 | Candidat 2 |
|---|---|
| 19 voix - 1 rature | 20 voix - 0 rature |
| Le candidat 1 est élu, car il est le premier à figurer sur la liste. | Non élu |

*Deuxième hypothèse* : tous les candidats ont au moins 10 % de rature (donc au moins 2 ratures dans notre exemple). Le candidat élu est celui qui a obtenu le plus de voix.

| Candidat 1 | Candidat 2 |
|---|---|
| 14 voix - 6 ratures | 17 voix - 3 ratures |
| Non élu | Le candidat 2 est élu, car il a le plus de voix. |

*Troisième hypothèse* : un candidat a moins de 10 % de ratures et un autre 10 % de ratures et plus. Le candidat élu sera celui qui a moins de 10 % de ratures.

| Candidat 1 | Candidat 2 |
|---|---|
| 14 voix - 6 ratures | 19 voix - 1 rature |
| Non élu | Le candidat 2 est élu, car il a moins de 10 % de ratures alors que le candidat 1 a plus de 10 % de ratures. |

### 1.5 *Élu à la fois comme titulaire et suppléant : pas le choix, il est titulaire*

Si un salarié peut se porter candidat comme titulaire et comme suppléant, il ne peut pas exercer les deux mandats à la fois ! S'il est élu deux fois, il est considéré comme titulaire. Il ne peut pas démissionner de son siège de titulaire pour se considérer élu en qualité de suppléant. Le siège de suppléant est alors attribué au candidat suppléant de sa liste le mieux placé après le suppléant qui vient d'être élu titulaire.

## 2. Annoncer les résultats des élections

### 2.1 *Proclamer les résultats*

Lorsque le calcul des voix et l'attribution des sièges sont terminés, le bureau doit proclamer les résultats. On entend par proclamation des résultats des élections une information publique et orale des élections immédiatement après le dépouillement et devant le public présent. C'est la phase finale obligatoire de toute élection. C'est le bureau qui proclame les résultats (l'employeur ne peut pas le faire).

Au cours de la proclamation, doivent être annoncés :

- le nombre d'inscrits, le nombre de votants, le nombre de bulletins blancs ou nuls et le nombre de votes exprimés ;
- le nombre de sièges attribués à la liste de titulaires et à la liste de suppléants au sein de chacun des collèges ;
- le nom de chaque candidat élu au sein du comité social et économique et le nombre de voix obtenues.

La proclamation des résultats marque la fin des élections. Elle produit les effets suivants :

- c'est à compter de la proclamation que le délai de 15 jours pour contester les élections devant le tribunal judiciaire commence à courir ;
- c'est à compter de la proclamation des résultats que les candidats élus acquièrent la qualité de représentants du personnel.

## 2.2 *Établir le procès-verbal d'élection*

Chaque bureau de vote doit établir un procès-verbal (PV) d'élection indiquant les résultats du scrutin. Voilà ce qu'il faut savoir à son sujet :

- le PV est le plus souvent établi le jour même de l'élection. En pratique, il peut y avoir un report à cause de difficultés dans la détermination des résultats ;
- le PV d'élection doit être établi par l'un des membres du bureau de vote ou par l'un des électeurs présents désignés par lui. Sa rédaction ne peut pas être confiée à un tiers.

Les différents PV doivent être signés par tous les membres du bureau, avant la proclamation des résultats. A défaut, les élections pourront être annulées.

---

**Remarque :** il faut utiliser les imprimés Cerfa, que l'on peut télécharger ou remplir sur le site www.elections-professionnelles.travail.gouv.fr. Il y a un Cerfa « titulaires » et un Cerfa « suppléants ». Et à chaque fois, le PV doit être établi en 3 exemplaires pour les différents collèges. Attention ! Même si le *quorum* n'a pas été atteint, il faut remplir le PV après le premier tour.

---

Une fois les PV remplis, l'employeur doit les envoyer au prestataire agissant pour le compte du ministre chargé du travail dans les 15 jours suivant la tenue de ces élections au moyen d'un formulaire homologué (article R. 2314-22). Il s'agit du Centre de traitement des élections professionnelles (CTEP - TSA 92315 - 62971 ARRAS CEDEX 9). Sinon, il peut y avoir une transmission électronique. Que les élections professionnelles se déroulent par scrutin sous enveloppe ou par vote électronique, les résultats peuvent en effet être validés et transmis à l'administration par voie dématérialisée *via* le téléservice du portail www.elections-professionnelles.travail.gouv.fr. Un arrêté du 4 novembre 2019 détaille la procédure à suivre (Arr. 4 nov. 2019, NOR : MTRT1931757A : JO, 16 nov.).

## 2.3 *Informer le personnel et les syndicats*

Il est généralement prévu par le protocole d'accord préélectoral que la direction se charge d'afficher sur ses panneaux les noms des candidats élus. L'information du personnel peut aussi être donnée par e-mail ou *via* l'intranet de l'entreprise.

Si des syndicats ont présenté des candidats, ou si des syndicats ont participé à la négociation du protocole d'accord préélectoral, l'employeur doit leur transmettre une copie des procès-verbaux d'élection. Cette information peut se faire par tout moyen et doit être faite dans les meilleurs délais (article L. 2314-29).

## 2.4 *Établir un procès-verbal de carence*

Si, à l'issue des deux tours de scrutin, aucun siège n'a pu être pourvu au sein du CSE, l'employeur a l'obligation d'établir un PV de carence (article L. 2314-9). A cet effet, il lui est conseillé d'utiliser le modèle proposé sur le site www.elections-professionnelles.travail.gouv.fr.

---

**Remarque :** le PV de carence constitue une garantie pour l'entreprise, cela permet de prouver que l'employeur a respecté ses obligations légales de mettre en place un CSE, mais que l'issue des élections n'a pas permis de mettre en place un CSE.

---

Rappelons qu'en l'absence de CSE l'employeur a l'obligation d'organiser des élections professionnelles si un salarié ou un syndicat lui en fait la demande. S'il a établi un PV de carence, la demande de mise en place d'un CSE ne pourra alors intervenir qu'à l'issue d'un délai de 6 mois après l'établissement de ce PV (article L. 2314-8).

## 3. Contester les élections

Attention, les litiges relatifs aux élections professionnelles relèvent du tribunal judiciaire et pas du conseil de prud'hommes. Il est possible de saisir le tribunal judiciaire du lieu de la proclamation du résultat des élections :

- pour trancher les contestations relatives à l'électorat. Ces demandes doivent être faites dans les 3 jours suivant la publication de la liste électorale (articles L. 2314-32 et R. 2324-23 et s.). En pratique, il s'agit de contestations relatives à l'établissement des listes électorales et aux conditions d'électorat : âge, ancienneté dans l'entreprise, qualité de salarié, capacité électorale ;
- pour trancher les contestations relatives à la régularité des élections. Cela recouvre différentes problématiques :

– le calcul des effectifs,

– l'annulation d'une liste de candidats,

– la validité des votes par correspondance au moment des élections, etc.

Peuvent saisir le tribunal toutes les personnes qui y ont un intérêt, c'est-à-dire principalement les salariés et l'employeur.

---

Remarque : toute irrégularité n'entraîne pas forcément l'annulation des élections des représentants du personnel. En principe, une élection est annulée si l'irrégularité a exercé une influence sur le résultat du scrutin. Cependant, attention, le manquement à un principe général du droit électoral constitue une irrégularité justifiant à elle seule l'annulation des élections, que ce manquement ait exercé une influence sur le résultat ou non (ces cas sont assez nombreux, par exemple, l'atteinte à la liberté ou la sincérité du vote, comme lorsque les électeurs n'ont pas accès librement à la salle de vote, un collège n'est pas représenté, ou si tous les membres du bureau de vote n'ont pas signé la liste d'émargement).

---

Si une élection est annulée, la balle est dans le camp de l'employeur. Il doit, de sa propre initiative, enclencher un nouveau processus électoral.

# Partie 3

# Le rôle du CSE en matière de droit du travail et de négociation collective

Chapitre 1

# Présenter les réclamations des salariés à l'employeur

## 1. Qu'est-ce qu'une réclamation ?

### *1.1 Une réclamation ce n'est pas une revendication*

La mission première des membres du CSE est de présenter à l'employeur les réclamations individuelles ou collectives des salariés dans un certain nombre de domaines (article L. 2312-5 du code du travail).

**Remarque :** le rôle du CSE ici s'apparente au rôle des anciens délégués du personnel, qui étaient également chargés de présenter les réclamations des salariés. Il est donc recommandé de s'inspirer de leur pratique.

La question essentielle est de savoir ce qu'on entend par réclamation, sachant qu'il n'existe aucune définition légale. Une réclamation peut être une demande, une requête, une plainte, une observation, une critique, mais ce n'est pas une revendication. Il faut voir la réclamation comme la demande du respect d'une règle existante. Le rôle des membres du CSE est de veiller à l'application des dispositions en vigueur et au respect des droits des salariés.

La revendication, elle, correspond à une demande d'amélioration de la situation existante. Elle est davantage du ressort des délégués syndicaux.

**Remarque :** le délégué syndical est le représentant d'une organisation syndicale dans l'entreprise. Dans les entreprises de moins de 50 salariés, une organisation syndicale représentative dans l'entreprise (c'est-à-dire une organisation syndicale qui a obtenu plus de 10 % des suffrages aux dernières élections professionnelles) peut ainsi désigner un membre du CSE comme délégué syndical. Ce salarié devra alors à la fois porter les revendications des salariés et leurs réclamations.

**Exemple :** les membres du CSE pourront réclamer le respect des salaires minima conventionnels ou le paiement des heures supplémentaires. Le délégué syndical se chargera de revendiquer des augmentations de rémunération ou encore une réduction du temps de travail.

En pratique, peu d'entreprises de moins de 50 salariés sont pourvues de délégués syndicaux. Dans ce cas, il est possible que les élus se fassent les porte-parole des salariés pour obtenir des augmentations de salaire par exemple mais ce n'est pas leur rôle premier.

## 1.2 Des réclamations individuelles ou collectives

Les membres du CSE peuvent présenter :

- des réclamations individuelles. Il s'agira alors de faire part à l'employeur d'une situation spécifique d'un salarié et de réclamer le respect de ses droits ou l'application d'une disposition légale ou conventionnelle. Même si ce n'est pas écrit dans le code du travail, la présentation d'une réclamation individuelle est soumise à l'accord du salarié, lequel conserve la faculté de présenter seul sa réclamation à l'employeur. En général, il est conseillé au représentant du personnel de demander au salarié de formaliser sa demande par écrit. Cela évite tout problème d'interprétation et de compréhension. C'est aussi une manière de responsabiliser le salarié ;
- des réclamations collectives. Il s'agit de faire part à l'employeur d'une situation qui s'applique à plusieurs salariés. Les membres du CSE n'ont alors pas besoin d'être saisis par les salariés. Quand les réclamations sont collectives, les représentants du personnel peuvent les présenter à l'employeur sans attendre d'être saisis par les salariés.

**Exemple :** si les temps de pause ne sont pas respectés pour plusieurs salariés, il s'agit d'une réclamation collective. Si un salarié ne voit pas son temps de travail respecté, il s'agit d'une réclamation individuelle.

## 1.3 Les réclamations portent sur différents thèmes

### L'application du code du travail en général

Une réclamation peut porter sur n'importe quelle disposition du code du travail qui n'est pas appliquée.

**Remarque :** les membres du CSE doivent donc avoir quelques connaissances en droit du travail, ne serait-ce que pour pouvoir informer les salariés sur leurs droits. Il n'est donc pas superflu de savoir utiliser un code du travail et de s'intéresser aux réformes du droit du travail. D'où l'importance d'avoir une documentation en droit du travail à jour et de se former.

Le CSE pourra trouver d'intéressantes ressources documentaires sur différents sites internet. Les sites institutionnels sont une source d'informations gratuites. Le CSE peut notamment consulter :

- Legifrance (www.legifrance.gouv.fr) pour prendre connaissance des dispositions du code du travail ;
- le site du ministère du Travail (www.travail-emploi.gouv.fr) qui traite différents thèmes du droit du travail.

**Remarque :** les sites des organisations syndicales sont aussi riches d'informations pratiques et de propositions de réponses à des problèmes concrets rencontrés par les adhérents.

### Les salaires

Les membres du CSE font remonter à l'employeur toutes les réclamations portant sur la rémunération au sens large :

- le non-respect du salaire minimum légal ou conventionnel ;
- le non-respect du calcul d'une rémunération variable ;

- le non-paiement des heures supplémentaires ;
- le non-paiement de certains temps de pause dont la rémunération est prévue ;
- l'absence de versement d'une prime conventionnelle telle que le 13e mois ;
- un mauvais calcul de l'indemnité de congés payés, etc.

## La protection sociale et la prévoyance

Les membres du CSE peuvent présenter toute réclamation relative à la protection sociale et à la prévoyance : maladie, maternité, retraite, accident du travail, invalidité, mutuelle, cotisations, indemnisation, versement de rente, remboursements des frais de santé, etc.

## L'hygiène, la santé et la sécurité

Les membres du CSE peuvent présenter toute réclamation relative à l'hygiène, à la santé et à la sécurité des salariés. Les réclamations présentées ont nécessairement un rapport avec les conditions de travail de chaque salarié.

**Remarque :** les questions peuvent porter sur la charge de travail, le positionnement des postes de travail, les équipements de protection, le vapotage, les consignes d'évacuation en cas d'incendie, le télétravail, le déménagement de services, l'utilisation du matériel ou des logiciels mis à la disposition des salariés par l'employeur, le harcèlement, les travaux au sein de l'entreprise, etc.

**Exemple :** si un salarié se plaint de son poste de travail (absence de chauffage, fauteuils non adaptés, etc.), l'élu peut faire remonter ces réclamations. Si un élu constate que le matériel utilisé par les salariés se détériore, il peut également faire une réclamation. Il en va de même s'il n'y a pas de rampe de sécurité dans les escaliers.

## Les conventions et accords applicables à l'entreprise

Les réclamations présentées au CSE peuvent porter sur toute disposition en vigueur. C'est très large. Cela peut recouvrir des questions portant sur :
- la convention collective applicable ;
- les accords d'entreprise le cas échéant (notamment de réduction du temps de travail) ;
- le règlement intérieur de l'entreprise (pouvant prévoir des autorisations d'absence) ;
- les usages de l'entreprise (versement d'une prime, remboursement de transport, temps de pause, etc.) ;
- le contrat de travail.

**Exemple :** les membres du CSE doivent ainsi avoir une très bonne connaissance des règles qui s'appliquent dans l'entreprise : les différents types de contrat de travail, les différents types de rémunération, les horaires de travail, les autorisations d'absence, etc. Les membres du CSE doivent donc savoir précisément quels textes s'appliquent dans l'entreprise, les avoir à jour et pouvoir y accéder rapidement. Rappelons à cet égard que l'employeur a l'obligation de fournir aux membres du CSE les textes conventionnels applicables dans l'entreprise.

## 2. Recueillir les réclamations

### 2.1 *Recueillir les réclamations, être porte-parole des salariés*

Les membres du CSE font remonter les réclamations des salariés à l'employeur, ils font donc l'interface entre les salariés et l'employeur. Ils n'agissent pas à la place des salariés.

**Remarque :** pour remplir ce rôle, les membres du CSE doivent être présents sur le terrain. Ils doivent rechercher la proximité avec les salariés, parler avec eux. Ils doivent aussi connaître l'entreprise, son organisation, les métiers qui y sont exercés... Les salariés ne vont pas toujours spontanément vers le CSE. C'est une réalité dont il faut tenir compte et qui doit pousser les membres du CSE à aller régulièrement vers les salariés.

Il faut dans un premier temps que le salarié accepte de confier aux représentants du personnel qu'il a un problème, un conseil à demander ou une question à poser. Le membre du CSE doit faire preuve d'une grande qualité d'écoute et doit demander au salarié ce qu'il attend de lui et quel est son objectif.

**Exemple :** le représentant du personnel peut se retrouver face à une grande variété de demandes : faire remonter un problème à la direction, négocier un départ, retrouver de bonnes conditions de travail, obtenir le paiement de ses heures supplémentaires, etc.

L'élu lui présente ensuite les différentes options ainsi que les conséquences qu'elles induisent. Il peut également, en fonction de la connaissance qu'il a de l'entreprise, évoquer avec le salarié les réponses possibles de l'employeur. Le membre du CSE laisse, après un temps de réflexion, le choix de l'option au salarié.

Ce n'est qu'avec l'accord du salarié que le membre du CSE remonte la réclamation à l'employeur. Le représentant du personnel accompagne ensuite le salarié, de la réponse de l'employeur jusqu'à sa mise en place, le cas échéant.

**Remarque :** le rôle des élus en la matière n'est pas simple. Ils doivent être conscients qu'exercer cette fonction auprès de l'employeur peut avoir pour conséquence des conflits avec l'employeur, des tensions. Par ailleurs, il est important d'attirer l'attention des salariés sur ce point.

Même si un CSE a été mis en place dans l'entreprise, le salarié conserve la possibilité de présenter lui-même ses réclamations à l'employeur (article L. 2312-7).

### 2.2 *Qui peut soumettre une réclamation aux membres du CSE ?*

Chaque salarié de l'entreprise peut soumettre des réclamations aux membres du CSE (article L. 2312-6).

**Remarque :** lorsqu'il y a deux membres du CSE et que chacun d'eux a été élu dans un collège, ils doivent traditionnellement présenter les réclamations des membres de leur collège. Il s'agit d'une pratique observée mais ce n'est pas une obligation.

Les salariés d'entreprises extérieures qui, dans l'exercice de leur activité, ne se trouvent pas placés sous la subordination directe de l'entreprise utilisatrice peuvent faire présenter leurs réclamations individuelles et collectives sur leurs conditions de travail dans l'entreprise par les membres du CSE (article L. 2312-6). Ce sera notamment le cas pour les salariés d'un sous-traitant ou d'un prestataire informatique qui sont détachés pour travailler chez un client.

**Remarque :** les intérimaires peuvent eux aussi faire présenter par les membres du CSE de l'entreprise utilisatrice leurs réclamations (article L. 2312-6) relatives à leur rémunération, y compris le paiement des jours fériés (article L. 1251-18), à leurs conditions de travail, durée du travail, travail de nuit, repos hebdomadaire et jours fériés, santé/sécurité, etc. (articles L. 1251-21 à L. 1251-23) et aux transports collectifs et installations collectives, comme la restauration (article L. 1251-24).

## 2.3 *Comment soumettre une réclamation ?*

La loi ne prévoit pas de procédure particulière pour saisir un membre du CSE. L'écrit n'est pas nécessaire, même s'il est recommandé lorsqu'il s'agit d'une réclamation individuelle. Les membres du CSE peuvent être saisis au cours d'une conversation avec un salarié par exemple. En pratique, plusieurs procédés peuvent être utilisés :

- le salarié peut envoyer un e-mail au CSE ou à l'un de ses membres. A ce titre, il peut être utile de se créer une adresse e-mail externe à l'entreprise au nom du CSE ;
- le CSE peut mettre en place une boîte aux lettres ou un cahier de réclamations et organiser des permanences dans son local (les jours et les heures sont indiqués sur leur panneau d'affichage) ;
- les membres du CSE peuvent aussi aller à la rencontre des salariés sur leur poste de travail, dès lors qu'ils n'occasionnent pas de gêne importante à l'accomplissement du travail (article L. 2315-14). Il est en effet illusoire de penser que les salariés vont systématiquement aller voir les élus pour leur demander de faire remonter auprès de l'employeur telle ou telle réclamation ou problématique. La pratique montre que c'est aux élus d'aller vers les salariés.

## 2.4 *Est-il possible de sélectionner les réclamations ?*

En principe, dès lors que l'observation, la question ou la plainte porte sur l'application de dispositions en vigueur dans l'entreprise et que le salarié souhaite que les élus communiquent sa question à l'employeur, ils ne peuvent pas l'écarter. Normalement, la réclamation n'a pas vocation à être censurée.

**Remarque :** ce que l'élu est parfois amené à faire, c'est informer le salarié que la réponse à sa question a déjà été donnée par l'employeur et qu'il n'y a pas lieu de la reposer. Ou alors que la réponse à sa question se trouve dans son contrat de travail, dans le règlement intérieur de l'entreprise ou encore dans un accord collectif. Souvent, dans ce contexte, le salarié renonce à demander au CSE de présenter sa réclamation. Les questions ici portent non pas sur la non-application d'une règle par l'employeur, mais sur la méconnaissance d'une règle par le salarié.

Pour autant, le membre du CSE n'est pas tenu de tout faire remonter. Il doit savoir analyser les situations, notamment lorsqu'elles se rapportent à un individu. En d'autres termes, il n'est pas obligé de relayer toutes les réclamations des salariés. Il doit savoir faire la part des choses, trier les questions secondaires ou superflues et être attentif aux éventuels règlements de compte avant de les faire remonter auprès de la direction. Il doit se montrer franc envers les salariés et savoir leur dire que leur réclamation n'a aucune chance d'aboutir, que la question a déjà été posée, etc.

 

## 3. Préparer, rédiger et transmettre à l'employeur la liste de réclamations

### 3.1 *Bien préparer la liste des réclamations est essentiel*

Une fois les réclamations collectées, il faut établir la liste des réclamations, c'est-à-dire énumérer les différentes problématiques soulevées par les salariés.

Par ailleurs, les élus peuvent ponctuellement faire le point sur les questions déjà abordées avec la direction, afin de vérifier si les solutions proposées ont bien été mises en place. Et si ce n'est pas le cas, remettre le sujet dans la liste des réclamations.

---

Remarque : une fois par an, ou plus souvent, selon le nombre et l'importance des réclamations, il peut également être utile de faire le point sur l'ensemble des questions abordées et de les catégoriser par collège, service, catégorie professionnelle, etc. pour essayer de dégager des tendances. Cela permet de localiser les problèmes ou de repérer un problème plus général. Cela permet également de pointer si les réponses apportées par l'employeur ont bien été appliquées, mises en œuvre.

---

S'il y a plusieurs membres au CSE, il est conseillé qu'ils se réunissent afin de préparer la liste des réclamations ensemble. Cela leur permet d'avoir le même niveau de connaissance des problèmes rencontrés dans l'entreprise et de partager les éventuelles solutions mises en place dans les autres services.

### 3.2 *Rédiger la liste des réclamations*

Les membres du CSE doivent transmettre à l'employeur une note écrite contenant les réclamations individuelles et collectives des salariés. L'employeur sera alors tenu d'y répondre au cours de la prochaine réunion du CSE (article L. 2315-22). En l'absence de note écrite, l'employeur peut ne pas répondre aux réclamations verbales qui lui sont présentées en cours de réunion.

---

Remarque : les membres du CSE doivent rédiger des questions précises, pour obtenir une réponse de l'employeur adéquate. Il faut éviter les formulations trop générales. Le but est d'obtenir la réponse la plus précise de l'employeur.

---

La structure de la note écrite n'est pas définie par les textes. La note écrite peut regrouper l'ensemble des questions émanant des différents membres du CSE. Cela permet de centraliser les demandes et de limiter le risque d'oubli de réponse de l'employeur. Chaque membre peut aussi remettre sa propre note écrite. L'employeur préférera toutefois recevoir une seule note écrite regroupant l'ensemble des points. Les réclamations sont, en général, classées par collège, mais ce n'est pas obligatoire. Les questions relatives à l'ensemble du personnel peuvent être remontées en tête de la liste des réclamations transmises à l'employeur.

Les questions des élus peuvent être posées de la manière suivante :

- les élus ont appris que certains salariés du service (...) ne bénéficiaient pas du paiement des heures supplémentaires, alors qu'ils travaillent plus de 35 heures par semaine. Comment expliquez-vous cette situation ? Quand allez-vous régulariser la situation ? Le paiement des heures supplémentaires sera-t-il rétroactif ?, etc. ;
- les élus ont eu écho de pratiques managériales anormales, certains salariés du service (...) se plaignent d'être victimes de harcèlement moral. En avez-vous eu connaissance ? Que comptez-vous faire pour faire cesser cette situation ? Sous quels délais ? Avez-vous l'intention de déclencher une enquête interne ? Les représentants du personnel y seront-ils associés ?, etc. ;

- M. C. nous a fait savoir que son poste de travail était très mal installé. Son bureau est situé dans un espace de circulation incessante. Quelle solution immédiate, à tout le moins temporaire, pouvez-vous mettre en place ? Déplacement ? Télétravail ? Quelle solution définitive envisagez-vous ? Déménagement ? Sous quel délai ?, etc. ;
- les élus ont constaté que la machine de l'atelier (...) était défectueuse. Présente-t-elle un danger pour les salariés ? Les salariés peuvent-ils quand même travailler dessus sans crainte ? La maintenance est-elle bien assurée ? Sera-t-elle réparée ? Si oui, quand ? Envisagez-vous de la remplacer ? Si oui, dans quel délai ?

### 3.3 *L'employeur répond par écrit*

Une fois rédigée de manière précise et détaillée, la note écrite compilant les réclamations des salariés est transmise à l'employeur 2 jours ouvrables avant la date à laquelle les membres du CSE doivent être reçus, c'est-à-dire avant la date de la réunion du CSE (article L. 2315-22). L'employeur ne peut pas exiger un délai plus long. S'il agissait ainsi il commettrait un délit d'entrave.

**Remarque :** attention, il faut veiller à transmettre la note écrite en temps et en heure, car l'employeur peut refuser de répondre aux demandes ou questions dont il a connaissance moins de 2 jours avant la date de la réunion.

**Exemple :** si la réunion a lieu le vendredi 10, la note écrite doit être envoyée au plus tard le mercredi 8. Si le jeudi 9 est férié, il faudra envoyer la note au plus tard le mardi 7. Si la réunion a lieu le lundi 13, la note sera envoyée au plus tard le vendredi 8.

L'employeur répond par écrit dans les 6 jours ouvrables qui suivent la réunion. Les demandes des représentants du personnel et les réponses motivées de l'employeur sont transcrites dans un registre spécial ou annexées à celui-ci (article L. 2315-22).

**Exemple :** si la réunion a lieu le vendredi 10, l'employeur doit répondre au plus tard le vendredi 17, si la réunion a lieu le lundi 13, la date limite est le samedi 19.

### 3.4 *L'employeur doit respecter ce système de réclamations*

Il ne peut donc pas inciter les salariés à ne pas saisir les représentants du personnel. Par exemple :

- l'employeur ne peut pas instituer une procédure parallèle de règlements des difficultés des salariés, écartant l'intervention des représentants du personnel ou la rendant trop tardive ;
- il ne peut pas non plus demander aux salariés de s'engager à n'utiliser que la procédure de présentation directe des réclamations.

 

Chapitre 2

# Les droits d'information et de consultation du CSE

## 1. L'information du CSE

### 1.1 *Qu'est-ce que le droit à l'information du CSE ?*

Pour que les membres du CSE puissent correctement exercer leurs missions, ils doivent être informés sur les sujets importants. Ils ont un droit d'information. En pratique, l'employeur doit mettre à leur disposition, ou parfois leur remettre, des documents et des rapports. Dans les entreprises de moins de 50 salariés, l'employeur n'a pas l'obligation de mettre en place une base de données économique, sociale et environnementale (BDESE) dans laquelle il compile ces différentes informations.

**Remarque :** si le droit du travail oblige les employeurs à transmettre un certain nombre d'informations aux membres du CSE, il est très important que les représentants du personnel se forment et aillent chercher des informations supplémentaires. L'exercice de leurs missions requiert notamment une bonne connaissance du droit du travail, il faut se documenter et se former.

### 1.2 *A quelles informations ont droit les membres du CSE ?*

#### L'employeur doit remettre des documents au CSE

| L'employeur doit remettre aux membres du CSE : | Pour aller plus loin |
|---|---|
| Les conventions et accords collectifs applicables à l'entreprise (articles L. 2262-5 et R. 2262-2) | • l'employeur doit fournir :<br>– la convention collective de branche (sauf si cette convention collective prévoit des conditions d'information différentes) ;<br>– les accords collectifs d'entreprise, s'il y en a ;<br>• il ne peut pas se contenter de dire qu'ils sont disponibles sur internet ;<br>• il doit également informer les membres du CSE :<br>– de tout changement dans les accords collectifs (article L. 2262-6) ;<br>– de sa désaffiliation à un syndicat patronal qui a signé des accords (article L. 2262-7) ; |

| L'employeur doit remettre aux membres du CSE : | Pour aller plus loin |
|---|---|
| Les documents relatifs à l'hygiène et à la sécurité | • l'employeur informe le CSE de la réception des attestations, consignes, résultats et rapports relatifs aux vérifications et contrôles mis à sa charge au titre de la santé et de la sécurité au travail (article R. 2312-1) ;<br>• il s'agit de la vérification des équipements et installations tels que les installations électriques, exercice incendie, les ascenseurs, les véhicules professionnels, les équipements sous pression, les compacteurs à déchets, les massicots, etc. ;<br>• si un inspecteur du travail est intervenu dans l'entreprise, ses remarques doivent être communiquées au CSE lorsqu'elles sont liées à la santé, à la sécurité, à la médecine du travail et à la prévention des risques (article L. 4711-4). |

## L'employeur doit tenir à la disposition des élus les documents suivants :

| L'employeur doit tenir à la disposition des membres du CSE : | Pour aller plus loin |
|---|---|
| Tous les documents, livres, registres non nominatifs qu'il doit établir au titre de la santé et de la sécurité (article R. 2312-3) | Il peut notamment s'agir du document unique d'évaluation des risques professionnels (DUERP) (article R. 4121-4). Il doit être élaboré par l'employeur en tenant compte de la nature des activités de l'entreprise. Ce document recense l'ensemble des risques pour la santé et la sécurité du personnel de l'entreprise. Ce document est mis à jour au moins une fois par an. |
| Le registre unique du personnel de l'entreprise (article L. 1221-15) | • le registre unique du personnel de l'entreprise est un document obligatoire établi par l'employeur ;<br>• il comporte les mentions obligatoires relatives à l'identification des salariés, les dates d'embauche et le départ de l'entreprise, le type de contrats de travail ;<br>• il concerne tous les salariés, y compris les salariés mis à disposition dans l'entreprise ;<br>• en annexe de ce registre, doivent être tenues à la disposition des membres du CSE (articles D. 1221-24 et D. 1221-24-1) :<br>– les copies des titres autorisant les salariés étrangers (hors Union européenne) à travailler ;<br>– la copie des déclarations de détachements. |

 

| L'employeur doit tenir à la disposition des membres du CSE : | Pour aller plus loin |
|---|---|
| Le document récapitulatif des horaires individualisés des salariés | • lorsque les salariés d'une entreprise ne travaillent pas selon le même horaire collectif, l'employeur établit les documents nécessaires au décompte de la durée de travail, des repos compensateurs acquis et de leur prise effective (article L. 3171-2) ;<br>• en cas d'organisation du travail par relais, par roulement ou par équipe l'employeur doit afficher (article D. 3171-7) :<br>– le nom des personnes composant les différentes équipes,<br>– ou établir un registre qui devra être tenu à la disposition du CSE. |
| Le registre spécial des membres du CSE | Ce registre regroupe les demandes formulées par les membres du CSE suite aux réclamations dont ils sont saisis et les réponses motivées de l'employeur (article L. 2315-22). |

# 2. L'employeur doit consulter le CSE

## 2.1 *Qu'est-ce que le droit à consultation du CSE ?*

### La consultation en elle-même

Dans les entreprises de 11 à 49 salariés, sauf en cas de licenciement économique, le CSE n'est pas consulté sur les projets de l'entreprise (réorganisation, déménagement, etc.). Toutefois, le code du travail prévoit un droit à consultation dans de nombreux domaines variés (temps de travail, congés, épargne salariale, etc.). En pratique, une consultation c'est d'abord et avant tout une réunion avec l'employeur, pendant laquelle ce dernier va expliquer l'objet de la consultation.

Remarque : la consultation doit précéder la mise en œuvre, afin que l'employeur recueille l'avis du CSE. Il doit lui donner des informations suffisantes, afin que le CSE puisse rendre à un avis éclairé.

Afin d'exercer convenablement leur droit à consultation, il est important qu'en amont, les représentants du personnel préparent les consultations. La consultation n'est utile que si les membres du CSE ont effectué des recherches sur le thème de la consultation, se sont renseignés sur la situation dans l'entreprise et ont préparé des questions.

### Le CSE doit ensuite émettre un avis

Après la consultation, les membres du CSE doivent émettre un avis. En règle générale, l'employeur n'est pas obligé de suivre l'avis du CSE, on parle d'avis consultatif.

Sur certains sujets, le CSE a cependant un droit de veto : si son avis s'oppose à la décision de l'employeur, l'employeur ne pourra pas mettre en œuvre sa décision. Dans ces situations-là, très rares, on parle d'avis conforme. Un avis conforme est nécessaire lors des consultations :

- en cas de refus de l'employeur d'accorder un congé de formation économique, sociale, syndicale et environnementale en raison des conséquences préjudiciables au bon fonctionnement de l'entreprise (article L. 2145-11) ;

- en cas de remplacement total ou partiel de la rémunération des heures supplémentaires par un repos compensateur équivalent (article L. 3121-37) ;
- en cas de mise en place à la demande des salariés d'horaires individualisés (article L. 3121-48).

**Exemple :** c'est le cas si l'employeur décide de mettre en place des horaires individualisés, qui constituent un mode d'aménagement du temps de travail qui permet aux salariés d'organiser leur temps de travail à l'intérieur de plages fixes, correspondant à des périodes de présence obligatoire et de plages mobiles pendant lesquelles leur présence est facultative (articles L. 3121-48 et suivants). En effet, si le CSE s'y oppose, l'employeur ne pourra pas mettre en place des horaires individualisés.

Un grand nombre de CSE se contentent, en pratique, de donner un avis en votant à main levée, lors de la réunion de consultation.

Il est pourtant important de rendre un avis écrit, argumenté en détail pour chaque point abordé, pour expliquer ce qui a amené à donner une réponse favorable ou défavorable. Correctement motivé, un avis peut ainsi permettre de mettre en avant les arguments des élus, qui doivent prendre en compte les intérêts des salariés. Cela permettra à l'employeur de prendre une décision plus éclairée, en tenant compte des conséquences pour les salariés.

**Remarque :** dans les entreprises de moins de 50 salariés, il n'y a pas de procès-verbal de réunion. Il est cependant recommandé de prendre des notes précises lors des réunions afin de garder la trace et de rendre compte des échanges ainsi que de l'avis rendu le cas échéant, motivé de préférence. Il est possible de se mettre d'accord entre élus et président du CSE à ce sujet.

## 2.2 *Le code du travail ne prévoit pas de procédure de consultation pour les CSE de moins de 50 salariés*

L'article L. 2312-15 du code du travail prévoit que, dans l'exercice de ses attributions consultatives, le CSE dispose d'un délai d'examen suffisant et d'informations précises et écrites transmises ou mises à disposition par l'employeur et de la réponse motivée de l'employeur à ses propres observations. Ce délai d'examen suffisant est d'un mois en général. Mais cet article ne concerne que les entreprises de 50 salariés et plus. Le code du travail ne prévoit aucune procédure de consultation pour les CSE des entreprises de 11 à 49 salariés.

Cependant, pour que la consultation soit effective, quelle que soit la taille de l'entreprise, il est nécessaire que le CSE puisse rendre un « avis éclairé », c'est pourquoi il faut appliquer les règles suivantes :

- la consultation doit être préalable à la décision de l'employeur ;
- le CSE dispose d'informations précises et écrites transmises ou mises à disposition par l'employeur et de la réponse motivée de l'employeur à ses propres observations ;
- le CSE dispose d'un délai d'examen suffisant, c'est-à-dire d'un temps nécessaire à l'examen des informations et de l'objet de la consultation (ce temps n'est pas défini comme dans les entreprises de 50 salariés et plus, il est donc recommandé de se mettre d'accord sur ce point).

## 2.3 *Focus sur quelques exemples de consultation du CSE*

Le CSE émet un avis et des vœux.

### Un droit à consultation en cas d'inaptitude

Dès lors qu'un salarié est déclaré inapte (un travailleur est déclaré inapte dès lors qu'il n'est plus en mesure, pour des raisons médicales, d'occuper son emploi) par le médecin du travail, l'employeur doit consulter le CSE sur les mesures de reclassement (articles L. 1226-2 et L. 1226-10). Peu importe que le salarié soit déclaré inapte suite à une maladie ou un accident professionnel ou non professionnel. Le CSE devra émettre un avis sur les propositions de reclassement. Reclasser un salarié, cela signifie lui trouver un autre poste dans l'entreprise, conforme aux préconisations du médecin du travail.

**Remarque :** les représentants du personnel connaissent l'entreprise et sont donc bien placés pour se prononcer sur le reclassement d'un salarié. Ils connaissent le travail réellement effectué et connaissent les besoins réels de travail ainsi que les possibilités de reclassement.

L'employeur doit fournir aux élus toutes les informations relatives à la recherche de reclassement. C'est pourquoi il doit impérativement porter à leur connaissance les conclusions du médecin du travail :

- l'aptitude du salarié à travailler sur un autre poste avec des horaires aménagés ;
- ou son aptitude à exercer l'une des tâches existantes dans l'entreprise.

Grâce à ces informations, les membres du CSE peuvent émettre leur avis, en vérifiant que l'emploi de reclassement proposé remplit un certain nombre de critères :

- il doit être approprié aux capacités du salarié ;
- il doit être conforme aux conclusions écrites du médecin du travail.

Cette consultation doit avoir lieu entre le constat de l'inaptitude par le médecin du travail et la proposition effective de reclassement ou avant l'engagement de la procédure de licenciement.

**Remarque :** les membres du CSE sont consultés une seule fois et n'ont pas à donner leur avis à chaque nouvelle proposition de reclassement. Le CSE n'est pas consulté si le médecin du travail précise sur l'avis d'inaptitude que tout reclassement est impossible ou préjudiciable au salarié.

Attention, il est très important de respecter cette consultation. Si l'employeur ne consulte pas et décide de licencier le salarié inapte, il devra verser au salarié une indemnité légale au moins égale à 6 mois de salaire si l'inaptitude a des origines professionnelles (article L. 1226-15). Si l'inaptitude a des origines non professionnelles, l'absence de consultation du CSE rendra la rupture du contrat injustifiée. L'absence de consultation peut également constituer un délit d'entrave.

### Un droit à consultation en cas de projet de licenciement économique collectif

Dès lors que l'employeur envisage de procéder à des licenciements économiques collectifs, il doit consulter le CSE. Un licenciement économique est prononcé lorsque l'entreprise connaît notamment des difficultés économiques.

Dès lors que l'employeur supprime des emplois, transforme des emplois, ou qu'un salarié refuse une modification des éléments essentiels de son contrat de travail et que cela intervient à la suite de difficultés économiques, de mutations technologiques, d'une réorganisation de l'entreprise nécessaire à la sauvegarde de la compétitivité de l'entreprise ou d'une cessation de l'entreprise, il s'agit d'un licenciement économique (article L. 1233-3).

**Remarque :** un licenciement est collectif dès lors qu'il concerne au moins 2 salariés.

Si l'employeur envisage de procéder à des licenciements collectifs, il faudra alors qu'il consulte le CSE.

**Remarque :** il est très important de se pencher sur le projet, afin de vérifier que ces licenciements reposent bien sur un motif économique. Si ce n'est pas le cas, l'employeur ne peut pas licencier les salariés et s'il le fait quand même, il sera possible de contester les licenciements.

En fonction du type de licenciement collectif, la procédure à suivre n'est pas la même.

### *En cas de licenciements économiques entre 2 et 9 salariés sur une période de 30 jours (article L. 1233-8) :*

- l'employeur doit consulter le CSE sur le projet de licenciement ;
- lorsque l'employeur convoque le CSE pour le consulter sur son projet, il doit l'informer sur (article L. 1233-8) :

– la ou les raisons (économiques, financières ou techniques) qui expliquent ce projet,

– le nombre de licenciements prévus par le projet,

– les catégories professionnelles concernées et les critères proposés pour l'ordre des licenciements,

– le nombre de salariés de l'entreprise,

– le calendrier envisagé pour les licenciements,

– les mesures économiques envisagées pour faire face aux difficultés,

– les conséquences des licenciements sur la santé, la sécurité et les conditions de travail ;

- le CSE a ensuite un mois pour rendre son avis sur le projet de licenciement. S'il ne rend pas son avis dans ce délai, il sera considéré avoir rendu un avis négatif.

**Remarque :** il faudra également suivre cette procédure en cas de licenciements collectifs de moins de 10 salariés dans le cadre d'une procédure de redressement ou de liquidation judiciaire (article L. 1233-58).

### *En cas de licenciements de 10 salariés et plus sur une période de 30 jours (articles L. 1233-28, L. 1233-31 et L. 1233-32) :*

- l'employeur doit consulter le CSE sur son projet de licenciement ;
- lorsque l'employeur convoque le CSE pour le consulter sur son projet, il doit l'informer sur :

– la ou les raisons (économiques, financières ou techniques) qui expliquent ce projet,

– le nombre de licenciements prévus par le projet,

– les catégories professionnelles concernées et les critères proposés pour l'ordre des licenciements,

– le nombre de salariés de l'entreprise,

– le calendrier envisagé pour les licenciements,

– les mesures économiques envisagées,

– les conséquences des licenciements sur la santé, la sécurité et les conditions de travail ;

- les mesures envisagées pour éviter les licenciements ou en limiter le nombre et pour faciliter le reclassement du personnel dont le licenciement ne peut être évité ;
- le CSE doit tenir deux réunions dans un intervalle maximum de 14 jours.

Remarque : il faudra également suivre cette procédure en cas de licenciements collectifs de 10 salariés ou plus dans le cadre d'une procédure de redressement ou de liquidation judiciaire (article L. 1233-58).

En plus de ces consultations sur le projet de licenciement en lui-même, le CSE doit toujours être consulté sur l'ordre des licenciements (article L. 1233-5). Fixer l'ordre des licenciements, c'est déterminer le ou les salariés à licencier selon des critères déterminés.

Remarque : ces critères peuvent être fixés par un accord collectif ou, à défaut, par la loi (article L. 1233-5). Ces critères doivent prendre en compte : la situation familiale du salarié et, notamment, ses charges ; l'ancienneté dans l'entreprise ; la capacité du salarié à se réinsérer ainsi que les qualités professionnelles du salarié.

Le CSE doit donner son avis sur l'ordre des licenciements envisagés par l'employeur. Il doit avoir un rôle de conseil, afin d'établir au mieux la liste des licenciements et en tenant compte de la situation particulière de chaque salarié. Il est donc important que les membres du CSE soient impliqués dans la vie de l'entreprise et soient au plus près des salariés pour connaître leur situation familiale et professionnelle. L'ordre des licenciements a des conséquences particulièrement importantes, qu'il ne faut pas prendre à la légère. Il faut également établir un avis particulièrement argumenté afin d'orienter la décision de l'employeur.

## Un droit à consultation relatif aux congés payés

Normalement, les règles relatives aux congés payés sont prévues par accord collectif. En l'absence d'accord, c'est à l'employeur de fixer ces règles. Dans ce cas, le CSE devra être au préalable consulté (article L. 3141-16) :

- sur la période pendant laquelle les salariés peuvent partir en congés payés :

– cette période doit obligatoirement comprendre la période comprise entre le 1$^{er}$ mai et le 31 octobre de chaque année,

– le CSE devra être consulté avant que l'employeur n'informe les salariés, soit au moins 2 mois avant l'ouverture de cette période (article D. 3141-5) ;

- sur l'ordre des départs :

– l'employeur peut en effet décider d'accorder le congé annuel par roulement. Cela signifie que les salariés s'absenteront les uns après les autres. Afin de ne pas désorganiser l'entreprise, il faut déterminer dans quel ordre les salariés prennent leur congé, c'est ce que l'on appelle l'ordre des départs,

– l'employeur doit tenir compte de différents critères (la situation de famille des bénéficiaires, notamment les possibilités du conjoint ou du partenaire de PACS, l'ancienneté du salarié, ses autres activités professionnelles),

– l'employeur doit consulter le CSE avant d'informer les salariés, soit plus d'un mois avant le départ des salariés (article D. 3141-6).

**Remarque :** si l'employeur ne consulte pas le CSE en matière de congés payés, il sera redevable d'une amende spécifique de 3 750 € ou, en cas de récidive, d'une amende de 7 500 € (article R. 3143-1).

## Les autres cas de consultations obligatoires

Dans de nombreux articles du code du travail, l'employeur doit consulter le CSE. Seulement, il n'est pas précisé s'il s'agit du CSE qui doit être mis en place dans les entreprises de moins de 50 salariés ou du CSE dans les entreprises d'au moins 50 salariés. Le CSE doit donc être consulté quelle que soit la taille de l'entreprise. Les tableaux ci-dessous listent ces cas de consultation, qui s'ajoutent à ceux détaillés dans les pages précédentes.

### *Consultation avec avis conforme du CSE*

Sur certains sujets, le CSE a un droit de veto : si son avis s'oppose à la décision de l'employeur, l'employeur ne pourra pas mettre en œuvre sa décision. Dans ces situations-là, on parle d'avis conforme. Un avis conforme est nécessaire lors des consultations suivantes :

| Domaine | Obligation de l'employeur |
|---|---|
| Congé de formation économique, sociale, environnementale et syndicale | Obligation de consulter le CSE en cas de refus de l'employeur d'accorder le congé en raison des conséquences préjudiciables au bon fonctionnement de l'entreprise : nécessité d'un avis conforme du CSE (article. L. 2145-11). |
| Heures supplémentaires | Consultation du CSE en cas de remplacement total ou partiel de la rémunération des heures supplémentaires par un repos compensateur équivalent (entreprise sans délégué syndical) : il faut un avis conforme (article L. 3121-37). |
| Horaires individualisés | Consultation du CSE en cas de mise en place à la demande des salariés d'horaires individualisés (horaires variables) : il faut un avis conforme (article L. 3121-48). |

 

### *Consultation avec avis simple du CSE*

En règle générale, l'employeur n'est pas obligé de suivre l'avis du CSE, on parle d'avis consultatif :

| Domaine | Obligation de l'employeur |
|---|---|
| Congés | |
| Chèques vacances | Consultation du CSE sur la mise en place et modalités d'attribution de chèques-vacances (article L. 411-8 du code du tourisme) |
| Congés spéciaux | Consultation du CSE en cas de refus de l'employeur d'accorder les congés suivants, en raison des conséquences préjudiciables au bon fonctionnement de l'entreprise :<br>• congé ou période de travail à temps partiel pour création ou reprise d'entreprise (article L. 3142-113) ;<br>• congé pour catastrophe naturelle (article L. 3142-51) ;<br>• congé sabbatique (articles L. 3142-29) ;<br>• congé de solidarité internationale (article L. 3142-69) ;<br>• congé de formation d'un salarié membre d'un conseil municipal, général ou régional (articles R. 2123-16, R. 3123-13 et R. 4135-13 du code général des collectivités territoriales) ;<br>• congé de formation de cadres et d'animateurs pour la jeunesse (article R. 3142-36) ;<br>• congé de participation aux instances d'emploi et de formation professionnelle ou à un jury d'examen (article L. 3142-45) ;<br>• congé de représentation d'une association ou d'une mutuelle (article L. 3142-63) ;<br>• congé de transition professionnelle (report) (article R. 6323-10-1). |
| Journée de solidarité | Consultation du CSE sur les modalités de fixation de la journée de solidarité par l'employeur en l'absence d'accord collectif de travail (article L. 3133-12). |
| Durée du travail | |
| Aménagement du temps de travail | • Consultation du CSE en cas de mise en place par décision unilatérale de l'employeur d'une répartition de la durée du travail sur plusieurs semaines, 9 semaines au maximum (articles L. 3121-45 et D. 3121-27).<br>• Communication au moins une fois par an au CSE d'un bilan de la mise en œuvre du programme indicatif de la variation de la durée du travail (article D. 3121-27). |
| Astreintes | Consultation du CSE lorsque l'employeur met en place, en l'absence d'accord collectif, des astreintes (article L. 3121-12). |
| Chômage intempéries | Consultation du CSE en cas de décision de l'employeur d'arrêter le travail en raison d'intempéries (entreprises du BTP) (article L. 5424-9). |

| Domaine | Obligation de l'employeur |
|---|---|
| Dépassement de la durée hebdomadaire de travail | • Consultation du CSE lorsque l'entreprise demande à bénéficier d'une dérogation à la durée hebdomadaire maximale de travail, soit 48 heures (avis du CSE joint à la demande) (**article** L. 3121-21).<br>• Consultation du CSE lorsque l'entreprise demande à bénéficier d'une dérogation à la durée hebdomadaire maximale moyenne de travail, soit 44 heures sur une période de 12 semaines consécutives (avis du CSE joint à la demande) (**article** L. 3121-26). |
| Dépassement de la durée quotidienne de travail | Consultation du CSE en cas de demande de dépassement de la durée quotidienne maximale de travail, soit 10 heures (avis du CSE joint à la demande) (**article** D. 3121-5). |
| Équipes de suppléance | Consultation du CSE en cas de mise en place d'équipes de suppléance sur autorisation de l'inspection du travail dans les entreprises industrielles (avis du CSE joint à la demande) (**article** L. 3132-18). |
| Heures supplémentaires | Consultation du CSE sur l'accomplissement d'heures supplémentaires au-delà du contingent annuel, soit 220 heures par salarié en l'absence d'accord collectif ; information du CSE sur l'accomplissement d'heures supplémentaires dans le cadre du contingent annuel (**articles** L. 3121-33 et D. 3121-24). |
| Repos compensateur | • Consultation du CSE sur l'adaptation des conditions et modalités d'attribution et de prise du repos compensateur (article L. 3121-37).<br>• Consultation du CSE sur le report d'une demande de contrepartie obligatoire en repos d'un salarié en raison d'impératifs liés au fonctionnement de l'entreprise (article D. 3121-20). |
| Repos dominical | Consultation du CSE en cas de décision unilatérale de l'employeur en vue de déroger au repos dominical (autorisation du Préfet de département) (article L. 3132-25-3). |
| Temps de déplacement professionnel | Consultation du CSE en cas de fixation par l'employeur des contreparties aux temps de déplacement professionnel dépassant le temps normal de trajet (articles L. 3121-7 et L. 3121-8). |
| Temps partiel | Consultation du CSE en cas de mise en place à l'initiative de l'employeur, en l'absence d'accord collectif, d'horaires de travail à temps partiel (articles L. 3123-26 et D. 3123-2). |
| Travail de nuit | • Consultation du CSE en cas de demande à l'inspecteur du travail d'autoriser la mise en place d'une période de travail de nuit différente de la période légale, soit autre que de 21 heures à 7 heures du matin (article L. 3122-22).<br>• Consultation du CSE en cas de dérogation à la durée maximale quotidienne de travail de nuit, soit 8 heures (avis du CSE joint à la demande) (article L. 3122-6).<br>• Consultation du CSE en cas de demande d'autorisation à l'inspecteur du travail d'affecter les salariés à des postes de nuit (articles L. 3122-21 et R. 3122-9). |
| Travail en continu | Consultation du CSE en cas d'organisation sur autorisation de l'inspecteur du travail en continu et attribution du repos hebdomadaire par roulement (entreprises industrielles), à défaut d'accord (articles L. 3132-14 et R. 3132-13). |

| Domaine | Obligation de l'employeur |
|---|---|
| | Emploi |
| Contrat à durée déterminée | • Consultation du CSE suite à la conclusion d'un CDD de remplacement en cas de départ définitif précédant la suppression du poste de travail du salarié (article L. 1242-2).<br>• Consultation du CSE suite à la conclusion d'un CDD dans les 6 mois suivant un licenciement économique en cas de commande exceptionnelle à l'exportation (article L. 1242-5).<br>• Consultation du CSE en cas de conclusion d'un CDD de 24 mois en vue de faire face à une commande exceptionnelle à l'exportation (article L. 1242-8-1). |
| Formation professionnelle | • Consultation du CSE en cas de demande de convention de coopération (article R. 5111-3).<br>• Consultation du CSE sur la définition d'actions de formation de longue durée en l'absence de délégué syndical (article L. 5121-5). |
| Intérim | • Consultation du CSE suite au recours à l'intérim pour remplacer un salarié absent en cas de départ définitif précédant la suppression du poste de travail du salarié (article L. 1251-6).<br>• Consultation du CSE suite au recours à l'intérim dans les 6 mois suivant un licenciement économique en cas de commande exceptionnelle à l'exportation (article L. 1251-9). |
| Prêt de main-d'œuvre | • Consultation du CSE en cas d'opération de prêt de main-d'œuvre à but non lucratif et information des différentes conventions signées (article L. 8241-2).<br>• Information et consultation du CSE de l'entreprise utilisatrice préalablement à l'accueil d'un salarié dans le cadre d'un prêt de main-d'œuvre à but non lucratif (article L. 8241-2).<br>• Information du CSE de l'entreprise lorsque le travailleur est affecté à un poste figurant sur la liste des travaux présentant des risques particuliers pour la santé ou la sécurité (article L. 8241-2). |
| Rupture conventionnelle collective | Consultation régulière et détaillée sur le suivi de la mise en œuvre de l'accord portant rupture conventionnelle collective (article L. 1237-19-7). |
| Travailleurs handicapés | • Consultation du CSE sur la mise à disposition de travailleurs handicapés d'une entreprise adaptée auprès d'une entreprise pour un an (consultation du CSE de l'entreprise utilisatrice) (article D. 5213-83).<br>• Consultation du CSE sur la demande à l'État d'une aide financière pour l'adaptation des lieux de travail ou pour le renforcement de l'encadrement (avis du CSE joint à la demande) (articles R. 5213-33 et R. 5213-36). |

| Domaine | Obligation de l'employeur |
|---|---|
| | Épargne salariale |
| PEE, Pereco | • Consultation du CSE sur un projet de règlement mis en place unilatéralement par l'employeur à défaut d'accord (PV joint lors du dépôt du règlement à la Dreets) (articles L. 3332-5, L. 3341-5 et R. 3332-5 du code du travail et article L. 224-13 du code monétaire et financier).<br>• Consultation du CSE sur la possibilité de prévoir dans le règlement ou l'accord les conditions dans lesquelles le CSE ou une commission spécialisée du CSE disposent des moyens d'information nécessaires sur les conditions d'application de ce règlement ou de cet accord (*idem* pour la participation). |
| Intéressement | Consultation du CSE sur la mise en place (ou modification) unilatérale de l'intéressement par l'employeur en l'absence d'accord de branche agréé sur le sujet et en cas d'échec des négociations avec le DS ou le CSE : dépôt à la Dreets avec le PV de consultation du CSE (consultation au moins 15 jours avant le dépôt) (articles L. 3312-5, II ; D. 3345-1 et D. 3345-3). |
| Participation | Consultation sur la mise en place (ou modification) unilatérale de la participation par l'employeur en cas d'échec des négociations avec le DS ou le CSE : dépôt à la Dreets avec le PV de consultation du CSE (consultation au moins 15 jours avant le dépôt) (articles L. 3323-6 et D. 3323-3). |
| Prime de partage de la valeur (PPV) | Consultation du CSE sur la mise en place d'une prime de partage de la valeur par décision unilatérale de l'employeur (Loi n° 2022-1158, 16 août 2022, article 1er : JO, 17 août). |
| | Frais de déplacement |
| Frais de déplacement entre le domicile et le lieu de travail | • Consultation du CSE en cas de décision de l'employeur de prendre en charge tout ou partie des frais de carburant engagés par les salariés pour les déplacements résidence habituelle – lieu de travail (article L. 3261-4).<br>• Consultation du CSE en cas de décision de l'employeur de prendre en charge les dépenses effectuées pour l'alimentation de véhicules électriques, hybrides rechargeables ou hydrogènes et de permettre la recharge de ces véhicules sur le lieu de travail (articles L. 3261-3 et L. 3261-4).<br>• Consultation du CSE en cas de décision de l'employeur de prendre en charge tout ou partie des frais engagés par ses salariés se déplaçant entre leur résidence habituelle et leur lieu de travail avec leur cycle ou cycle à pédalage assisté personnel ou leur engin de déplacement personnel motorisé ou en tant que conducteur ou passager en covoiturage, ou en transports publics de personnes (articles L. 3261-3-1 et L. 3261-4). |

| Domaine | Obligation de l'employeur |
|---|---|
| | Règlement intérieur |
| Règlement intérieur de l'entreprise et notes de service | • Consultation du CSE en cas d'adoption ou modification du règlement intérieur de l'entreprise (article L. 1321-4).<br>• Consultation du CSE en cas de diffusion de notes de service comportant des obligations générales et permanentes dans les matières relevant du règlement intérieur (article L. 1321-5). |
| | Santé, sécurité et conditions de travail |
| Aménagement d'espaces fumeurs | Consultation lors de la mise en place puis tous les 2 ans d'aménagements d'espaces spécialement réservés aux fumeurs (article R. 3512-6 du code de la santé publique). |
| Boissons | Consultation du CSE (et du médecin du travail) sur la liste des postes pour lesquels l'employeur doit mettre gratuitement à la disposition des salariés au moins une boisson non alcoolisée pour leur permettre de se désaltérer (article R. 4225-3). |
| Équipements de protection individuelle (EPI) | • Consultation du CSE sur les conditions de mise à disposition et d'utilisation des EPI (article R. 4323-97).<br>• Consultation du CSE sur la consigne d'utilisation relative aux EPI et documentation relative à la réglementation applicable (article R. 4323-105). |
| Formation à la sécurité | • Consultation du CSE sur les programmes et les modalités pratiques de la formation à la sécurité et de la formation renforcée à la sécurité (article L. 4143-1).<br>• Consultation du CSE sur la liste des postes de travail présentant des risques particuliers pour la santé et la sécurité des salariés en CDD, intérimaires et stagiaires (article L. 4154-2). |
| Froid et intempéries | Consultation du CSE sur les dispositions prises par l'employeur pour assurer la protection des travailleurs contre le froid et les intempéries (article R. 4223-15). |
| Intervenant en prévention des risques professionnels | Consultation du CSE sur la désignation d'un intervenant en prévention des risques professionnels (si les compétences dans l'entreprise ne permettent pas d'organiser les activités de protection et de prévention) (article L. 4644-1). |
| Médecine du travail | • Consultation du CSE sur le choix du service de prévention et de santé interentreprises (SPSTI) auquel l'entreprise adhère ; et sur la cessation d'adhésion au SPSTI (droit de veto du CSE dans ce dernier cas) (article R. 4622-17).<br>• Consultation du CSE sur le document adressé par l'employeur au SPSTI 6 mois après adhésion, puis tous les ans (précisant : nombre et catégories des travailleurs à suivre + risques professionnels) (article D. 4622-22).<br>• Consultation sur l'adhésion à un ou plusieurs services de prévention et de santé au travail de proximité pour la surveillance médicale de ses travailleurs éloignés (article D. 4625-27). |

| Domaine | Obligation de l'employeur |
|---|---|
| Plan judiciaire de santé et de sécurité | Consultation du CSE sur le plan élaboré par l'employeur sur demande du juge pénal en cas d'accident du travail dans une entreprise où ont été relevés des manquements graves ou répétés aux règles de santé et de sécurité du travail (article L. 4741-11). |
| Prévoyance - mutuelle | Consultation du CSE en cas de mise en place ou modification d'un régime de protection sociale complémentaire (article R. 2312-22). |
| Télétravail | Consultation du CSE en cas de mise en place du télétravail dans le cadre d'une charte élaborée par l'employeur (article L. 1222-9). |

L'employeur n'est pas obligé de suivre l'avis du CSE, on parle d'avis consultatif.

**Remarque :** afficher ce tableau dans le local permet de se rappeler quand le CSE doit être consulté.

Chapitre 3

# Le rôle du CSE en matière de licenciement

## 1. Assister un salarié à un entretien préalable

Tout salarié convoqué à un entretien préalable à une sanction disciplinaire ou à un licenciement a le droit de se faire assister au cours de cet entretien avec l'employeur par un membre du personnel.

Assez souvent, les salariés demandent aux élus de les assister.

**Remarque :** sur un plan juridique, rien n'oblige le salarié à se faire assister, c'est juste une faculté. Rien ne l'oblige non plus à demander à un représentant du personnel, il pourrait en théorie demander à un collègue de travail qui n'a aucun mandat représentatif. Quant au membre du CSE, rien ne l'oblige juridiquement à accepter d'assister le salarié. En cas de refus, il faut savoir expliquer au salarié pourquoi et l'orienter vers un autre salarié de l'entreprise.

Le code du travail ne dit absolument rien sur cette mission d'assistance qui se décompose en trois étapes :

- avant l'entretien. A ce stade, l'élu propose au salarié une première rencontre pour prendre connaissance du dossier et discuter avec lui. Cela permettra :

– d'informer le salarié sur les différentes étapes de la procédure, de lui expliquer comment les choses doivent se dérouler,

– de recueillir un maximum d'informations sur ce qui s'est passé, sur le vécu du salarié dans l'entreprise (éventuelles sanctions, évaluations professionnelles, etc.),

– de présenter les différentes options possibles, s'il y en a, et d'essayer d'élaborer une stratégie en fonction de ce que veut le salarié ;

- pendant l'entretien. L'élu est là pour écouter et, si nécessaire, intervenir. Il peut demander des explications à l'employeur, compléter celles du salarié, présenter des observations et donner un avis personnel. Il est très important de prendre des notes au cours de l'entretien ;
- après l'entretien. Au membre du CSE de proposer au salarié de faire un point sur le déroulement de l'entretien et de lui expliquer la suite des événements. Il est conseillé à l'élu de rédiger un compte rendu objectif reflétant la réalité des échanges qui ont eu lieu au cours de l'entretien.

## 2. Les consultations du CSE en matière de licenciement

L'employeur doit consulter le CSE dans les cas suivants :

- les licenciements économiques de 2 à 9 salariés sur une période de 30 jours (pour voir à la procédure complète, v. p. 66) ;
- les licenciements économiques de 10 salariés et plus sur une période de 30 jours (v. p. 66) ;
- la déclaration d'inaptitude du salarié par le médecin du travail. Le CSE est alors consulté sur les propositions de reclassement de l'employeur. A noter que si l'entreprise n'a pas consulté le CSE, dans le cas de l'inaptitude, l'employeur doit verser une indemnité de 6 mois de salaire au salarié inapte licencié. Il en va de même si l'employeur n'a pas consulté le CSE (v. p. 65).

Chapitre 4

# Assister les salariés en cas de discrimination

## 1. Il est important de savoir ce qu'est une discrimination

### *1.1 La discrimination, c'est traiter différemment des personnes placées dans des situations comparables sans motif légitime*

Le terme discrimination signifie au sens propre différenciation. Pour autant, toutes les différences de traitement entre des personnes ne constituent pas une discrimination. Il y aura discrimination lorsque la différence de traitement ne repose pas sur des motifs objectifs. Il y a donc discrimination lorsque l'on traite différemment deux personnes placées dans une situation comparable en se fondant sur un ou plusieurs critères inhérents à la personne prohibés par la loi. En droit français, la discrimination est interdite et sanctionnée sur deux plans :

- sur un plan civil : par le code du travail qui liste un certain nombre de motifs discriminatoires qu'il est interdit de prendre en compte pour arrêter ses différentes décisions ;
- sur un plan pénal : par le code pénal qui fait de la discrimination un délit sanctionné par une peine d'emprisonnement et/ou une amende (articles 225-1 et 225-2 du code pénal).

Voilà pourquoi toute décision de l'employeur, concernant un salarié en termes, par exemple, de rémunération, de formation ou de promotion, doit être prise en fonction de critères professionnels objectifs (compétence, expérience, pénibilité du travail, etc.) et non en fonction de critères d'ordre personnel qui pourraient être liés au sexe, à la nationalité, à l'activité syndicale, etc.

**Remarque :** l'employeur a l'obligation d'informer les salariés par tout moyen du texte des articles 225-1 à 225-4 du code pénal (sur l'interdiction des discriminations) dans les lieux de travail ainsi que dans les locaux ou à la porte des locaux où se fait l'embauche (article L. 1142-6). Cela peut se faire par le biais d'une affiche par exemple.

### *1.2 Il existe deux formes de discrimination : directe et indirecte*

Il existe deux types de discrimination :

- discrimination directe : une personne est traitée de manière moins favorable qu'une autre ne l'est dans une situation comparable sur le fondement, notamment, de son origine, de son sexe, de sa situation de famille, de sa grossesse, de ses opinions politiques, de ses activités syndicales, de sa religion, etc. ;

- discrimination indirecte : c'est une disposition, un critère neutre ou une pratique neutre en apparence, mais susceptible d'entraîner, pour l'un des motifs discriminatoires visés ci-avant, un désavantage particulier pour des personnes par rapport à d'autres personnes, à moins que cette disposition, ce critère ou cette pratique ne soit objectivement justifié par un but légitime et que les moyens pour réaliser ce but soient nécessaires et appropriés.

**Exemple :** prévoir des salaires moins importants pour les femmes que pour les hommes constitue une discrimination directe interdite. Prévoir un taux horaire plus important pour les travailleurs à temps complet que pour les travailleurs à temps partiel peut constituer une discrimination indirecte si les salariés à temps partiel sont majoritairement des femmes.

### 1.3 *Activités syndicales, orientation sexuelle, âge, situation de famille… la liste des motifs discriminatoires est longue*

Le code du travail (article L. 1132-1) et le code pénal (article 225-1 du code pénal) énumèrent les motifs discriminatoires qui ne peuvent en aucun cas justifier une différence de traitement. Il s'agit essentiellement :

- de l'origine, du sexe, des mœurs, des orientations sexuelles, de l'identité de genre, des caractéristiques génétiques, de l'orientation sexuelle, de l'âge ;
- de la situation de famille ou de la grossesse, du nom de famille, de l'appartenance ou la non-appartenance vraie ou supposée à une ethnie, à une nation ou à une prétendue race ;
- des opinions politiques, des convictions religieuses, de l'apparence physique, du lieu de résidence ou de domiciliation bancaire ;
- des activités syndicales ou mutualistes, de l'état de santé, de la perte d'autonomie ou du handicap, de l'incapacité à s'exprimer dans une langue autre que le français.

Il est par ailleurs interdit à l'employeur de prendre en considération l'appartenance à un syndicat ou l'exercice d'une activité syndicale pour arrêter ses décisions en matière de recrutement, de répartition du travail, de formation, de rémunération, etc. (article L. 2141-5). De même, aucun salarié ne peut être sanctionné, licencié ou faire l'objet d'une mesure discriminatoire en raison de l'exercice normal du droit de grève (article L. 1132-2).

**Remarque :** il convient de noter que le principe d'interdiction des discriminations ne fait pas obstacle aux différences de traitement lorsqu'elles répondent à une exigence professionnelle essentielle et déterminante et pour autant que l'objectif soit légitime et l'exigence proportionnée (article L. 1133-1). Ainsi, les différences de traitement fondées sur l'âge ne constituent pas une discrimination lorsqu'elles sont objectivement et raisonnablement justifiées par un but légitime, notamment par le souci de préserver la santé ou la sécurité des travailleurs, de favoriser leur insertion professionnelle, d'assurer leur emploi, leur reclassement ou leur indemnisation en cas de perte d'emploi, et lorsque les moyens de réaliser ce but sont nécessaires et appropriés (article L. 1133-2).

### 1.4 *L'interdiction de toute forme de discrimination va de l'embauche à la rupture du contrat de travail*

Aucune des innombrables décisions ou mesures susceptibles d'être prises par un employeur ne peut reposer sur un motif discriminatoire. Il s'agit des décisions ou mesures en matière notamment de recrutement, d'accès à un stage, de période de formation en entreprise, de rémunération, d'intéressement et de distribution d'actions, de formation, de reclassement, d'affectation, de qualification, de promotion professionnelle, de mutation, de renouvellement de contrat, de sanction disciplinaire ou de licenciement (article L. 1132-1).

### 1.5 *Sur un plan pénal, la discrimination peut également être liée à des faits de harcèlement sexuel*

Toute distinction opérée entre les personnes parce qu'elles ont subi ou refusé des faits de harcèlement sexuel ou témoigné sur de tels faits constitue une discrimination et peut être sanctionnée par 3 ans d'emprisonnement et 45 000 € d'amende (article 225-1-1 du code pénal).

---

**Exemple :** la discrimination sera constituée si une personne, qui a fait l'objet de la part de l'employeur d'un propos à connotation sexuelle portant atteinte à sa dignité, même non répétée, est licenciée pour avoir protesté à la suite de ce comportement sexiste.

---

Le code du travail prévoit de son côté qu'aucun salarié ne peut faire l'objet d'une mesure discriminatoire, directe ou indirecte, notamment en matière de rémunération, de formation, de reclassement, d'affectation, de promotion professionnelle, de mutation ou de renouvellement de contrat pour avoir subi ou refusé de subir des faits de harcèlement sexuel (article L. 1153-2). Celui qui a témoigné de faits de harcèlement sexuel est protégé de la même manière (article L. 1153-3).

## 2. Que faire en cas de discrimination ?

### 2.1 *Dans un premier temps, en parler avec l'employeur*

Le représentant du personnel à qui un salarié a fait part d'une situation de discrimination ou qui la constate doit en informer, dans un premier temps, l'employeur.

L'interdiction des discriminations est explicitement prévue par le code du travail, donc tout comportement discriminant pourra faire l'objet d'une réclamation. Dialoguer avec l'employeur lors de la réunion mensuelle à propos des discriminations et des solutions à mettre en œuvre, c'est une première étape pour mettre fin à cette discrimination.

### 2.2 *Dans un second temps, alerter l'employeur*

Tout membre du CSE dispose d'un droit d'alerte qui lui permet de tirer une sonnette d'alarme en cas, notamment, d'atteinte aux libertés individuelles dans l'entreprise. Cette atteinte peut résulter de toute mesure discriminatoire en matière d'embauche, de rémunération, de formation, de reclassement, d'affectation, de classification, de qualification, de promotion professionnelle, de mutation, de renouvellement de contrat, de sanction ou de licenciement (article L. 2312-59). Le droit d'alerte, qui peut être enclenché en cas de discrimination à l'encontre d'un représentant du personnel ou d'un salarié, fonctionne schématiquement de la manière suivante :

- étape 1 : le représentant du personnel constate, par lui-même ou par l'intermédiaire d'un salarié, qu'il existe une discrimination dans l'entreprise qui ne serait pas justifiée par la tâche à accomplir ni proportionnée au but recherché ;
- étape 2 : il informe immédiatement l'employeur de la situation. Celui-ci doit sans délai procéder à une enquête avec le membre de la délégation du personnel et, s'il partage son point de vue sur la situation dénoncée, prendre les mesures nécessaires ;
- étape 3 : à défaut de solution trouvée, le représentant du personnel ou le salarié peut saisir directement le bureau de jugement du conseil de prud'hommes qui statue alors en urgence sur le problème. Il reviendra alors au juge d'apprécier la situation et, si nécessaire, d'ordonner les mesures à prendre.

## 2.3 *Agir avec les acteurs extérieurs*

### Le défenseur des droits, une autorité chargée de lutter contre les discriminations et de favoriser l'accès aux droits des victimes de tels faits

Le défenseur des droits est une autorité indépendante qui veille au respect des droits et libertés de toute personne, publique ou privée. Il peut être directement saisi par tout salarié qui s'estime victime d'une discrimination.

---

Remarque : www.antidiscriminations.fr : il existe un service de signalement et d'accompagnement des victimes de discriminations accessible par téléphone au 3928, au prix d'un appel local, par tchat et par un accès dédié aux sourds ou malentendants *via* le site antidiscriminations.fr. Ce service est destiné aux personnes victimes ou témoins de discriminations, quel qu'en soit le motif (origine, handicap, sexe, etc.) et le domaine (emploi, formation notamment). Il permet d'accéder à des juristes chargés d'effectuer un premier niveau de prise en charge par le Défenseur des droits : écoute, réponse aux questions, première qualification juridique de la situation, explication des démarches possibles et orientation.

---

Il faut décrire, avec le plus de précision possible, les faits considérés comme constitutifs d'une discrimination. Le salarié peut joindre des copies, des pièces et des attestations qu'il juge utiles pour la constitution du dossier. Il doit conserver les originaux et ne transmettre que les photocopies.

Le défenseur des droits dispose de nombreuses prérogatives et, notamment, d'un pouvoir :

- de médiation pour procéder à la résolution à l'amiable des différends portés à sa connaissance. Après avoir recueilli l'accord des personnes en cause, le défenseur des droits peut désigner un médiateur afin d'entendre l'employeur et le salarié et de confronter leurs points de vue. Le médiateur convoque les personnes en cause. Il peut, avec l'accord des parties, entendre les tiers qui y consentent. Il peut être mis fin à la médiation à tout moment sur demande d'une partie ou à l'initiative du médiateur. A l'expiration de sa mission, le médiateur informe le défenseur des droits de ce que les personnes sont ou non parvenues à trouver une solution au conflit qui les oppose ;
- de transaction. Si les agissements n'ont pas déjà donné lieu à l'engagement de poursuites pénales, le défenseur des droits peut proposer à l'auteur des faits une transaction prévoyant le versement d'une amende transactionnelle et, s'il y a lieu, l'indemnisation de la victime. Le montant de l'amende, qui ne peut excéder 3 000 € s'il s'agit d'une personne physique et 15 000 € s'il s'agit d'une personne morale, est fixé en fonction de la gravité des faits. La transaction proposée par le défenseur des droits et acceptée par l'auteur des faits doit être homologuée par le procureur de la République.

Le défenseur des droits a aussi pour mission d'accompagner et de conseiller la victime d'une discrimination afin de faire cesser les faits discriminatoires et/ou lui permettre d'obtenir réparation. Elle peut l'aider à constituer son dossier, notamment en réunissant les pièces auxquelles l'intéressé ne peut avoir accès, en vue d'une procédure judiciaire.

---

Remarque : à noter également que le conseil de prud'hommes ou le tribunal correctionnel peuvent, lorsqu'ils sont saisis de faits relatifs à des discriminations, d'office ou à la demande des parties, inviter le défenseur des droits à présenter des observations.

---

## L'inspecteur du travail est compétent pour agir contre les discriminations et relever les infractions en la matière

L'inspection du travail dispose d'importantes prérogatives qui lui permettent d'agir contre les discriminations et relever les infractions pénales en la matière. Le code du travail prévoit que :

- les inspecteurs du travail peuvent se faire communiquer tout document ou tout élément d'information, quel qu'en soit le support, qui leur serait utile pour constater une discrimination (article L. 8113-5). A titre d'exemple, il peut demander la communication des fiches de notation individuelles des salariés, des bulletins de salaire, des éléments qui servent à déterminer les rémunérations, etc. ;
- les inspecteurs du travail sont habilités à constater par procès-verbal les infractions pénales commises en matière de discrimination (article L. 8112-2). Ce procès-verbal fait foi jusqu'à preuve du contraire (article L. 8113-7). Il est transmis au procureur de la République, qui décidera éventuellement d'engager des poursuites pénales contre l'entreprise.

---

Remarque : l'inspecteur du travail dispose d'autres pouvoirs dont il peut faire usage en cas de discrimination. Il peut notamment pénétrer dans l'entreprise, procéder à des enquêtes, auditionner des salariés, etc.

---

Avant de dresser un procès-verbal, l'inspecteur du travail adressera probablement à l'entreprise des observations, voire une mise en demeure, qui pourront permettre de faire cesser la pratique discriminatoire.

---

Remarque : lorsqu'il est saisi d'une demande d'autorisation de licenciement d'un salarié protégé, l'inspecteur du travail vérifie que le licenciement envisagé n'est pas discriminatoire en ce sens qu'il n'a pas de lien avec le mandat exercé ou l'appartenance syndicale.

---

## Les associations de lutte contre les discriminations peuvent également agir en justice

Les associations régulièrement constituées depuis 5 ans au moins pour la lutte contre les discriminations bénéficient de la même possibilité d'agir en justice que les organisations syndicales. Toutefois, elles doivent avoir préalablement obtenu l'accord écrit de l'intéressé, lequel peut intervenir à l'instance et y mettre un terme à tout moment (article L. 1134-3).

Chapitre 5

# Négocier un accord avec le CSE

## 1. Le CSE est un acteur de la négociation collective

### *1.1 Avec qui négocier ?*

Dans les entreprises dont l'effectif est compris entre 11 et moins de 50 salariés sans délégué syndical, l'employeur peut négocier un accord collectif d'entreprise avec le CSE (v. p. 186). Si un délégué syndical a été désigné parmi les membres du CSE, c'est avec lui que les accords sont négociés, sauf dans certains cas particuliers (épargne salariale).

Dans ces entreprises, il est également possible de négocier un accord d'entreprise avec un salarié mandaté par une organisation syndicale représentative dans la branche ou, à défaut, au niveau national et interprofessionnel (article L. 2232-23-1). Dans les entreprises de moins de 50 salariés, l'employeur peut également appliquer un accord type proposé, le cas échéant, par la branche (article L. 2232-10-1). L'employeur doit négocier avec un ou plusieurs élus titulaires au CSE. Il ne peut pas négocier avec les suppléants (article L. 2232-23-1). Le fait de devenir un véritable partenaire social place inévitablement l'élu du CSE qui accepte de négocier dans une position différente de celle qu'il a l'habitude d'occuper :

- vis-à-vis de l'employeur : il pourra soit contribuer activement à la conclusion d'un accord d'entreprise, soit bloquer le processus de négociation ;
- vis-à-vis des salariés : il sera amené à discuter les clauses d'un accord qui peut avoir des conséquences importantes sur les conditions de travail des salariés. Il y aura donc une attente des salariés.

Pour exercer correctement ce rôle, il est important de se former et de s'informer.

**Remarque :** à noter que le temps passé aux négociations n'est pas déduit des heures de délégation. Chaque élu participant à la négociation a droit à un crédit d'heures spécifique de 10 heures maximum par mois (article L. 2232-27).

### *1.2 Quelles sont les conditions de validité de l'accord ?*

Les accords conclus avec les membres du CSE doivent être signés par des membres du CSE représentant la majorité des suffrages exprimés en faveur des membres du CSE lors des dernières élections professionnelles (article L. 2232-23-1).

**Remarque :** contrairement à ce qui est prévu pour les entreprises de 50 salariés et plus, l'employeur n'a pas à informer les organisations représentatives dans la branche (ou, à défaut, au niveau national et interprofessionnel) de sa décision d'engager des négociations avec des élus ou des salariés mandatés.

## 1.3 Quel est le champ de la négociation ?

Les accords peuvent porter sur toutes les mesures qui peuvent être négociées par accord d'entreprise sur le fondement du code du travail.

Le CSE peut donc négocier sur n'importe quel thème et, notamment, sur tout ce qui touche aux salaires, à la durée et l'aménagement du temps de travail, à l'égalité professionnelle entre les femmes et les hommes, à la qualité de vie au travail, etc.

## 1.4 Le CSE peut négocier un accord de performance collective

L'employeur peut conclure un accord de performance collective (APC) avec un membre du CSE.

Pour pouvoir négocier un accord de performance collective, l'employeur doit faire valoir que l'accord a pour objet (article L. 2254-2) :

- de préserver ou de développer l'emploi ;
- ou de répondre aux nécessités liées au bon fonctionnement de l'entreprise.

L'entreprise n'a pas l'obligation d'avoir des difficultés économiques.Pour répondre à cet objectif, les représentants du personnel et l'employeur peuvent prévoir par accord :

- d'aménager la durée du travail, ses modalités d'organisation et de répartition ;
- d'aménager la rémunération dans le respect des salaires minima conventionnels :
- déterminer les conditions de la mobilité professionnelle ou géographique interne.

La seule obligation à respecter est de prévoir un préambule définissant les objectifs poursuivis. Il n'existe aucune autre clause obligatoire.

Cet accord s'impose aux contrats de travail des salariés ; même s'il contient des dispositions moins favorables que celles du contrat de travail, les dispositions de l'accord d'entreprise prévalent.

**Remarque :** le salarié dispose toutefois de la possibilité de s'opposer à une telle modification de son contrat de travail. Le refus du salarié est un motif de licenciement ; par conséquent, l'employeur pourra engager une procédure de licenciement si le salarié s'oppose à cette modification.

## 1.5 Même en présence d'un DS, le CSE peut négocier sur l'épargne salariale

Intéressement, participation, plan d'épargne entreprise (PEE)... Les dispositifs d'épargne salariale sont nombreux et complexes. L'employeur qui souhaite instaurer un de ces dispositifs doit tenter une négociation. Mais il peut choisir comme interlocuteur le CSE ou le délégué syndical (articles L. 3322-6 pour la participation, L. 3312-5 pour l'intéressement, L. 3332-4 pour le PEE, L. 224-14 du code monétaire et financier pour le plan d'épargne retraite d'entreprise collectif-Pereco).

Pour que l'accord conclu avec le CSE soit valable, il doit être signé par la majorité des membres du CSE salariés présents lors d'une réunion, soit par le secrétaire soit par un autre membre du comité mandaté.

Si aucun accord n'est conclu, c'est-à-dire en cas d'échec des négociations, un procès-verbal de désaccord sera établi et le dispositif peut alors être mis en place par décision unilatérale de l'employeur. Dans ce cas, le CSE est consulté sur ce dispositif (articles L. 3323-6 pour la participation, L. 3312-5 pour l'intéressement, L. 3332-5 pour le PEE, L. 224-13 du code monétaire et financier pour le plan d'épargne retraite d'entreprise collectif-Pereco).

 

## 1.6 *Le CSE peut négocier un accord de partage de la valeur*

### Négocier la prime de partage de la valeur (PPV)

La prime de partage de la valeur (PPV) permet aux employeurs de verser une prime aux salariés, laquelle peut être exonérée d'impôt et de cotisations sociales si elle respecte certaines conditions. Ce dispositif est facultatif (Loi n° 2022-1158, 16 août 2022, article 1er : JO, 17 août).

Deux PPV peuvent être attribuées par année civile, versées en une ou plusieurs fois, dans la limite d'un versement par trimestre pour chaque PPV.

Le montant maximum d'exonération est de 3 000 € par bénéficiaire et par année civile. Ce montant maximal peut être porté à 6 000 € par bénéficiaire et par année civile, à condition que l'employeur mette en œuvre un dispositif d'intéressement ou de participation (pas de condition pour les associations et fondations reconnues d'utilité publique ou d'intérêt général et les Esat pour les primes versées aux salariés en situation de handicap).

La mise en place de la PPV, son montant et les éventuelles conditions de modulation selon les bénéficiaires, doivent faire l'objet d'un accord négocié au niveau de l'entreprise ou du groupe, selon les mêmes modalités que l'accord d'intéressement (donc un accord conclu avec le CSE est possible). La prime peut également être mise en place par décision unilatérale de l'employeur, dans ce cas le CSE doit être consulté au préalable.

---

**Remarque :** à noter, car c'est intéressant pour l'employeur comme pour les salariés, que dans les entreprises de moins de 50 salariés, les PPV versées avant le 31 décembre 2026 à ceux de ses salariés ayant perçu, au cours des 12 mois précédents, une rémunération inférieure à 3 Smic annuels resteront exonérées non seulement des cotisations sociales, mais aussi de l'impôt sur le revenu, de la CSG/CRDS et de la taxe sur les salaires.

---

### Mettre en place le dispositif obligatoire de partage de la valeur

Depuis le 1er décembre 2023 et pendant une durée de 5 ans, il est expérimenté un dispositif obligatoire de partage de valeur dans certains cas. Sont concernées les entreprises de 11 à 49 salariés qui réunissent les critères suivants :

- activité exercée sous la forme juridique de société ;
- bénéfice net fiscal au moins égal à 1 % du chiffre d'affaires pendant 3 exercices consécutifs.

---

**Remarque :** attention, dans ce cadre, le seuil d'effectif de 11 et de 50 salariés est déterminé selon les modalités prévues au I de l'article L. 130-1 du code de la sécurité sociale, c'est-à-dire que l'effectif salarié annuel correspond à la moyenne du nombre de personnes employées au cours de chacun des mois de l'année civile précédente. Ce calcul peut amener à un résultat différent de celui applicable en matière d'élections professionnelles (articles L. 1111-2 et 1111-3). Cet effectif doit être calculé par l'employeur car il est utilisé pour toutes les obligations prévues par le code de la sécurité sociale (assujettissements, tarification, contrôle...), de même que pour certaines obligations du code du travail (obligation d'emploi des travailleurs handicapés, par exemple).

---

Dans ces entreprises, le partage de valeur obligatoire peut correspondre à la signature d'un accord de participation volontaire ou d'intéressement, à l'abondement d'un plan d'épargne salariale (PEE, Pereco...) ou au versement de la PPV.

L'obligation de mettre en place un dispositif obligatoire de partage de valeur s'applique aux exercices ouverts après le 31 décembre 2024. En effet, les 3 exercices précédents (2024, 2023 et 2022 pour des exercices civils) sont pris en compte pour l'appréciation du respect de la condition relative à la réalisation du bénéfice net fiscal.

**Remarque :** la plupart des entreprises de l'économie sociale et solidaire (ex. : associations et fondations, mutuelles, coopératives), de par leur activité, ne génèrent pas de bénéfice net fiscal. Pour pallier ce problème, la loi « Partage de la valeur » instaure, à titre expérimental pour une durée de 5 ans, une obligation de partage de la valeur dans ces entreprises occupant au moins 11 salariés et qui ont un résultat excédentaire au moins égal à 1 % de leurs recettes pendant 3 exercices consécutifs. Sous réserve d'un accord de branche étendu l'autorisant, ces entreprises devront, à compter du 1er janvier 2025, mettre en place un dispositif d'intéressement, abonder un plan d'épargne salariale ou un Pereco ou bien encore distribuer une PPV à leurs salariés. Les entreprises disposant déjà de tels dispositifs ou d'un régime de participation ne sont pas soumises à cette obligation.

A noter que si ce dispositif est obligatoire pour les entreprises éligibles, la loi ne prévoit pas de sanction à défaut.

## 2. Comprendre l'articulation entre accord d'entreprise et accord de branche

Les ordonnances du 22 septembre 2017 ont modifié la hiérarchie entre les différents niveaux de négociation, en donnant plus de place aux accords d'entreprise. Désormais, le code du travail classe les thèmes de négociation en 3 blocs qui obéissent à des règles différentes :

| | | |
|---|---|---|
| Bloc 1<br>Article<br>L. 2253-1 | • Salaires minima<br>• Classifications<br>• Mutualisation des fonds de financement du paritarisme<br>• Mutualisation des fonds de la formation professionnelle<br>• Garanties collectives de protection sociale complémentaire<br>• Durée du travail (certaines mesures seulement)<br>• CDD et contrats de travail temporaire (durée totale, renouvellement et délai de carence)<br>• CDI de chantier<br>• Égalité professionnelle femme/homme | • Ces thèmes sont en priorité du ressort de la branche.<br>• Cela signifie que les dispositions de la convention de branche prévalent sur celles de la convention d'entreprise (que cette dernière soit conclue avant ou après la date d'entrée en vigueur de la convention de branche), sauf lorsque l'accord d'entreprise assure des garanties équivalentes. |

| | | |
|---|---|---|
| Bloc 1<br>Article<br>L. 2253-1 | • Période d'essai (conditions et durée de renouvellement)<br>• Transfert des contrats de travail en cas de changement de prestataire<br>• Deux cas de mise à disposition d'un salarié temporaire auprès d'une entreprise utilisatrice<br>• Rémunération minimale du salarié porté et montant de l'indemnité d'apport d'affaires | • Prévoir des garanties équivalentes, cela signifie qu'un employeur peut signer un accord qui prévoit des dispositions au moins aussi favorables que celles de l'accord de branche sur les thèmes du bloc 1. |
| Bloc 2<br>Article<br>L. 2253-2 | • Prévention des effets de l'exposition aux facteurs de risques professionnels<br>• Insertion professionnelle et maintien dans l'emploi des travailleurs handicapés<br>• Primes pour travaux dangereux ou insalubres<br>• Délégués syndicaux : effectif à partir duquel ils peuvent être désignés, nombre et valorisation de leur parcours syndical | • Ce deuxième bloc regroupe les matières pour lesquelles l'accord de branche peut prévoir une clause de verrouillage.<br>• Cette clause de verrouillage permet d'interdire toute dérogation par accord d'entreprise (conclu postérieurement à l'accord de branche) sur ces matières.<br>• A l'inverse, si l'accord de branche ne comporte pas de clause de verrouillage, les accords d'entreprise pourront alors déroger à ces dispositions, y compris dans un sens défavorable aux salariés. |
| Bloc 3<br>Article<br>L. 2253-3 | Tous les thèmes ne relevant ni du bloc 1 ni du bloc 2 :<br>• exemple 1 : durée de la période d'essai initiale<br>• exemple 2 : préavis et indemnités de rupture du contrat de travail<br>• exemple 3 : prime d'ancienneté<br>• exemple 4 : prime de 13$^{e}$ mois | • Dans ces matières, l'employeur peut conclure un accord collectif avec le CSE moins favorable que les dispositions de la branche.<br>• Bien évidemment, l'employeur peut toujours conclure un accord plus favorable que les dispositions de l'accord de branche. |

# Le rôle du CSE en matière de santé, de sécurité et de conditions de travail

# Partie 4

Chapitre 1

# Veiller à la santé, à la sécurité et aux conditions de travail des salariés

## 1. Promouvoir la santé, la sécurité et l'amélioration des conditions de travail

### 1.1 *En pratique, qu'est-ce que cela veut dire ?*

Le CSE « contribue à promouvoir la santé, la sécurité et l'amélioration des conditions de travail » (article L. 2312-5 du code du travail). En d'autres termes, cela signifie encourager, favoriser le développement de meilleures pratiques en matière de santé, de sécurité et des conditions de travail.

**Remarque :** la notion de conditions de travail est très large et ne se limite pas aux aspects physiques du travail (aménagement des lieux de travail et postes de travail, bruit, température, éclairage, etc.). Le champ de compétence du CSE comprend les risques psychosociaux susceptibles de porter atteinte à la santé mentale des salariés. Le comité est donc habilité à analyser et à proposer des mesures de prévention traitant, par exemple, du stress d'origine professionnelle, de harcèlement moral, de violence au travail (agressions verbales...), etc.

On attend du CSE qu'il soit un acteur de la prévention des risques professionnels et de la protection des salariés, c'est-à-dire :

- qu'il analyse les situations et les conditions de travail ;
- qu'il s'empare des préoccupations des salariés en matière de santé, de sécurité et des conditions de travail, notamment en transmettant à l'employeur les réclamations des salariés dans ces domaines ;
- qu'il participe activement à l'élaboration des mesures de prévention et qu'il suive leur mise en œuvre ;
- qu'il étudie les projets de l'entreprise sous l'angle santé/sécurité.

**Remarque :** lorsque les membres du CSE exercent leurs missions en termes de santé, de sécurité et d'amélioration des conditions de travail, ils doivent le faire pour tous les travailleurs, c'est-à-dire les salariés, les intérimaires travaillant dans l'entreprise, les stagiaires, mais également toutes les personnes qui reçoivent des ordres de l'employeur.

## 1.2 *Le droit de promotion mais pas d'être consulté*

Le CSE dans les entreprises de moins de 50 salariés doit uniquement assurer « la promotion de la santé et de la sécurité des salariés ». Dans les entreprises de 50 salariés et plus, le CSE est consulté avant la mise en place de projets qui pourraient avoir des conséquences sur la santé et la sécurité des travailleurs (article L. 2312-8), notamment en cas de :

- déménagement d'entreprise ;
- réaménagement des locaux (passage en open space, par exemple) et des postes de travail ;
- mise en place d'un nouveau logiciel ou d'une nouvelle organisation ;
- introduction ou modification des procédés d'évaluation des salariés ;
- introduction de nouvelles technologies, etc.

---

**Remarque :** à titre de bonnes pratiques, rien n'empêche l'employeur de consulter le CSE sur certains projets ayant des conséquences importantes sur la santé et la sécurité des travailleurs. Cela lui permettra ainsi de recueillir l'avis des représentants du personnel, souvent plus au fait des conditions de travail sur le terrain.

---

Il est important que le CSE se saisisse des différents moyens à sa disposition pour protéger la santé et la sécurité des travailleurs. Par exemple, bien que le CSE dans les entreprises de moins de 50 salariés ne soit pas consulté lorsqu'est introduit un nouveau moyen de contrôle de l'activité des salariés (caméra de vidéosurveillance, etc.), il peut utiliser son droit d'alerte en cas d'atteinte aux droits des personnes et aux libertés individuelles.

## 1.3 *Se saisir des moyens à la disposition du CSE*

Rien n'est dit sur les moyens mis à la disposition du CSE pour promouvoir la santé, la sécurité et l'amélioration des conditions de travail. Il peut néanmoins s'appuyer sur certaines obligations de l'employeur pour exercer sa mission.

D'abord, le CSE a accès à un grand nombre d'informations relatives à la santé et à la sécurité dans l'entreprise. Il doit s'en saisir afin d'évaluer les situations particulièrement à risque et l'état de mise aux normes des machines par exemple.

Les membres du CSE ont accès à tous les documents relatifs aux vérifications et contrôles mis à la charge de l'employeur au titre de la santé et de la sécurité au travail (article R. 2312-1). Ils ont ainsi accès à tous les rapports, ou les attestations remis à l'employeur comme les rapports vérifiant les installations électriques, les exercices incendie, les ascenseurs, etc.

Les membres du CSE ont également accès au document unique d'évaluation des risques professionnels (article R. 4121-4) (v. point 1.4).

Par ailleurs, les membres du CSE doivent transmettre les réclamations des salariés relatives aux questions de santé et de sécurité (article L. 2312-5). Cela permet de faire remonter les informations des salariés vers la direction qui ne sait pas forcément ce qui se passe sur le terrain.

Enfin, l'employeur est débiteur d'une obligation de sécurité vis-à-vis de ses salariés (article L. 4121-1). Cela signifie qu'il doit faire tout son possible pour éviter toute atteinte à la sécurité des salariés. A défaut, il peut se voir condamné à verser des dommages et intérêts aux salariés.

---

**Remarque :** les salariés ont également une obligation de sécurité. Par conséquent, ils doivent avoir des comportements responsables et respecter les mesures prises par l'employeur pour assurer leur sécurité et la sécurité des autres salariés dans l'entreprise.

---

Le CSE peut donc mettre en avant ces obligations pour insister sur l'importance de son rôle de promotion de la santé, de la sécurité et de l'amélioration des conditions de travail. Tant l'employeur que les salariés auront un intérêt à écouter les propositions du CSE.

### 1.4 *L'employeur présente au CSE la liste des actions de prévention et de protection (DUERP)*

Le document unique d'évaluation des risques professionnels (DUERP) recense l'ensemble des risques pour la santé et la sécurité du personnel de l'entreprise. Il doit être mis à jour au moins une fois par an. Les membres du CSE y ont accès (article R. 4121-4).

C'est l'employeur qui procède à l'évaluation des risques et qui transcrit et met à jour ce DUERP, en application de l'article L. 4121-3.

Pour les entreprises dont l'effectif est inférieur à 50 salariés, les résultats de cette évaluation débouchent sur la définition d'actions de prévention des risques et de protection des salariés. La liste de ces actions est consignée dans le DUERP et ses mises à jour.

---

Remarque : les organismes et instances mis en place par la branche peuvent accompagner les entreprises dans l'élaboration et la mise à jour du DUERP ainsi que dans la définition des actions de prévention et de protection au moyen de méthodes et référentiels adaptés aux risques considérés et d'outils d'aide à la rédaction (article L. 4121-3-1).

---

L'employeur présente au CSE cette liste des actions de prévention et de protection (article L. 2312-5).

---

Remarque : l'utilisation du terme inhabituel « présente » et non « consulte », confirme que dans les entreprises de moins de 50 salariés, il n'y a pas de consultation à proprement parler. Il faut cependant l'entendre comme une obligation d'information renforcée, compte tenu du rôle du CSE en matière de santé et de sécurité et de l'importance du DUERP dans ce domaine pour l'entreprise. Il est également possible d'associer le CSE à l'évaluation des risques et à la recherche et l'élaboration des actions de prévention et de protection, mais ce n'est pas obligatoire.

---

La mise à jour de cette liste des actions de prévention et de protection est effectuée à chaque mise à jour du DUERP, si nécessaire (article R. 4121-2).

---

Remarque : en toute logique, l'employeur doit présenter au CSE cette liste à chaque mise à jour.

---

### 1.5 *Il est important de se former et de savoir trouver les bonnes informations*

Tout élu du personnel n'est pas forcément un expert de la santé, de la sécurité et de l'amélioration des conditions de travail et en fonction des activités de l'entreprise, les enjeux ne sont pas les mêmes. C'est pourquoi il est important de se former.

---

Remarque : les membres du CSE peuvent notamment demander de bénéficier d'une formation relative à la santé, à la sécurité et aux conditions de travail (article L. 2315-18).

---

Pour se former, il existe plusieurs sites internet qui permettent d'accéder gratuitement à de nombreuses informations sur la santé et la sécurité au travail :

- le site de l'INRS, l'Institut national de recherche et de sécurité (www.inrs.fr) : l'INRS est une association loi 1901 ayant pour mission de contribuer à la prévention des accidents du travail et des maladies professionnelles dans tous les secteurs d'activité ;
- le site de l'ANACT, l'Agence nationale pour l'amélioration des conditions de travail (www.anact.fr) : l'ANACT est une association loi 1901 constituée d'un réseau d'associations régionales, les ARACT. Le réseau ANACT a pour vocation d'améliorer à la fois la situation des salariés et l'efficacité des entreprises et met à disposition, en ligne, des guides spécialement destinés aux TPE-PME ;
- le site de l'OPPBTP (Organisme professionnel de prévention du bâtiment et des travaux publics) propose, en plus d'une importante documentation sur la prévention, l'amiante, les équipements de protection individuelle, des outils directement adressés aux TPE-PME (www. oppbtp.fr) ;
- le site du ministère du Travail (www.travail.gouv.fr), dont une partie est consacrée à la santé au travail.

## 2. Mener une enquête en cas d'accident ou de maladie professionnelle

### 2.1 *Pourquoi mener une enquête ?*

L'enquête est une mission officielle du CSE. L'enquête a pour objet d'analyser des situations non voulues, c'est-à-dire des échecs en termes de prévention. D'après le code du travail, le CSE peut en réaliser une dans les cas suivants (article L. 2312-5) :

- en cas d'accident du travail (et également en cas d'accident de trajet) ;
- en cas de maladie professionnelle ;
- en cas d'accident ou de maladie à caractère professionnel.

---

Remarque : pour être qualifié d'accident du travail ou de maladie professionnelle, l'origine professionnelle de l'accident doit avoir été reconnue par la Caisse primaire d'assurance-maladie. Les membres du CSE peuvent également enquêter suite à tout accident ou maladie à caractère professionnel. En d'autres termes, le CSE peut enquêter suite à tout accident ou maladie qui semble avoir un lien avec le travail. Il n'y a donc pas besoin d'une reconnaissance par la CPAM du caractère professionnel de la maladie ou de l'accident pour pouvoir enclencher le droit d'enquêter.

---

Il est important de bien comprendre que l'enquête ne sert pas à identifier un « coupable ». Elle doit permettre :

- d'une part, de comprendre les faits,
- et, d'autre part, de proposer des actions concrètes de prévention, dont la mise en œuvre empêchera un nouvel échec.

C'est donc une mission permettant un retour d'expérience et d'agir en conséquence.

---

Remarque : l'enquête ne se cantonne pas seulement aux accidents d'ordre physique (chute, coupures, etc.). Par exemple, lorsqu'un salarié est en burn-out l'enquête du CSE a également son importance.

---

L'axe central autour duquel sera réalisée l'analyse est qu'un accident est la conséquence logique d'un enchaînement des causes. Un accident n'est donc pas lié à la fatalité, au hasard ou à un manque de chance. Il s'agit de comprendre comment un enchaînement d'événements et d'actions conduit à l'accident.

---

**Remarque :** si l'accident a eu lieu dans un autre endroit que là où travaille habituellement le membre du CSE, il doit alors se déplacer pour mener l'enquête. Rien n'est précisé quant à la prise en charge des frais de déplacement, mais l'on peut imaginer que c'est à l'employeur de les prendre en charge. Cependant, l'employeur pourra imputer le temps de trajet sur le crédit d'heures du membre du CSE (Cass. soc., 9 déc. 2014, n° 13-22.212).

---

## 2.2 *Qui décide d'organiser une enquête ?*

Il revient exclusivement au comité d'apprécier l'opportunité d'organiser une enquête. Il n'y a pas de nombre minimal d'enquêtes à réaliser. C'est la nature et l'importance des événements qui doivent guider la réflexion et la décision des élus. En pratique, il faut systématiquement enquêter en cas d'accidents du travail ou de maladies professionnelles graves, ayant entraîné de lourdes blessures. Pour les autres accidents et maladies, il faut décider au cas par cas.

## 2.3 *Quand organiser une enquête ?*

Sur le plan légal, il n'y a pas de délai minimal ou maximal pour réaliser une enquête. En pratique, il convient toutefois d'être attentif aux points suivants :

- plus le temps passe et plus il est difficile de savoir ce qui s'est réellement passé. La mémoire de l'événement qu'en ont les salariés interrogés va, naturellement, perdre en acuité. Plus tôt l'enquête est déclenchée, mieux c'est ;
- tant que l'enquête n'a pas été réalisée, on ne connaît pas les causes des accidents ou maladies identifiés. Elles peuvent donc perdurer et entraîner de nouveaux accidents à l'avenir.

## 2.4 *Qui est chargé de l'enquête ?*

L'enquête doit être confiée à deux personnes (article R. 2312-2) :

- un membre du CSE ;
- l'employeur ou un représentant de l'employeur.

---

**Remarque :** l'élu qui mène une enquête suite à un accident du travail ou à une maladie professionnelle particulièrement grave n'a pas besoin d'utiliser ses heures de délégation. Cela sera compté comme du temps de travail effectif. Le membre du CSE travaille normalement et sera payé comme s'il exerçait ses fonctions en tant que salarié et non en tant que membre du CSE.

---

## 2.5 *Comment enquêter ?*

### Multiplier les sources d'informations pour recueillir un maximum de faits sur l'accident

Pour recueillir un maximum d'informations sur l'accident, il faut :

- se rendre sur place pour observer le lieu de l'accident. Si nécessaire, il faut prendre des photos ou faire un schéma ;
- interroger les personnes présentes lors de l'accident : la victime, les témoins, ceux qui ont vu l'accident, etc. ;

- consulter les documents disponibles. Par exemple, si l'accident est survenu dans le cadre de l'intervention d'une machine, il peut être nécessaire de vérifier que la machine est correctement entretenue.

## Poser des questions ouvertes, savoir écouter et prendre des notes

L'objet des entretiens est de recueillir des informations sur ce qui s'est passé au moment de l'accident. Il est donc essentiel de faire parler, notamment en posant des questions ouvertes, dont la réponse n'est pas oui ou non et d'écouter avec attention. Il est conseillé de prendre des notes pour garder la trace de ce qui sera échangé. Quelques conseils :

- essayer de ne pas avoir d'idée préconçue sur l'accident afin d'éviter d'induire des réponses ;
- ne pas hésiter à reformuler les propos tenus par les personnes interrogées pour être sûr d'avoir bien compris ce qui a été dit ;
- éviter de gêner le travail des personnes, ce qui suppose de s'assurer que les personnes concernées sont disponibles pour répondre à quelques questions ;
- ne pas hésiter à demander aux salariés des idées de solution pour éviter la survenance d'un accident similaire ;
- savoir trouver le moment opportun pour enquêter, certaines personnes n'oseront peut-être pas se confier si elles sont avec d'autres salariés ou en face de la hiérarchie.

---

**Remarque :** il faut créer une relation de confiance. D'où l'intérêt de préciser que l'enquêteur n'est pas là dans le cadre d'une enquête disciplinaire ou à la recherche du coupable. Sinon, la personne restera sur la réserve et sera tentée de garder des informations qui pourraient être utiles. Il faut lui expliquer ce qui sera fait des informations qu'elle donne, lui laisser la possibilité de voir les notes prises, etc.

---

## Tenir uniquement compte des faits

Lorsqu'un élu apprend qu'un accident vient d'avoir lieu, il obtient généralement des bribes d'information sur les faits. Lorsqu'il interroge des personnes pour en savoir plus, cela permet d'obtenir des informations complémentaires… mais aussi parfois déformées. Selon la fraîcheur de l'information et la personne qui la donne, l'information recueillie peut être qualifiée :

- d'opinion ou d'interprétation : à mon avis ça s'est passé comme ça ;
- de jugement : c'est la faute de X qui n'a pas assez fait attention, d'Y qui est incompétent, etc. ;
- de fait : tel jour à telle heure, telle personne a précisément fait ceci et cela.

Il faut donc éviter les opinions, les interprétations et les jugements. Ils contiennent une part de subjectivité, qui malheureusement brouille la réalité et empêche de remonter jusqu'à l'enchaînement logique des causes de l'accident. Il faut au contraire aller chercher la vérité au-delà des apparences. Pour cela, il est conseillé de se concentrer sur le recueil de faits, c'est-à-dire sur le recueil des actions ou des événements qui se sont réellement produits et qui peuvent être décrits de façon précise, objective et irréfutable.

---

**Remarque :** il est indispensable de vérifier ce qui semble incertain et de croiser les informations données par différentes personnes. Si une incertitude persiste, et c'est presque toujours le cas, il faut de nouveau poser des questions aux personnes interrogées.

---

### Avant de passer à l'arbre des causes, il faut s'assurer que rien n'a été oublié au cours de l'enquête

L'élu chargé de l'enquête doit vérifier qu'il a bien cerné l'accident, son histoire. Par conséquent, il est utile de vérifier que des éléments de réponse sur au moins tous les points suivants ont été recueillis :

- qui ? les personnes présentes au moment de l'accident, dont la victime ;
- quoi ? la description du travail effectué par ces différentes personnes au moment de l'accident ;
- quand ? le moment de l'accident : date, heure, etc. ;
- où ? la description du lieu de l'accident ;
- comment ? la liste des principaux éléments explicatifs de l'accident, comment celui-ci est survenu ?

Il ne reste plus qu'à recréer l'enchaînement logique des causes. C'est ce qu'on appelle l'arbre des causes.

## 2.6 *L'arbre des causes, une méthode d'analyse des accidents*

### Une méthode d'analyse qui permet de remonter aux causes profondes et de dégager des solutions pérennes

L'arbre des causes est une méthode permettant d'analyser les faits recueillis au cours de l'enquête du CSE en reproduisant l'enchaînement logique des causes qui ont conduit à la survenance d'un dommage. Sa construction prend donc place juste après le recueil des faits. C'est un préalable nécessaire à la définition de solutions de prévention.

L'arbre des causes est une méthode logique et rigoureuse qui permet d'augmenter la puissance de l'analyse. Si elle est bien employée, cette méthode permet :

- d'ouvrir la connaissance des causes de l'accident et, notamment, des causes lointaines ou insoupçonnées, techniques et organisationnelles ;
- de rechercher des solutions immédiates, qui pourront s'appliquer à moyen terme sur différents domaines de prévention : organisationnel, technique et humain ;
- de générer un consensus entre les diverses personnes prenant part à l'analyse et d'éviter de polémiquer ou de dévier, par exemple en recherche de responsabilités.

---

Remarque : cette méthode permet de poursuivre une analyse sur laquelle peu de critiques peuvent être adressées et favorise la mise en œuvre d'actions de prévention et de protection qui vont réellement permettre de lutter contre les sources de l'accident et en éviter le retour.

---

### Construire un arbre des causes consiste à dessiner un schéma avec des boîtes et des flèches

#### *Une représentation graphique de ce qui s'est passé*

Construire un arbre des causes consiste à faire un schéma avec :

- d'une part, des boîtes dans lesquelles les élus inscrivent les faits recueillis au cours de l'enquête. Il peut s'agir de carrés, de rectangles ou de ronds ;
- d'autre part, des flèches qui permettent de matérialiser les liens de cause à effet entre deux faits.

Ainsi, l'arbre des causes n'est rien d'autre que la représentation graphique de l'enchaînement des causes ayant conduit à l'accident que l'on veut analyser.

### *Le membre du CSE chargé de l'enquête part de la fin en se posant certaines questions*

Classiquement, il faut partir des faits recueillis. L'idée est de démarrer l'analyse du « fait ultime » ou de l'accident à proprement parler. Le membre du CSE doit se poser les questions suivantes :

- qu'a-t-il fallu pour que le fait ultime Y survienne ? Autrement dit, il faut se demander quelle a pu être la cause d'Y. On trouve une cause Z ;
- Z était-il nécessaire pour que le fait ultime Y se produise. Autrement dit, Z est-il bien une cause directe et nécessaire d'Y ? On répond par oui ou par non ;
- Z était-il suffisant pour qu'Y arrive. Autrement dit, la survenance d'Y n'est-elle pas due à plusieurs causes concomitantes. On répond par oui ou par non.

Puis on répète le processus pour chacun des faits identifiés comme cause du fait ultime. On recherche ainsi les causes des causes et ainsi de suite. On arrête généralement l'analyse lorsque l'on n'a plus d'éléments ou que les questions sur la « cause de la cause » touchent à des éléments humains ou encore dépassant la sphère de maîtrise de l'entreprise.

---

Remarque : à savoir ! Une conséquence peut être due à plusieurs causes identifiées : cela s'appelle une conjonction. Parfois, une même cause peut produire plusieurs conséquences : c'est une disjonction.

---

### *Un exemple pour bien comprendre la méthode*

En traversant l'entrepôt, un salarié Y a été blessé à la tête suite à la chute d'un colis. Le fait ultime, c'est la blessure à la tête. Il faut donc se poser trois questions :

- « Qu'a-t-il fallu pour qu'Y soit blessé à la tête ? » La réponse est « qu'il reçoive un colis sur la tête » ;
- « Le fait de recevoir un colis sur la tête était-il nécessaire pour qu'il soit blessé à la tête ? » La réponse est « oui » ;
- « Le fait de recevoir un colis sur la tête était-il suffisant pour qu'Y soit blessé à la tête ? » La réponse est « oui ».

On répète ensuite le processus :

- « Qu'a-t-il fallu pour qu'Y reçoive un colis sur la tête ? » La réponse est « il fallait une chute de colis » ;
- « La chute d'un colis était-elle nécessaire pour qu'Y soit blessé à la tête ? » La réponse est « oui » ;
- « La chute d'un colis était-elle suffisante pour qu'Y soit blessé à la tête ? » La réponse est « non » parce qu'il fallait qu'Y se trouve en dessous au moment de la chute du colis.

Dans notre exemple, il y a une conjonction car la blessure à la tête a deux causes identifiées : la chute du colis et la présence d'Y en même temps que la chute. D'où de nouvelles questions à se poser :

- « La présence d'Y au moment de la chute du colis était-elle nécessaire pour qu'il reçoive le colis sur la tête ? » La réponse est « oui » ;
- « Ces deux faits simultanés étaient-ils suffisants pour générer la conséquence que l'on reçoive un colis sur la tête ? » Oui.

On peut désormais passer à la recherche des causes de ces deux nouveaux faits, à savoir la présence d'Y au moment de la chute du colis et la chute du colis, etc.

### *Exploiter l'arbre des causes : trouver des solutions*

L'exploitation d'un arbre des causes consiste à se demander pour chaque fait identifié et, notamment, pour ceux qui apparaissent anormaux ou résultant d'une anomalie, ce qu'il faudrait faire pour éviter que ce fait ne survienne de nouveau. Ainsi, on peut rechercher de nombreuses solutions en ayant à cœur d'agir à différents niveaux : organisationnel, technique et humain (pour un exemple d'arbre des causes, v. p. 194).

**Remarque :** reste ensuite à faire le compte rendu de l'enquête et à présenter celle-ci en réunion du CSE.

## 3. Nommer un référent pour lutter contre les agissements sexistes et le harcèlement sexuel

Le CSE doit nommer en son sein un référent pour lutter contre les agissements sexistes et le harcèlement sexuel (article L. 2314-1). Ce référent doit être l'interlocuteur privilégié des salariés en matière de comportements sexistes et de harcèlement sexuel. Il doit trouver des solutions pour mettre fin à ces comportements déplacés. Il peut exercer son rôle en partenariat avec l'employeur, qui a une obligation de prévention du harcèlement sexuel et qui doit prendre toutes les mesures nécessaires à mettre fin au harcèlement sexuel dans l'entreprise (article L. 1153-5).

**Remarque :** cette mission est particulièrement complexe à mettre en œuvre. Les comportements sexistes sont assez rarement dénoncés par les victimes et il faut donc faire preuve de patience et d'une grande qualité d'écoute pour que la parole se libère. Cela est peut-être l'occasion de négocier avec l'employeur la présence d'un membre supplémentaire au CSE, chargé des questions de santé et de sécurité et qui pourra être nommé référent pour lutter contre les agissements sexistes et le harcèlement sexuel.

## 4. Mettre en place une commission santé, sécurité et conditions de travail (CSSCT)

La mise en place d'une commission santé, sécurité et conditions de travail (CSSCT) est obligatoire dans les entreprises de plus de 300 salariés et, sans condition d'effectif, dans les entreprises comportant certains types d'installations (installations nucléaires, sites Seveso hauts) (article L. 2315-36).

Cependant, cet article L. 2315-36 et toute la section du code du travail relative à la CSSCT, s'applique uniquement aux entreprises de 50 salariés et plus.

**Remarque :** à noter que l'article L. 2315-37 du code du travail prévoit que l'inspecteur du travail peut imposer la création d'une CSSCT lorsque cette mesure est nécessaire, notamment en raison de la nature des activités, de l'agencement ou de l'équipement des locaux. Un document Questions-réponses relatif au CSE publié par la ministère du travail, a confirmé que l'inspecteur du travail ne pouvait l'imposer dans une entreprise de moins de 50 salariés (question n° 105).

 

On peut penser cependant qu'il est possible de créer par accord une CSSCT si le risque de l'entreprise le justifie.

Dans ce cas, un accord d'entreprise devra  préciser (article L. 2315-41) :

- le nombre des membres ;
- les missions de la CSSCT et les modalités d'exercice ;
- les modalités de fonctionnement (nombre d'heures de délégation, etc.).

# Chapitre 2

# Alerter l'employeur

## 1. Un droit d'alerte, qu'est ce que c'est ?

Il peut arriver qu'une décision de l'employeur, ou qu'une situation particulière dans l'entreprise, engendre un certain nombre de risques ou d'atteintes aux droits des salariés. Il peut, par exemple, arriver qu'un salarié témoigne d'une situation de harcèlement moral.

Le CSE doit alors tirer la sonnette d'alarme, c'est le droit d'alerte.

Le droit d'alerte peut être exercé dans plusieurs hypothèses :

- en cas d'atteinte aux droits des personnes, à leur santé physique et mentale ou aux libertés individuelles dans l'entreprise ;
- en cas de danger grave et imminent ;
- en cas de risque pour la santé publique et l'environnement.

En pratique, alerter l'employeur signifie informer l'employeur d'une situation dangereuse pour les salariés ou pour la santé publique et l'environnement. Après l'information de l'employeur, une enquête est menée dans l'entreprise. Pour enquêter, les membres du CSE peuvent se déplacer dans l'entreprise, mener des entretiens avec les salariés, etc. Pour exercer leurs missions, ils doivent utiliser leurs heures de délégation.

---

**Remarque :** si le représentant du personnel a déjà épuisé son crédit d'heures mensuel, il pourra invoquer l'existence de circonstances exceptionnelles pour justifier un dépassement de son crédit d'heures. Il a en effet été jugé que la mise en œuvre régulière du droit d'alerte constituait une circonstance exceptionnelle (Cass. soc., 25 juin 2003, n° 01-41.783).

---

L'employeur doit ensuite prendre toutes les mesures pour faire cesser le danger ou l'atteinte aux droits et libertés des salariés. Si le CSE et l'employeur ne se mettent pas d'accord, il est possible, selon les cas, de saisir l'Inspecteur du travail, le préfet ou d'agir en justice.

---

**Remarque :** la procédure du droit d'alerte dépend du type d'alerte. Les règles ne sont pas les mêmes s'il s'agit d'une alerte en cas d'atteinte aux droits des personnes, en cas de danger grave et imminent ou en cas de risque pour la santé publique et l'environnement.

---

Malgré son intérêt, le droit d'alerte est peu utilisé, il semble même peu connu. Certains élus qui le connaissent pensent parfois qu'il est trop lourd de conséquences et source de tensions avec l'employeur.

Le droit d'alerte est pourtant l'arme la mieux adaptée pour assurer la protection immédiate des salariés. C'est une arme légitime, mise à la disposition de tout membre du CSE par le code du travail pour remplir ses missions. Les élus ont donc tout intérêt à l'utiliser dès qu'ils estiment ses conditions d'exercice remplies.

---

**Remarque :** l'exercice du droit d'alerte fait également office de dissuasion en augmentant la vigilance de l'employeur face aux atteintes aux droits et libertés individuelles des salariés, à la santé et à la sécurité des travailleurs, ou à l'environnement et à la santé publique.

---

## 2. Alerter en cas d'atteinte aux droits des personnes

### *2.1 Qui peut alerter l'employeur ?*

C'est aux membres du CSE qu'il appartient d'alerter l'employeur en cas d'atteinte aux droits des personnes et aux libertés individuelles.

---

**Remarque :** les membres du CSE peuvent exercer leur droit d'alerte s'ils constatent eux-mêmes une telle atteinte, ou si les salariés leur font part d'une telle atteinte (article L. 2312-59).

---

Il n'est pas nécessaire d'attendre qu'un salarié saisisse un membre du CSE d'une situation pour déclencher un droit d'alerte. Une fois qu'il a constaté la situation, l'élu peut agir.

### *2.2 Quand déclencher ce droit d'alerte ?*

#### Un membre de la délégation du personnel au CSE constate une atteinte aux droits des personnes, il peut déclencher un droit d'alerte

Les membres du CSE ont pour mission de veiller au respect des droits des personnes et des libertés individuelles dans l'entreprise. Dans ce cadre, un élu doit alerter l'employeur dès lors qu'il constate qu'il existe une atteinte (articles L. 2312-5 et L. 2312-59) :

- aux droits des personnes (qui recoupe le droit à la vie privée, par exemple),
- à leur santé physique et mentale,
- ou aux libertés individuelles dans l'entreprise (liberté d'expression, liberté religieuse, etc.).

La deuxième condition à remplir, pour pouvoir déclencher l'alerte, est de vérifier que l'atteinte n'est pas « justifiée par la nature de la tâche à accomplir, ni proportionnée au but recherché » (article L. 2312-59). En d'autres termes, il faut que le CSE vérifie que les fonctions exercées par le salarié ne justifient pas une entorse à ses droits.

Si ces deux conditions sont réunies, le CSE peut alerter l'employeur d'une atteinte aux droits des personnes.

**Remarque :** le code du travail insiste sur le fait que ces atteintes peuvent provenir d'une discrimination ou d'un harcèlement sexuel ou moral. Les membres du CSE doivent donc être très vigilants face à ces situations. Il est important de bien s'informer et de travailler conjointement avec l'employeur pour que ce type de situations cesse.

Ce droit d'alerte est le complément naturel du droit d'alerte reconnu au CSE en cas de danger grave et imminent. Ensemble, ils contribuent au renforcement de la santé et de la sécurité au travail. En outre, le droit d'alerte en cas d'atteinte aux droits des personnes permet une protection immédiate du salarié. Cela présente un grand intérêt notamment dans les situations d'urgence telles que le harcèlement.

## Quelques exemples concrets de situations où peut être déclenché le droit d'alerte

A titre d'exemple, il a été admis que le droit d'alerte pouvait être utilisé :

- pour réclamer le retrait d'éléments de preuve obtenus par l'employeur par des moyens frauduleux constituant une atteinte aux droits des personnes et aux libertés individuelles ;
- pour faire vérifier que l'employeur n'a pas illégalement pris connaissance des messages personnels du salarié stockés sur son ordinateur personnel ;
- par un élu, en cas de discrimination à son égard.

De même, l'attribution à plusieurs salariés de plus de 45 ans d'une notation empêchant toute progression de carrière laisse supposer une discrimination à raison de l'âge, ce qui peut justifier un droit d'alerte.

En revanche, un membre du CSE ne peut pas faire usage de son droit d'alerte en cas de divergences avec l'employeur pour des demandes en matière de salaire ou de paiement des heures supplémentaires le concernant. Ni pour demander l'annulation d'une sanction disciplinaire pour laquelle le salarié concerné dispose d'une voie de recours spécifique. Autre exemple : un différend avec l'employeur sur le mode de calcul des indemnités compensatrices de congés payés ne peut pas justifier un droit d'alerte.

**Remarque :** la tendance actuelle des normes managériales vise à encadrer le comportement de chaque salarié. Parfois, cela va au-delà de ce qui est nécessaire à l'exécution du travail. Les membres du CSE sont les défenseurs des libertés individuelles des salariés dans l'entreprise. A ce titre, ils peuvent rechercher dans les chartes, codes de bonne conduite ou de déontologie, etc. édictés dans l'entreprise toute clause restrictive des libertés individuelles qui ne serait pas justifiée par la nature de la tâche à accomplir ni proportionnée au but recherché (article L. 1121-1).

## 2.3 *Alerter l'employeur, étape par étape*

### 1re étape : un membre du comité informe officiellement l'employeur de la situation

L'élu qui constate une atteinte aux droits des personnes en saisit immédiatement l'employeur. Sur le plan légal, il n'y a pas de formalisme pour déclencher le droit d'alerte. Dans les faits, il faut le faire par un écrit qui doit servir à décrire la situation et à demander à ce que des mesures soient prises. Un e-mail ou un courrier suffisent.

### 2e étape : l'employeur procède sans délai à une enquête avec l'élu et prend les dispositions nécessaires pour remédier à la situation

L'employeur doit procéder à une enquête conjointe avec le membre du CSE qui a signalé l'atteinte. Il doit le faire sans délai, c'est-à-dire immédiatement. L'enquête doit retracer les faits, mais uniquement les faits. Il faut écarter les interprétations, jugements ou opinions. Il faut envisager toutes les possibilités et rester objectif afin de garantir la qualité de l'enquête. Il faut notamment s'attacher à répondre aux questions : qui, quoi, quand, où et comment ?

**Remarque :** au cours de l'enquête, il faut entendre le salarié victime, le salarié responsable de l'atteinte aux droits, les responsables hiérarchiques et/ou l'employeur, les témoins. Pour libérer la parole, il est parfois plus simple de procéder à des entretiens individuels. Il faut analyser les éléments de faits, mais également en chercher de nouveaux si nécessaire en allant voir directement sur le terrain.

Le code du travail ne donne aucune précision sur l'enquête ou ses étapes. Nous vous présentons ici quelques éléments de méthode. De même, nous vous conseillons de rédiger un compte rendu d'enquête, contenant les conclusions et, le cas échéant, les mesures décidées conjointement ainsi que celles mises en place par l'employeur. Enfin, on peut veiller à ce que les différents protagonistes soient accompagnés, voire assistés par le CSE.

**Remarque :** si nécessaire, les membres du comité peuvent également se tourner vers le médecin du travail, un avocat ou un psychologue du travail. Concernant ces deux derniers, il n'y a pas de prise en charge des coûts qui pourraient en résulter.

### 3e étape : en dernier recours, saisir le juge

Si l'employeur ne prend pas les mesures nécessaires pour mettre fin à l'atteinte, ou si les membres du CSE et l'employeur ne tombent pas d'accord sur les mesures à prendre, un membre du CSE peut saisir le conseil de prud'hommes (CPH). Le CPH juge alors selon la procédure accélérée au fond (article L. 2312-59).

**Remarque :** lorsqu'on saisit le CPH en référé, la procédure est différente. Il s'agit d'une procédure qui permet d'agir plus rapidement. Par exemple, pour que la procédure aille plus vite, il n'y a pas de conciliation préalable au jugement.

Le membre du CSE qui agit en justice dans le cadre de son droit d'alerte n'a pas besoin d'un mandat exprès du ou des salariés concernés pour ce faire, il n'a pas besoin d'une autorisation écrite des salariés. Dès lors qu'il informe le salarié qu'il va saisir le CPH et que ce dernier ne s'y oppose pas, il peut valablement agir en justice (Cass. soc. 24 sept. 2014, n° 13-14.970).

Remarque : le salarié peut également agir en justice, en son propre nom.

S'il n'est pas toujours nécessaire d'agir en justice, il est important que le CSE exerce son droit d'alerte et mène une enquête s'il constate une atteinte aux droits des personnes. Cela pourra permettre à un salarié qui a subi une atteinte à ses droits d'utiliser les éléments réunis par le CSE comme élément de preuve s'il agit personnellement, dans un contentieux différent.

## 3. Alerter l'employeur en cas de danger grave et imminent

### 3.1 *Qui exerce le droit d'alerte ?*

Tout membre du CSE peut saisir l'employeur lorsqu'il constate, directement ou par l'intermédiaire d'un salarié, qu'il existe une cause de danger grave et imminent (article L. 4131-2). C'est le droit d'alerte pour danger grave et imminent. Cette possibilité de tirer une sonnette d'alarme sert à la fois à informer l'employeur de la situation et à l'obliger à prendre les mesures de prévention nécessaires s'il y a effectivement une cause de danger pour la santé et la sécurité des salariés. Mais attention, le droit d'alerte ne donne pas droit aux membres du CSE d'arrêter les machines.

Remarque : indépendamment de ce droit d'alerte, chaque salarié dispose d'un droit de retrait qui lui permet de cesser immédiatement de travailler lorsqu'il se trouve dans une situation qu'il estime raisonnablement pouvoir présenter un danger grave et imminent pour sa vie ou sa santé (article L. 4131-2). Le droit d'alerte et le droit de retrait sont autonomes. Un salarié peut donc faire usage de son droit de retrait même si le CSE n'a pas déclenché la procédure d'alerte. Le médecin du travail dispose également d'un « droit d'alerte ». Lorsqu'il constate un risque pour la santé des travailleurs, il propose par écrit des mesures visant à la préserver. L'employeur doit en tenir compte et, en cas de refus, le justifier. Les propositions et préconisations du médecin du travail, ainsi que les réponses de l'employeur, sont transmises au CSE (article L. 4624-9).

### 3.2 *Quand exercer le droit d'alerte ?*

Les membres du CSE peuvent alerter l'employeur en cas de danger grave et imminent (article L. 2312-60). C'est la formule employée par le code du travail, mais en pratique, il est assez compliqué de savoir si on est face à un danger grave et imminent.

## Ce n'est pas facile à apprécier

Le danger est une menace pour la vie ou la santé physique du salarié. Il peut par exemple émaner d'une machine, d'une ambiance de travail ou d'un processus de fabrication. La santé mentale du salarié peut également être menacée par une situation anormale de harcèlement sexuel ou moral.

**Remarque :** il est impossible de donner une définition générale de ce qu'il faut entendre par danger grave et imminent, car tout dépend des circonstances de fait. C'est une notion que les juges apprécient au cas par cas quand il y a un contentieux.

Ce danger doit être :

- grave, c'est-à-dire être susceptible d'entraîner des conséquences fâcheuses ou sérieuses. D'après l'administration, un danger est grave lorsqu'il est « susceptible de produire un accident ou une maladie entraînant la mort ou paraissant devoir entraîner une incapacité permanente ou temporaire prolongée » ;
- imminent, c'est-à-dire que le risque doit être susceptible de se réaliser dans un délai très rapproché. Il importe peu que le dommage se réalise en un instant ou progressivement, du moment qu'il peut être envisagé dans un délai proche.

**Remarque :** l'existence d'un danger grave et imminent ne concerne pas seulement le risque d'accident. Le risque de maladie doit également être pris en compte. Ainsi, un danger grave et imminent peut être la cause d'un accident (une brusque asphyxie, par exemple) ou d'une maladie comme, par exemple, une intoxication plus ou moins rapide due à des émanations toxiques.

Attention, car il ne faut pas confondre danger grave et imminent et risque habituel lié à l'exercice normal d'un travail. Il faut donc tenir compte du type d'activité exercée. L'exercice de certaines activités peut, en soi, être pénible, voire dangereux. Il n'y a pas pour autant danger grave et imminent, car cela fait partie des conditions normales et habituelles de travail.

## Des exemples de jurisprudence

L'existence d'un tel danger a été admise dans les situations suivantes :

- veilleur de nuit d'un foyer confronté à l'attitude menaçante d'un des locataires du foyer en état d'ébriété ;
- défaut persistant de conformité des installations de l'entreprise avec les normes de sécurité ;
- camion dont le système de freinage est défectueux et qui a fait l'objet d'une interdiction de circulation tant qu'il ne serait pas réparé ;
- absence de chaussures de sécurité, de casques, de filets de protection, de lunettes de protection et de masques antipoussières ;
- ambulance dont le pare-brise était susceptible de voler en éclats en cours de trajet et dépourvu de rétroviseur central, d'où une visibilité réduite ;
- gabarits servant pour le découpage de joints de caoutchouc contenant de l'amiante et défaut de protection du salarié ;
- changement d'un joint d'amiante, sans équipement spécialisé de protection, ayant provoqué une irritation aux yeux du salarié ;
- engin de levage n'ayant ni stabilisateurs ni crochets de sécurité, aucun mode d'emploi n'ayant été fourni au salarié.

**Remarque :** il n'est pas nécessaire que la cause du danger soit exclusivement étrangère à la personne du salarié. Un salarié, dont l'état de santé ne lui permet pas d'être en contact avec des animaux ou des produits chimiques, peut invoquer un danger grave et imminent lorsque l'employeur le mute à un tel poste.

## 3.3 *Alerter l'employeur, étape par étape*

### 1re étape : le membre du CSE constate qu'il existe un danger grave et imminent

L'existence d'une cause de danger grave et imminent peut être directement constatée par le représentant du personnel. Elle peut également l'être par l'intermédiaire d'un salarié qui aura informé un membre du CSE. Dans cette seconde hypothèse, il semble important d'aller vérifier sur place les dires du salarié, de s'entretenir avec lui, d'analyser la situation et de recueillir le plus d'informations.

Pour effectuer ses constats, le représentant du personnel peut avoir besoin de se déplacer, car il ne travaille pas forcément sur le même site que celui où le danger a été détecté. Il doit utiliser ses heures de délégation.

### 2e étape : le membre du CSE alerte immédiatement l'employeur en utilisant le registre spécial

Le code du travail prévoit que le représentant du personnel alerte immédiatement l'employeur en consignant son avis par écrit sur un registre spécial prévu à cet effet. Cet avis, daté et signé, doit indiquer (article D. 4132-1) :

- les postes de travail concernés par la cause du danger constaté ;
- la nature et la cause de ce danger ainsi que le nom des travailleurs exposés.

Il faut être le plus précis possible.

---

Remarque : faut-il à ce stade informer l'inspecteur du travail de la situation ? Ce n'est pas prévu par le code du travail, mais rien ne l'interdit. C'est donc au CSE d'en décider. Il peut être utile d'informer en amont l'inspecteur du travail, car il pourra être amené à intervenir en cas de désaccord persistant entre l'employeur et le comité sur les mesures à prendre et leurs conditions d'exécution.

---

Le registre spécial est tenu à la disposition des représentants du personnel au CSE, sous la responsabilité de l'employeur (article D. 4132-2).

---

Remarque : en pratique, le déclenchement d'un droit d'alerte passe forcément par un échange informel avec l'employeur pour l'informer de la situation et lui faire savoir qu'on déclenche un droit d'alerte. Décrocher son téléphone, envoyer un e-mail, aller voir l'employeur, c'est d'ailleurs la première chose à faire en cas de situation urgente.

---

### 3e étape : l'employeur procède immédiatement à une enquête avec le membre du CSE

Une fois informé de la situation, l'employeur doit procéder sur-le-champ à une enquête avec le membre du CSE qui lui a signalé le danger et prendre les mesures nécessaires pour y remédier (article L. 4132-2). Généralement, la procédure s'arrête là, car l'employeur prend les mesures nécessaires.

---

Remarque : il en va de son intérêt. Si le risque se matérialise et s'il y a un accident du travail, on considérera automatiquement que l'employeur a commis une faute inexcusable (article L. 4131-4). En d'autres termes, cela signifie que l'employeur verra sa responsabilité civile automatiquement engagée et devra verser des dommages et intérêts au salarié victime. Sa responsabilité pénale pourra aussi être engagée (article 131-3 du code pénal).

---

Il peut être utile pour le CSE, et pour les salariés qui étaient exposés au danger, d'établir un compte rendu d'enquête et d'y consigner la nature du danger, les conditions du déroulement de l'enquête et les mesures arrêtées par l'employeur ainsi que les délais de mise en œuvre.

### 4e étape : s'il y a un désaccord entre l'employeur et le membre du CSE, il faut réunir d'urgence le CSE

A l'issue de l'enquête, l'employeur et le représentant du personnel peuvent ne pas être d'accord sur la réalité du danger. Il peut également y avoir une divergence de vues sur la façon de faire cesser le danger, notamment par arrêt du travail, de la machine ou de l'installation. Dans ce cas, le CSE est réuni d'urgence et, en tout état de cause, dans un délai n'excédant pas 24 heures (article L. 4132-3).

**Remarque :** il s'agit d'une réunion extraordinaire qui ne peut pas remplacer les réunions ordinaires obligatoires. Bien évidemment, tous les membres du comité doivent être convoqués. Il semble normal que l'employeur indique dans la convocation l'objet de la réunion.

A quoi va servir la réunion ? A analyser la situation et à discuter avec l'employeur pour décider conjointement des mesures nécessaires. Si l'employeur et les membres du CSE se mettent d'accord sur les mesures à prendre et leurs conditions d'exécution, la procédure d'alerte s'arrête là. Il est important de faire un compte rendu à la fin de la réunion pour avoir une trace écrite.

### 5e étape : l'employeur doit faire intervenir l'inspecteur du travail en cas de désaccord persistant avec le CSE

A défaut d'accord entre l'employeur et le CSE sur les mesures à prendre et leurs conditions d'exécution, l'inspecteur du travail est immédiatement saisi par l'employeur (article L. 4132-4). L'inspection du travail peut :

- sans mise en demeure préalable, dresser un procès-verbal lorsque les faits constatés présentent un danger grave ou imminent pour l'intégrité physique des travailleurs. Ce procès-verbal précise les circonstances de fait (article L. 4721-5) ;
- saisir le juge des référés pour qu'il décide de mesures permettant de mettre fin au risque, comme la mise hors service, l'immobilisation, la saisie des matériels, les machines, les dispositifs, les produits ou autres (articles L. 4732-1 et L. 4732-2).

**Remarque :** sur le rapport de l'inspecteur du travail constatant une situation dangereuse résultant soit du non-respect des principes généraux de prévention, soit d'une infraction à l'obligation générale de santé et de sécurité, la direction départementale du travail peut imposer à l'employeur de mettre en œuvre toutes les mesures permettant de mettre fin à cette situation dangereuse (article L. 4721-1).

## 4. Alerter l'employeur en cas de risque pour la santé publique ou l'environnement

C'est après les scandales publics du sang contaminé, du Mediator ou encore de la viande de cheval dans les lasagnes que les pouvoirs publics ont décidé de créer ce droit d'alerte en cas de risque grave sur la santé publique ou l'environnement (article L. 4133-1). C'est pour prévenir ces scandales que ce droit d'alerte a été créé.

### 4.1 *Qui peut alerter l'employeur ?*

Tout travailleur peut alerter immédiatement l'employeur s'il estime que les méthodes de fabrication et les produits utilisés par l'entreprise font peser un risque grave sur la santé publique ou l'environnement (article L. 4133-1). Il doit faire attention à être de bonne foi et déclencher l'alerte à bon escient.

---

**Remarque :** l'alerte donnée en matière de santé publique et d'environnement ne permet pas au salarié de faire automatiquement jouer son droit de retrait. Toujours est-il que s'il y a un danger grave et imminent, il peut également exercer son droit de retrait...

---

Côté CSE, il est prévu qu'un membre qui constate, notamment par l'intermédiaire d'un travailleur, qu'il existe un risque grave pour la santé publique ou l'environnement doit immédiatement alerter l'employeur (article L. 4133-2).

### 4.2 *Quand alerter l'employeur ?*

Le code du travail ne précise pas ce qu'il faut entendre par « risque grave pour la santé publique ou l'environnement » et n'énumère pas les cas dans lesquels une alerte peut être donnée. L'appréciation du risque et de sa gravité suffisante devra se faire au cas par cas.

---

**Exemple :** concrètement, il peut s'agir d'alerter la direction sur le non-respect des mesures d'hygiène dans des abattoirs qui aurait pour conséquence le développement de bactéries rendant impropres à la consommation certains produits fabriqués par cette usine.

---

Le code du travail n'impose pas au salarié de prouver de manière scientifique que le risque existe bel et bien. Il suffit à celui qui déclenche l'alerte d'être de bonne foi. Il faut donc réunir des faits qui laissent penser qu'un tel risque existe.

---

**Remarque :** s'il n'est pas de bonne foi, c'est-à-dire s'il apparaît qu'il a menti, le salarié prend un gros risque. Il s'expose en effet à une sanction pénale qui peut aller jusqu'à 5 ans d'emprisonnement et 45 000 € d'amende (C. pén., art. 226-10). C'est d'ailleurs la même sanction qui s'applique si l'alerte a été lancée dans l'intention de nuire ou en sachant que ce qui est dit publiquement ou diffusé est faux ou partiellement faux (L. n° 2013-316, 16 avr. 2013, art. 12 : JO, 17 avr.)

---

Compte tenu des enjeux et du risque pris, un salarié n'a pas forcément intérêt à se lancer seul. Il est donc préférable pour lui de passer par le CSE. En fait, on n'imagine pas un droit d'alerte sans que le CSE soit au moins mis dans la boucle.

### 4.3 *Alerter l'employeur, étape par étape*

#### 1re étape : constater le risque et informer l'employeur

Un membre du CSE peut constater lui-même qu'il y a un risque pour l'environnement ou la santé publique, ou un salarié peut l'en informer. Quoi qu'il en soit, il est très important que le membre du CSE saisi se renseigne, aille sur le terrain, parle avec les salariés au contact de ce risque afin de s'assurer de la réalité du risque.

---

**Remarque :** les représentants du personnel ne doivent pas prendre pour argent comptant ce que leur rapportent les salariés. Il ne faut pas relayer des informations qui pourraient être fausses ou même diffamatoires. Le CSE risquerait d'en ressortir décrédibilisé. Il convient alors d'aller sur le terrain, de discuter avec d'autres salariés, de consulter les documents nécessaires afin de vérifier l'information. Il ne faut pas alerter l'employeur pour tout et n'importe quoi.

---

## 2e étape : un membre du CSE ou le salarié doit consigner son alerte dans un registre spécial tenu à la disposition des membres du comité

Lorsqu'une alerte est lancée, le salarié ou un membre du CSE doit la consigner dans un registre. C'est le registre spécial de consignation des alertes en matière de santé publique et d'environnement (articles D. 4133-1 et D. 4133-2). Il est tenu, sous la responsabilité de l'employeur, à la disposition des membres du CSE (article D. 4133-3).

**Remarque :** les alertes consignées doivent être datées et signées. Toutes les pages du registre doivent être numérotées.

Dans le registre, l'alerte doit indiquer :

- les produits ou procédés de fabrication utilisés ou mis en œuvre, dont le travailleur estime de bonne foi qu'ils font peser un risque grave sur la santé publique ou l'environnement ;
- le cas échéant, les conséquences potentielles pour la santé publique ou l'environnement et toute autre information utile à l'appréciation de l'alerte consignée.

Lorsque l'alerte émane d'un membre du CSE, il doit indiquer dans le registre les produits ou procédés de fabrication utilisés ou mis en œuvre par l'établissement dont il constate qu'ils font peser un risque grave sur la santé publique ou l'environnement.

**Exemple :** une usine agroalimentaire n'utilise pas d'eau potable pour effectuer le nettoyage et la désinfection des matériels et locaux de travail (produits ou procédés de fabrication utilisés ou mis en œuvre). Les préparations alimentaires risquent donc d'être contaminées par des bactéries comme par exemple la légionelle (conséquences potentielles pour la santé publique). Lors d'une inspection, le CSE a en effet constaté que le système de traitement des eaux usées de l'usine est défaillant (information utile à l'appréciation de l'alerte).

## 3e étape : l'employeur doit réagir en étudiant l'alerte transmise et en informant des suites qu'il y réserve

Une fois alerté, l'employeur ne peut pas rester inerte :

- lorsque l'alerte a été donnée par le CSE, il doit examiner la situation avec le membre du comité qui lui a transmis cette alerte. Il y aura une enquête conjointe comme en cas d'alerte pour danger grave et imminent ;
- l'employeur doit réunir le CSE car s'il est avéré qu'il y a un risque pour l'environnement ou la santé publique il s'agit d'une urgence (article L. 2312-5) ;
- lorsque l'alerte a été donnée par un salarié, il doit l'informer des suites qu'il y réserve. Il doit aussi informer le CSE des alertes transmises par les salariés, des suites qu'il leur a données, mais aussi des éventuelles saisines du préfet (article L. 4133-4).

**Remarque :** même si, sur le plan légal, il n'y a pas de délai imposé pour réaliser cette enquête, il convient en pratique de ne pas laisser s'écouler trop de temps. En effet, il ne faut pas oublier que des questions de santé publique sont en jeu.

### 4e étape : même si le code du travail ne le précise pas, il est évident que le CSE doit s'assurer que la direction a pris des mesures pour remédier à la situation

En effet, le comité doit rester vigilant. Surtout, il doit vérifier que les solutions proposées par la direction pour remédier à ces situations de risques pour la santé publique ou l'environnement ont bien été appliquées. Les membres du CSE peuvent à ce titre utiliser leur pouvoir d'inspection.

### 5e étape : en cas de désaccord, saisir le préfet du département

Si le salarié ou le membre du CSE n'est pas d'accord avec l'employeur sur le bien-fondé de l'alerte qui lui a été transmise, celui-ci peut saisir le préfet de son département. *Idem* lorsque la direction n'a pas donné suite à l'alerte dans un délai d'un mois (article L. 4133-3). En cas de saisine du préfet, le CSE doit en être informé.

---

**Remarque :** saisir le préfet n'est pas anodin. En effet, il pourrait, par exemple, décider de suspendre ou même de retirer l'agrément sanitaire à une entreprise agroalimentaire qui ne respecterait pas les mesures en matière de traçabilité.

---

Chapitre 3

# Agir avec l'inspecteur du travail et le médecin du travail

## 1. Agir avec l'inspecteur du travail

### 1.1 *Ce qu'il faut savoir sur l'inspection du travail*

Le CSE est amené à travailler avec l'inspection du travail, il faut donc connaître ses principales missions afin de savoir quand la solliciter.

---

**Remarque :** l'employeur est tenu d'afficher, dans les locaux normalement accessibles aux salariés, l'adresse et le numéro d'appel de l'inspection du travail compétente ainsi que le nom de l'inspecteur du travail compétent. Il est également possible de trouver les coordonnées de l'inspection du travail compétente sur le site https ://inspection-du-travail.com/ville/

---

## L'inspecteur du travail est principalement chargé du contrôle de la bonne application du droit du travail et des conventions ou accords collectifs

L'inspection du travail est chargée de veiller à la bonne application par l'entreprise du code du travail et des stipulations des conventions et accords collectifs de travail. Elle a ainsi une connaissance et un domaine d'action très étendus. Elle est aussi chargée de constater les infractions (article L. 8112-1).

**Remarque :** les domaines d'action du CSE et de l'inspecteur du travail se rejoignent donc : salaires, congés payés, durée du travail, heures supplémentaires, etc.

## Une mission d'information et de conseil auprès de l'employeur, des salariés et des représentants du personnel

Au-delà de cette mission de contrôle, l'inspecteur du travail a également un rôle important de conseil et d'information auprès des entreprises et des élus du personnel. C'est une source importante d'informations. Il peut ainsi renseigner les représentants du personnel sur les normes légales et conventionnelles applicables à l'entreprise, appuyer les demandes des représentants du personnel auprès de l'employeur et revêtir le rôle de négociateur ou d'arbitre en cas de conflit avec l'employeur.

## La protection de la santé et de la sécurité des travailleurs constitue une mission primordiale pour l'inspection du travail

Contrôle du respect par l'entreprise du droit du travail et, notamment, des normes relatives à l'hygiène et à la sécurité, contrôle de l'application des principes généraux de prévention, contrôle du fonctionnement régulier du CSE, protection renforcée de certaines catégories de salariés..., voilà les principales attributions de l'inspection du travail en matière d'hygiène, de sécurité et des conditions de travail.

**Remarque :** le champ des normes à contrôler est très étendu : agents biologiques, produits chimiques, substances et préparations dangereuses, rayonnements ionisants, amiante, aération et assainissement, incendie, équipements de travail et moyens de protection, appareils de levage, équipements de protection individuelle, installations électriques, bruits, éclairage, explosifs, etc.

L'inspection du travail joue un rôle essentiel en matière d'accidents du travail. Elle peut intervenir auprès de l'employeur pour faire cesser la situation de travail à l'origine de l'accident ou la corriger et mettre en œuvre les mesures de prévention adaptées aux risques constatés. Elle peut aussi informer le parquet des constats effectués à l'occasion de l'enquête et lui transmettre, le cas échéant, le procès-verbal de relevé d'infractions.

**Remarque :** l'inspecteur du travail est immédiatement informé en cas de réunion d'urgence déclenchée suite à un désaccord entre un élu du CSE et l'employeur dans le cadre de la mise en œuvre de la procédure d'alerte pour danger grave et imminent. Il peut assister à la réunion (article L. 4132-3).

L'inspecteur du travail a également pour mission :

- de sensibiliser les acteurs de l'entreprise à la prévention des risques et de les accompagner, sans pour autant aller jusqu'à une association complète de cette démarche ;
- de contrôler le contenu du règlement intérieur de l'entreprise, d'agir contre les discriminations et de constater les agissements de harcèlement moral ou sexuel ;
- d'accorder certaines dérogations en matière de durée du travail, de repos dominical, de travail de nuit, de travail des jeunes, d'affectation de CDD à certains travaux, etc.

### L'inspecteur du travail peut librement pénétrer dans tous les locaux de travail de l'entreprise

L'inspection du travail peut librement pénétrer dans toute entreprise soumise à son contrôle (article L. 8113-1), y compris la nuit. Et ce, sans être obligé d'aviser préalablement l'employeur qui ne sera alors informé qu'une fois l'inspection du travail sur place. En pratique, la visite est souvent annoncée à l'avance.

**Remarque :** ce droit de visite porte sur l'ensemble des locaux dans lesquels des salariés sont appelés à travailler, à circuler ou à séjourner.

## 1.2 *Rencontrer l'inspecteur du travail*

Pour l'exercice des missions du CSE, il est intéressant de nouer des liens avec l'inspecteur du travail, pouvant aider les membres du CSE dans la gestion de leurs dossiers et à être les bons relais le moment venu.

**Remarque :** il est ainsi important de tisser des liens avec l'inspecteur du travail dès que possible et avant même que ne se présente un problème dans l'entreprise.

Dès les résultats des élections, le ou les membres du CSE peuvent envoyer un courrier à l'inspecteur du travail pour se faire connaître. S'il existe des problèmes particulièrement importants dans l'entreprise, ils peuvent également demander à l'inspecteur du travail de les recevoir pour faire état des difficultés qu'ils rencontrent et/ou pour prendre connaissance des difficultés récurrentes ou antérieures à leur élection.

**Remarque :** l'inspecteur du travail est très occupé, une prise de contact anticipée permet de se faire connaître avant même qu'un grave problème ou conflit n'apparaisse. Les membres du CSE augmentent ainsi leur chance de retenir son attention.

Quand un membre du CSE a rendez-vous avec l'inspection du travail pour lui soumettre un problème déterminé, mieux vaut préparer cette rencontre, en s'efforçant de cerner avec précision les différents points de sa demande. L'envoi d'un document récapitulatif du problème quelques jours avant le rendez-vous est vivement conseillé. En effet, le temps limité dont dispose l'inspection du travail, en particulier au cours des permanences d'accueil du public, nécessite que l'entretien soit d'emblée centré sur les points essentiels.

**Remarque :** les représentants du personnel, qui rencontrent l'inspecteur du travail pour des besoins liés à leur mandat peuvent utiliser leur crédit d'heures. Cette solution est admise depuis longtemps. Les juges permettent aux membres du CSE ayant rendu visite à l'inspecteur du travail pour l'informer des difficultés rencontrées pour exercer leurs fonctions dans l'entreprise d'imputer ce déplacement à l'extérieur de l'entreprise sur les heures de délégation (Cass. soc., 22 nov. 1961, n°60-40.658).

### 1.3 *Saisir l'inspecteur du travail, c'est à la fois une mission du CSE et un moyen d'action*

Le code du travail autorise les membres du CSE à saisir l'inspecteur du travail de toutes plaintes ou observations relevant de son contrôle. Il peut donc saisir l'inspecteur du travail d'une demande relative à l'application du code du travail ou des conventions ou accords collectifs. C'est une mission au même titre que de présenter à l'employeur les réclamations des salariés (article L. 2312-5). Elle en est aussi le prolongement.

C'est aussi un moyen d'action pour les membres du CSE. Car après avoir remonté une réclamation de salariés restée sans réponse de l'employeur, le CSE peut ne pas avoir suffisamment de poids pour contraindre l'employeur à apporter une solution. La saisine de l'inspecteur du travail peut alors être un bon moyen d'action.

**Remarque :** bien qu'aucune disposition légale ne l'impose et sauf cas particuliers, il paraît logique que les membres du CSE portent leurs plaintes et observations à la connaissance de l'employeur avant de saisir l'inspecteur du travail.

L'inspecteur du travail dispose de différents moyens :

- procéder à une visite des locaux pour constater par lui-même le ou les problèmes rencontrés dans l'entreprise ;
- effectuer des contrôles ou enquêtes ;
- envoyer un courrier recommandé à l'employeur énonçant les griefs retenus, en lui demandant de répondre ;
- adresser une mise en demeure de se conformer à la réglementation ;
- dresser un procès-verbal pour que l'employeur soit poursuivi au pénal ;
- arrêter temporairement les travaux ou l'activité présentant un danger grave et imminent pour la vie ou la santé d'un travailleur…

**Remarque :** les membres du CSE n'ont pas le monopole de saisine de l'inspecteur du travail. Les salariés ont également la faculté de le saisir directement.

## 2. Travailler avec le médecin du travail

### 2.1 *Ce qu'il faut savoir sur la médecine du travail*

Pour savoir dans quelle mesure le CSE peut travailler avec le médecin du travail, il est important de comprendre quel est le rôle de la médecine du travail et à quel moment elle intervient dans la vie de l'entreprise.

**Remarque :** le rôle du médecin du travail est d'autant plus important que le CSE ne dispose pas d'un budget dans les entreprises de moins de 50 salariés. Il ne peut donc pas faire appel à un expert. Le médecin du travail peut donc fournir un certain nombre d'informations au CSE sur la santé au travail.

Pour rappel, dès lors qu'une entreprise emploie un salarié ou plus, l'employeur doit adhérer à un service interentreprises territorialement et professionnellement compétent. Ce service est administré par un conseil d'administration constitué à part à égales de représentants des salariés et de représentants des employeurs. Par ailleurs, pour assurer la surveillance médicale des salariés éloignés, l'employeur a la possibilité d'adhérer à un ou plusieurs services de prévention et de santé au travail (SPST) interentreprises de proximité situés dans le département où travaillent, à titre principal, ses salariés. Il doit informer le CSE sur le recours à un ou plusieurs services de santé au travail de proximité (articles D. 4625-25 et suivants).

Remarque : attention, l'adresse et le numéro d'appel du médecin du travail, ainsi que l'adresse et le numéro d'appel des services de secours d'urgence, doivent obligatoirement être affichés dans les locaux de travail normalement accessibles aux salariés.

## Le médecin du travail exerce une action en milieu de travail

Le SPST a pour mission d'éviter toute altération de la santé des travailleurs du fait de leur travail (article L. 4622-3). Il doit consacrer le tiers de son temps de travail à ses missions en milieu de travail (article R. 4624-4).

Il est par ailleurs prévu que le médecin du travail (articles R. 4624-1 et suivants) :

- a libre accès aux lieux de travail. Il effectue la visite des entreprises et établissements dont il a la charge, soit à son initiative, soit à la demande de l'employeur ou du CSE ;
- a accès à tous les documents obligatoires non nominatifs que l'employeur doit établir en matière d'hygiène et de sécurité dans l'entreprise ;
- peut, aux frais de l'employeur, réaliser ou faire réaliser des prélèvements et des mesures aux fins d'analyses. Il peut faire procéder à des analyses ou mesures qu'il estime nécessaires ;
- est obligatoirement associé à l'étude de toute nouvelle technique de production, à la formation à la sécurité des salariés et à la formation des secouristes.

## Surveillance médicale des salariés

Le médecin du travail (le service de prévention et de santé au travail - SPST) doit surveiller l'état de santé des travailleurs (article L. 4622-2). Il doit tenir compte :

- des risques auxquels sont confrontés les travailleurs dans le cadre de leur travail ;
- de la pénibilité au travail ;
- de l'âge des travailleurs.

Cette surveillance médicale s'exerce par le biais des différentes visites médicales obligatoires :

- lorsqu'un employeur embauche un nouveau salarié, ce dernier doit passer une visite médicale dans un délai de 3 mois maximum à compter de la prise effective du poste de travail, on l'appelle la visite d'information et de prévention initiale ;
- puis, chaque travailleur bénéficie, au moins tous les 5 ans, d'une nouvelle visite individuelle (article L. 4624-1) ;
- il est également obligatoire de procéder à une visite médicale de reprise :

- si un salarié a été absent au moins 30 jours pour cause d'accident du travail,
- si une salarié a été absent au moins 60 jours pour cause de maladie ou d'accident non professionnel (avec possibilité de bénéficier d'une visite de préreprise) (article R. 4624-10),
- après un congé maternité ou après une absence du salarié pour maladie professionnelle quelle qu'en soit la durée ;

- une surveillance particulière est exercée pour les salariés affectés à certains travaux comportant des exigences ou des risques spéciaux (amiante, rayonnements ionisants, plomb, bruit, vibrations, agents CMR, etc., ainsi que les jeunes de moins de 18 ans, les titulaires d'autorisation de conduite d'équipement présentant des risques et les travailleurs habilités à effectuer des opérations sur une installation électrique), cela s'appelle le suivi individuel renforcé (articles L. 4624-2 et R. 4624-23).

**Remarque :** ces visites médicales sont évidemment obligatoires pour l'employeur, qui doit les organiser, et pour le salarié, qui doit s'y rendre.

### Proposition de mesures individuelles

Le médecin du travail peut proposer des mesures individuelles, telles que la mutation ou la transformation de postes, justifiées par des considérations relatives notamment à l'âge, à la résistance physique ou à l'état de santé physique et mentale des travailleurs (article L. 4624-3). L'employeur est tenu, au nom de son obligation de sécurité, de prendre en considération ces propositions.

**Remarque :** le médecin du travail est également chargé de constater l'inaptitude d'un salarié (article L. 4624-4).

## *2.2 Rencontrer le médecin du travail*

Il ne faut pas hésiter à solliciter le médecin du travail en tant que conseiller et référent scientifique sur certains thèmes relevant de ses compétences. Par exemple, pour l'étude des effets des horaires de travail ou de travail de nuit sur la santé, ou encore pour une réflexion sur la mise en œuvre d'actions de prévention du tabac ou d'amélioration de l'alimentation, sa consultation est utile.

**Remarque :** pour des sujets sensibles, comme la prise en charge des personnes en souffrance, les addictions (alcool, drogue, médicaments, etc.), il peut apporter au CSE de précieux conseils.

En outre, le médecin du travail dispose de certains moyens d'action qui lui permettent, par exemple, de procéder à des mesures physiques (bruit, éclairage, atmosphère de travail, etc.) ou encore de faire intervenir des spécialistes (ergonomes, psychologues, etc.).

## *2.3 Le CSE est informé des comptes rendus du médecin du travail*

Lorsqu'il constate la présence d'un risque pour la santé des travailleurs, le médecin du travail doit proposer, par un écrit motivé, des mesures visant à la préserver (article L. 4624-9). L'employeur doit prendre en considération ces propositions et, en cas de refus, faire connaître par écrit les motifs qui s'opposent à ce qu'il y soit donné suite.

**Remarque :** le médecin du travail peut aussi être saisi par l'employeur de toute question relevant de ses missions. Il fait connaître ses préconisations par écrit.

Dans les deux cas, les propositions et préconisations du médecin du travail et les réponses de l'employeur doivent être transmises au CSE.

### *2.4 Le CSE peut demander au médecin du travail de visiter l'entreprise*

Le médecin du travail a libre accès aux lieux de travail. Cette visite peut se faire à la demande du CSE (article R. 4624-3). A ce titre, le médecin du travail peut être amené à participer aux missions décidées par le comité. Ainsi, il peut être sollicité pour accompagner les membres du comité lors de missions d'enquête, notamment lorsqu'il s'agit d'une maladie professionnelle. Il pourra aider le CSE et l'employeur à déterminer l'origine de la maladie plus facilement et à prévenir l'apparition d'autres maladies.

# Le fonctionnement du CSE

# Partie 5

Chapitre 1

# Se réunir sous la présidence de l'employeur

## 1. Les réunions mensuelles obligatoires

### *1.1 A quelle fréquence le CSE doit-il se réunir ?*

L'employeur doit organiser au moins une réunion par mois, pendant laquelle les représentants du personnel présentent les réclamations des salariés à l'employeur (article L. 2315-21 du code du travail). Cette réunion permet aux membres du CSE de traiter régulièrement avec le chef d'entreprise des problèmes d'ordre collectif touchant les conditions de travail et de soumettre à l'employeur les questions dont ils ont été saisis par les salariés.

**Remarque :** une réunion par mois est le minimum, mais rien n'empêche d'organiser plusieurs réunions par mois si l'employeur et les représentants du personnel l'estiment nécessaire. Il est possible de prévoir des réunions exclusivement réservées aux questions touchant à la santé et à la sécurité. Les membres du CSE peuvent également demander des réunions extraordinaires dans certaines conditions que l'employeur ne peut pas refuser.

### *1.2 Que faire si l'employeur ne respecte pas cette obligation ?*

Sous peine de commettre un délit d'entrave, l'employeur est impérativement tenu d'organiser la réunion mensuelle du CSE. C'est à lui d'en prendre l'initiative en convoquant tous les membres du CSE. La seule situation où il pourra échapper à cette obligation est lorsqu'il prouve la force majeure. On parle de cas de force majeure dès lors qu'un événement est :

- imprévisible, c'est-à-dire que rien ne pouvait laisser penser qu'un tel événement pouvait se produire ;
- irrésistible, c'est-à-dire que rien ne pouvait être fait pour en empêcher la survenance ou les conséquences ;
- extérieur aux parties, c'est-à-dire que l'employeur n'est pas responsable du déclenchement de cet événement.

**Remarque :** en pratique, il est très compliqué de démontrer l'existence d'un cas de force majeure.

**Exemple :** la maladie prolongée du chef d'entreprise ne constitue pas un cas de force majeure. Il doit alors désigner une autre personne pour organiser la réunion. Les difficultés qui résulteraient, selon l'employeur, d'une tension entre deux groupes rivaux de salariés ne constituent pas non plus un cas de force majeure. L'employeur ne peut pas davantage faire valoir que des réunions informelles ont eu lieu ni évoquer l'absence de revendications des salariés dès lors que ceux-ci ont réclamé à plusieurs reprises l'organisation des réunions. Concrètement, le seul cas dans lequel l'employeur est valablement exonéré de la tenue d'une réunion mensuelle, c'est lorsqu'aucun membre du CSE (titulaires et suppléants) ne s'est présenté à la réunion. Il doit toutefois l'avoir convoquée.

### 1.3 *Qui décide de la date de la réunion ?*

C'est à l'employeur de fixer la date de la réunion mensuelle. Il est préférable qu'il la fixe suffisamment en avance pour que les élus soient en mesure de lui remettre la note écrite comportant leurs réclamations.

L'employeur doit convoquer tous les membres du CSE. A défaut, l'employeur pourra être condamné pour délit d'entrave.

---

**Remarque :** il faut également convoquer les suppléants, même s'ils ne participent pas à la réunion mensuelle. Cela leur permet d'avoir la date de la prochaine réunion et de se rendre disponibles au cas où le membre titulaire ne peut pas être présent.

---

Si le code du travail n'exige aucune modalité particulière de convocation, il est préférable de le faire par écrit.

---

**Remarque :** par contre, convoquer les membres du CSE par la seule apposition de mentions par l'employeur dans le registre spécial du CSE constitue un délit d'entrave.

---

## 2. Les réunions organisées à la demande du CSE

En plus des réunions mensuelles obligatoires, le CSE peut demander à être reçu par l'employeur (article L. 2315-21). Ces réunions peuvent être demandées :

- soit collectivement en cas d'urgence ;
- soit individuellement, soit par catégorie, soit par atelier, service ou spécialité professionnelle selon les questions qu'ils ont à traiter.

---

**Remarque :** dans les sociétés anonymes, lorsque les élus ont des réclamations à formuler qui nécessitent une délibération du conseil d'administration, ils doivent être reçus par celui-ci, sur leur demande, en présence du directeur ou de son représentant ayant connaissance des réclamations présentées (article L. 2312-5).

---

### 2.1 *Réunion demandée par le CSE en cas d'urgence*

Le CSE peut demander à être reçu en cas d'urgence, en dehors de la réunion mensuelle. En cas de réunion d'urgence, le délai de 2 jours prévu pour remettre la note écrite à l'employeur ne peut bien sûr pas être respecté.

---

**Remarque :** une situation urgente est une situation qui demande une réponse immédiate.

---

**Exemple :** le CSE doit notamment être réuni lorsqu'il a fait jouer son droit d'alerte en signalant un danger grave et imminent. Pour rappel, dès lors qu'un élu fait jouer ce droit d'alerte, une enquête doit être organisée. Si, après enquête, il y a désaccord entre l'employeur et le représentant du personnel sur l'existence ou non d'un danger et/ou sur la façon d'y mettre fin, le CSE est réuni d'urgence et, en tout état de cause, dans un délai n'excédant pas 24 heures (article L. 4132-3). Le CSE doit également être réuni en cas d'événement grave lié à l'activité de l'établissement ayant porté atteinte ou ayant pu porter atteinte à la santé publique ou à l'environnement.

---

### 2.2 *Réunion demandée individuellement*

Dans ce cas, les élus sont reçus par la direction pour traiter d'une question particulière qui intéresserait un salarié, une catégorie professionnelle de salariés ou encore un service ou un atelier. C'est l'élu intéressé par la ou les questions posées qui interviendra à la réunion demandée.

Remarque : si le salarié a décidé de présenter directement sa réclamation à l'employeur, il ne pourra pas par la suite réclamer l'assistance du CSE au cours d'un entretien accordé par l'employeur.

## 3. Qui participe aux réunions ?

### 3.1 *D'un côté, l'employeur, membre de droit, préside le CSE*

Le CSE est présidé par l'employeur qui en est membre de droit (article L. 2314-1). Il ne peut pas se faire représenter par une personne extérieure à l'entreprise. La présidence du CSE peut donc être assurée :

- soit par le chef d'entreprise lui-même ;
- soit par un représentant du chef d'entreprise, qui doit nécessairement appartenir à l'entreprise (salarié chargé de la gestion du personnel, etc.).

L'employeur peut, lors des réunions, être assisté de collaborateurs, les « assistants ».

Remarque : ensemble, les assistants et le chef d'entreprise ne peuvent pas être plus nombreux que les représentants du personnel (article L. 2315-21). Par conséquent, dans les entreprises dont l'effectif est compris entre 25 et 49 salariés, l'employeur pourra être accompagné d'un collaborateur. Dans les entreprises de 11 à 24 salariés, l'employeur ne peut pas être accompagné.

L'employeur est chargé de permettre le fonctionnement du CSE et l'exercice de ses attributions légales en convoquant les membres aux réunions plénières et en répondant aux réclamations des salariés.

### 3.2 *De l'autre côté, des titulaires dont le nombre est fonction de l'effectif de l'entreprise*

Si le CSE comporte un nombre égal de titulaires et de suppléants, seuls les titulaires peuvent assister aux réunions du CSE (article L. 2314-1).

Pour rappel, le nombre de titulaires est fixé comme suit.

| Effectif de l'entreprise ou de l'établissement | Nombre d'élus |
| --- | --- |
| 11 à 24 salariés | 1 titulaire, 1 suppléant |
| 25 à 49 salariés | 2 titulaires, 2 suppléants |

# 4. L'organisation d'une réunion, étape par étape

Le code du travail prévoit des dispositions concernant le déroulement et l'organisation des réunions mensuelles.

Remarque : le code du travail n'envisage pas de règles sur le déroulement des réunions organisées à la demande du CSE.

## 4.1 *Remettre la liste des réclamations à l'employeur*

Les membres du CSE doivent établir une liste des réclamations du personnel. Une fois rédigée de manière précise et détaillée, la note écrite compilant les réclamations des salariés est transmise à l'employeur 2 jours ouvrables avant la date à laquelle les membres du CSE doivent être reçus, c'est-à-dire avant la date de la réunion du CSE (article L. 2315-22). L'employeur ne peut pas exiger un délai plus long. S'il agissait ainsi, il commettrait un délit d'entrave.

Remarque : attention, il faut veiller à transmettre la note écrite en temps et en heure, car l'employeur peut refuser de répondre à des demandes ou questions dont il a connaissance moins de 2 jours avant la date de la réunion.

## 4.2 *Le jour de la réunion*

Si aucune liste de réclamations n'a été déposée avant la réunion, l'employeur doit quand même se tenir à la disposition des représentants du personnel à l'heure et à la date prévue.

Le jour de la réunion, l'employeur doit répondre aux réclamations des élus et leur fournir des explications relatives aux questions posées.

Remarque : il s'agit là du déroulement d'une réunion mensuelle. S'il s'agit d'une réunion d'urgence organisée en cas de danger grave et imminent, les élus et l'employeur peuvent étudier les résultats de l'enquête. Cela leur permettra de tirer les conclusions de cette enquête et de réfléchir aux solutions à mettre en œuvre pour faire cesser le danger.

La réunion est l'occasion de dialoguer avec l'employeur et d'être une force de proposition. Il faut avoir réfléchi aux solutions à apporter aux réclamations des salariés pour pouvoir présenter des options à l'employeur ou des recommandations.

## 4.3 *Les réponses de l'employeur*

L'employeur répond par écrit dans les 6 jours ouvrables qui suivent la réunion. Cela permet à l'employeur de disposer d'un délai de réflexion pour répondre, de rencontrer les salariés concernés si besoin et de tenir compte des discussions qui ont eu lieu pendant la réunion.

Les demandes des représentants du personnel et les réponses motivées de l'employeur sont transcrites dans un registre spécial ou annexées à celui-ci (article L. 2315-22).

Remarque : il s'agit de la règle prévue par le code du travail en cas de réunion mensuelle. Lorsqu'il s'agit d'une réunion d'urgence, l'employeur doit donner ses réponses bien avant, afin de remédier au plus vite à la situation qui a requis l'organisation d'une réunion d'urgence.

### 4.4 *Compte rendu de la réunion*

Même si ce n'est pas obligatoire (les CSE dans les entreprises de moins de 50 salariés n'ont pas à rédiger de procès-verbal de réunion), il est important de rédiger un compte rendu de la réunion, qui permet de conserver une trace écrite des échanges au cours de la réunion et d'informer les salariés.

**Remarque :** ce compte rendu peut être affiché sur les panneaux d'affichage à disposition du CSE.

### 4.5 *Que faire en cas de consultation ?*

L'employeur est tenu de consulter le CSE sur certains sujets pendant les réunions mensuelles. Pour que les élus puissent exercer correctement leur droit à consultation, l'employeur doit respecter les règles suivantes (v. p. 63 et s.) :

- préalablement à la consultation, l'employeur doit transmettre des informations aux élus sur son projet. Ces informations doivent être transmises dans un délai raisonnable pour laisser le temps aux élus d'analyser les documents transmis ;
- la consultation doit nécessairement précéder la prise de décision de l'employeur. L'employeur doit consulter le CSE au stade du projet et non quand la décision est déjà prise.

**Remarque :** dans les entreprises de moins de 50 salariés, il n'y a pas besoin d'établir d'ordre du jour ou de procès-verbal de réunion. En cas de consultation du CSE, il est cependant important que, lorsque l'employeur convoque les élus à la réunion, il leur transmette les informations et les prévienne de la tenue d'une consultation. Il est également important que les élus dressent un compte rendu de réunion, qu'ils pourront ensuite afficher, afin d'informer les salariés du projet de l'employeur.

## 5. Avoir recours à la visioconférence

Le recours à la visioconférence pour réunir le CSE peut être autorisé par accord entre l'employeur et les membres élus du comité. En l'absence d'accord, ce recours est limité à 3 réunions par année civile (articles L. 2315-4 et D. 2315-1 et suivants).

**Remarque :** lorsque le CSE est réuni en visioconférence, le dispositif technique mis en œuvre doit garantir l'identification des membres du comité et leur participation effective, en assurant la retransmission continue et simultanée du son et de l'image des délibérations. La visioconférence ne fait pas obstacle à la tenue de suspensions de séance (article D. 2315-1).

Du point de vue du CSE, il semble préférable de négocier un accord essayant d'encadrer un minimum les conditions dans lesquelles il pourra être réuni en visioconférence. Cela pourra lui éviter de se voir imposer une visioconférence pour une importante réunion de consultation par exemple.

Lorsqu'il est procédé à un vote à bulletin secret, le dispositif de vote doit garantir que l'identité de l'électeur ne puisse à aucun moment être mise en relation avec l'expression de son vote.

Lorsque ce vote est organisé par voie électronique, le système retenu doit assurer la sécurité des données transmises pour toutes les étapes du vote et ce dernier doit être organisé de manière simultanée (article D. 2315-2).

 

## 6. Suspendre la séance

Lorsqu'une difficulté surgit en réunion, il n'est pas toujours opportun de reporter. L'urgence de la situation, le calendrier des réunions, l'obligation pour l'employeur de consulter le CSE rendent parfois impossible un tel report. D'où l'intérêt d'une suspension de séance pour :

- apaiser les esprits lorsque la tension monte trop entre les participants ;
- rechercher une information, consulter une documentation juridique indispensable à la poursuite des débats ;
- s'il y a deux élus, se concerter avant d'émettre un avis lorsque le CSE est consulté par l'employeur ;
- s'il y a un seul élu, prendre le temps de la réflexion pour émettre un avis ou chercher des informations complémentaires.

---

Remarque : l'employeur peut lui aussi avoir besoin de suspendre la séance pour vérifier ou rechercher une information par exemple. Il peut également avoir à quitter la réunion en cas d'urgence liée au fonctionnement de l'entreprise.

---

La suspension de séance peut être demandée par l'employeur ou par les membres du CSE. Une fois la séance suspendue, les membres du CSE peuvent quitter la réunion. Si c'est à ceux qui décident de la suspension de la séance d'en fixer les modalités et, notamment, la durée maximale, dans la pratique, les membres élus du CSE et le président se mettent d'accord sur ses modalités, en fonction des motifs et des besoins de suspension.

---

Remarque : les interruptions de séance sont généralement de courte durée, ce qui permet de reprendre les débats là où ils ont été suspendus (mais il n'y a aucune règle juridique en la matière).

---

A la fin de la suspension de la séance, la réunion du CSE doit reprendre normalement. La présence de l'employeur est indispensable à la reprise de la séance. Sous peine de commettre une entrave, il doit revenir. En cas d'empêchement, il pourra éventuellement se faire remplacer par un de ses collaborateurs. Celui-ci devra posséder le pouvoir nécessaire pour assurer la présidence du CSE, le remplaçant ne pouvant se borner à enregistrer les questions et les observations des élus en vue d'en référer ultérieurement au chef d'entreprise.

Chapitre 2

# Un local pour se réunir, un panneau d'affichage pour communiquer

## 1. Un local pour se réunir

### *1.1 L'employeur doit mettre à la disposition du CSE un local*

Pour que le CSE puisse exercer ses missions, l'employeur doit fournir un local au CSE (article L. 2315-20). Il est généralement fait usage du local pour :

- recevoir un ou plusieurs salariés et s'entretenir avec eux en toute confidentialité. Le local peut aussi permettre de tenir des réunions d'information du personnel ;
- préparer les listes de réclamations ;
- préparer les consultations le cas échéant.

Ce local doit être mis gratuitement à sa disposition ; l'employeur ne peut pas réclamer au CSE un loyer.

**Remarque :** l'employeur qui ne remplit pas son obligation de fournir un local peut être poursuivi pour délit d'entrave, passible d'une amende de 7 500 €.

L'employeur choisit le local qu'il attribue au CSE. Si l'employeur le souhaite, il pourra récupérer le local du CSE et lui en attribuer un autre. Il faudra bien sûr que le nouveau local soit conforme aux exigences de la loi. Le CSE ne peut pas refuser.

**Remarque :** bien que le choix du local du CSE appartienne à l'employeur, le CSE pourra refuser un local affecté à un autre usage que les missions du CSE. En effet, le local du CSE doit être autonome et ne pas interférer avec d'autres activités de l'entreprise.

**Exemple :** l'employeur ne satisfait pas à son obligation légale de fournir un local s'il met à la disposition du comité une salle de réunion que les représentants du personnel doivent quitter à la demande de l'employeur à plusieurs reprises pour laisser place à des réunions dont ils n'avaient pas été prévenus. A l'inverse, un employeur peut mettre à la disposition des membres du CSE un local situé derrière un paravent et sans porte, servant de passage à une autre pièce et à un stock dès lors que pendant certaines heures les membres du CSE sont les seuls à pouvoir l'utiliser. Dans cette affaire, l'inspecteur du travail avait visité les lieux et avait constaté que les exigences légales étaient remplies.

## 1.2 Le local doit être accessible aux membres du CSE

Les règles sont les suivantes :

- qu'ils soient titulaires ou suppléants, tous les membres du CSE doivent pouvoir accéder librement au local du CSE tant que l'entreprise est ouverte ;
- l'employeur est civilement responsable du local. A ce titre, il doit en assumer la sécurité et l'entretien. Il est donc impossible de lui en interdire l'accès. Cependant, ce droit d'accès ne doit pas aboutir à une présence constante de l'employeur, qui constituerait alors un délit d'entrave, dont la sanction est une amende de 7 500 €.

Remarque : certaines entreprises réglementent, pour des raisons de sécurité, l'accès à leurs locaux par des cartes magnétiques, des badges, des codes, etc. Dès lors qu'elles ne portent pas atteinte à la libre circulation des représentants du personnel et que le local reste accessible à tous, ces règles de sécurité sont bien sûr applicables au local du CSE.

## 1.3 L'employeur doit aménager et équiper le local du CSE

Le code du travail prévoit que l'employeur doit mettre à disposition des membres de la délégation du personnel du CSE « le local nécessaire pour leur permettre d'accomplir leur mission et, notamment, de se réunir » (article L. 2315-20). Cela implique que le local :

- doit être meublé, éclairé et chauffé. Un bureau, une table, des chaises en nombre suffisant et une armoire fermant à clef constituent le minimum auquel le CSE peut prétendre ;
- doit être conforme aux normes d'hygiène et de sécurité : aération, lumière, température, normes incendies, exposition sonore, des sanitaires à proximité, etc. ;
- doit comprendre un téléphone. La ligne téléphonique ne doit pas permettre à l'employeur d'intercepter les communications des membres du CSE ;
- doit comprendre une connexion internet, même si rien n'est précisé par le code du travail. Il est important que les membres du CSE puissent communiquer entre eux, et avec les autres salariés, par courrier électronique. Il est donc nécessaire que l'employeur fournisse une connexion internet aux membres du CSE ;
- permette l'utilisation d'une imprimante, d'un ordinateur et d'un logiciel de traitement de texte. Même si ce n'est pas prévu par le code du travail, ces outils informatiques sont nécessaires afin de pouvoir s'informer et de pouvoir assurer correctement ses missions (notamment établir la liste des réclamations).

Remarque : contrairement à une idée reçue, il n'y a pas de surface minimale à respecter. Toujours est-il que le local choisi par l'employeur doit permettre au CSE d'exercer normalement ses fonctions. Il ne peut donc pas être trop exigu. Exercer normalement ses fonctions implique de pouvoir accueillir les salariés dans de bonnes conditions, accéder au local sans contraintes excessives par rapport aux règles de sécurité de l'entreprise, tenir des permanences, organiser des réunions préparatoires avec tous les membres du CSE assis autour d'une table, etc.

# 2. Un CSE doit pouvoir communiquer

## 2.1 *Un CSE doit savoir communiquer*

Il est important que le CSE communique autour de ses actions :

- il doit notamment communiquer autour des réclamations qu'il transmet à l'employeur et des réponses obtenues de l'employeur. Ces réponses intéressent directement les salariés. Il en va de même quand le CSE est consulté ;
- il doit également partager avec les salariés les résultats des enquêtes, notamment en cas d'accident ou de maladie professionnelle. Les salariés doivent être informés des causes des accidents ou des maladies développées dans l'entreprise, pour éviter que ces accidents ne se répètent ;
- dès lors qu'il exerce son droit d'alerte, il doit expliquer aux salariés pourquoi il l'a exercé et quelles sont les atteintes justifiant l'exercice de ce droit. S'il s'agit du droit d'alerte pour danger grave et imminent, les salariés pourront également exercer leur droit de retrait.

---

**Remarque :** dans les entreprises de moins de 50 salariés, l'information circule particulièrement vite. Cependant, il faut se méfier de la communication orale. De bureau en bureau, d'atelier en atelier, l'information peut vite être déformée. De plus, on a généralement tendance à n'informer que ses collègues directs de travail et oublier les autres. Il vaut donc mieux privilégier la communication écrite.

---

## 2.2 *Utiliser les panneaux d'affichage du CSE*

### Mettre à disposition des panneaux d'affichage

Sous peine d'entrave, l'employeur doit mettre à disposition du CSE des panneaux d'affichage. Les membres du CSE peuvent faire afficher les renseignements qu'ils ont pour rôle de porter à la connaissance du personnel aux emplacements prévus et destinés aux communications syndicales. Il faut qu'il y ait des panneaux d'affichage réservés au CSE. Ils peuvent également afficher les informations qu'ils doivent transmettre aux salariés aux portes d'entrée des lieux de travail (article L. 2315-15).

Aucun texte ne réglemente les caractéristiques des panneaux réservés aux affichages du CSE. A l'employeur d'en décider. Il est recommandé d'en discuter avec les membres du CSE en réunion. Ce sera l'occasion d'aborder la question :

- du nombre de panneaux : lorsque les salariés sont répartis sur plusieurs sites de travail, la pratique montre que l'employeur accepte généralement d'installer un panneau sur chaque site. Encore faut-il trouver la personne qui se chargera d'y afficher les informations diffusées par le CSE. Pas évident lorsqu'aucun élu n'est présent sur le site de travail ;
- de l'emplacement des panneaux : à l'entrée des lieux de travail, près des ascenseurs, près de la photocopieuse, de la cafétéria, dans la salle de pause, etc. ;
- de la taille et de la nature des panneaux : panneaux avec vitre dont seuls les membres du CSE ont la clef, panneaux aimantés, etc.

---

**Remarque :** les choix sont généralement fonction de la taille de l'entreprise, de la configuration des locaux, des différents accès dans l'entreprise et du nombre de salariés. Les emplacements doivent en tout état de cause être choisis de manière à ce que les informations puissent être lues par le plus grand nombre.

---

## Quel contenu afficher ?

Les panneaux d'affichage doivent être utilisés conformément à l'objet du CSE. En pratique, les panneaux peuvent servir :

- à faire connaître aux salariés le rôle d'un CSE. Il est très important de montrer aux salariés que le CSE est un relais utile pour transmettre les réclamations des salariés ;
- à l'affichage des comptes rendus des réunions du CSE. Le CSE peut afficher les réclamations transmises et les réponses de l'employeur ainsi que les comptes rendus de réunions de consultation en respectant le cas échéant l'obligation de discrétion ;
- à faire apparaître certaines dispositions du droit du travail, qui ont pu faire l'objet de réclamations ou propres à l'activité de l'entreprise ;
- à l'affichage de bonnes pratiques en matière de santé et sécurité au travail, etc.

---

**Remarque :** en tout état de cause, les communications du comité doivent se limiter à ses attributions et ne doivent pas revêtir un caractère polémique ou de nature à troubler l'ordre de l'entreprise.

---

## L'employeur ne peut pas préalablement contrôler le contenu affiché

Le CSE est libre, il n'a pas l'obligation de communiquer préalablement à la direction les informations et documents qu'il souhaite afficher. Il en résulte que l'employeur ne peut pas de sa propre initiative retirer un affichage effectué par le CSE. Il ne peut qu'agir *a posteriori* en saisissant le tribunal judiciaire pour demander l'enlèvement des affiches litigieuses et, éventuellement, demander des dommages-intérêts si le contenu de cet affichage lui a causé un préjudice.

---

**Remarque :** l'employeur qui retire un affichage sans y avoir été autorisé par une décision de justice peut être poursuivi pour délit d'entrave.

---

Il faut cependant noter que le CSE doit respecter la législation relative à la presse, à savoir l'interdiction des injures et diffamations publiques. Un affichage abusif pourrait donner lieu à une sanction disciplinaire à l'encontre de l'auteur des propos affichés pouvant aller jusqu'au licenciement, voire à des poursuites en dommages et intérêts, notamment en cas d'affichage injurieux pour l'employeur.

Le CSE doit également respecter l'obligation de discrétion.

### 2.3 *Communiquer par e-mail*

Pour communiquer correctement avec les salariés, il peut être utile de créer une adresse e-mail propre au CSE. Cela permet de diffuser plus facilement les informations, notamment si tous les salariés ne travaillent pas au même endroit. Le CSE peut, par exemple :

- envoyer un e-mail à l'ensemble des salariés pour leur transmettre un compte rendu des réunions ;
- mettre à la disposition des salariés une adresse e-mail pour leur permettre de faire remonter leurs réclamations à soumettre à la direction ;

---

**Remarque :** si l'entreprise dispose d'un intranet, l'employeur peut autoriser le CSE à occuper une partie de l'intranet. Sans l'accord de l'employeur, les salariés ne peuvent pas le faire.

---

Attention, légalement, l'employeur peut strictement s'en tenir à son obligation de mettre à la disposition du CSE un local et des panneaux d'affichage. Il n'est pas tenu de laisser les membres du comité utiliser la messagerie de l'entreprise pour diffuser des informations aux salariés. La messagerie professionnelle est la propriété de l'entreprise. Le CSE ne peut donc pas l'utiliser pour envoyer des e-mails aux salariés sans l'accord de l'employeur.

Pour communiquer directement avec les salariés *via* les messageries professionnelles, le CSE ne doit pas hésiter à négocier, d'autant plus que cela ne représente pas des frais très importants pour l'employeur.

**Remarque :** il existe des secteurs d'activité où l'outil informatique ne constitue pas un outil de travail quotidien. Il apparaît alors peu pertinent de communiquer par e-mail ; il vaut mieux privilégier les panneaux d'affichage et négocier avec l'employeur pour avoir davantage de panneaux afin d'informer tous les salariés.

## 2.4 *Attention à bien respecter l'obligation de discrétion et de secret professionnel*

Afin de protéger l'entreprise contre toute fuite d'informations stratégiques, le code du travail prévoit que tous les membres du CSE sont soumis à une obligation de discrétion à l'égard des informations que l'employeur a présentées comme confidentielles (article L. 2315-3 du code du travail).

**Remarque :** il est impossible de tout considérer comme confidentiel. Pour que l'employeur puisse interdire au CSE de diffuser une information, celle-ci doit présenter un caractère objectivement confidentiel. C'est le cas lorsqu'elle n'est pas déjà connue du public ou du personnel ou que sa divulgation pourrait nuire aux intérêts de l'entreprise.

L'employeur doit préciser quelles informations sont confidentielles. A défaut, le CSE n'a pas à respecter cette obligation.

En cas de violation de l'obligation de discrétion, cela pourra justifier une sanction disciplinaire contre le représentant du personnel et des poursuites en justice permettant à l'entreprise de demander des dommages-intérêts en réparation du préjudice subi. Il faut donc faire preuve de prudence.

Il existe aussi une obligation de secret professionnel. Elle est limitée aux questions relatives aux procédés de fabrication. Cette obligation joue automatiquement sans que l'employeur ait à la signaler aux élus. Il faut être prudent, car sa violation peut faire l'objet de poursuites pénales pour délit de révélation d'une information à caractère secret (article 226-13 du code pénal). Sans oublier le probable licenciement pour faute grave, voire faute lourde s'il y a eu intention de nuire à l'entreprise.

**Remarque :** les dispositions de la loi sur le secret des affaires viennent ajouter des contraintes. L'employeur ne peut pas reprocher aux salariés d'avoir divulgué des informations couvertes par le secret des affaires au CSE, si cela a un intérêt pour le bon exercice de ses missions, comme le droit d'alerte. Les représentants du personnel ne peuvent cependant pas divulguer ces informations à des personnes extérieures à l'entreprise (journalistes, concurrents, etc.) sous peine de se voir condamnés à verser des dommages-intérêts. Il en va de même pour les informations obtenues dans le cadre des missions d'information/consultation (article 151-9 du code de commerce).

 

Chapitre 3

# Des heures de délégation pour exercer le mandat sur le temps de travail

## 1. Qui bénéficie du crédit d'heures ?

### *1.1 Tous les titulaires bénéficient de 10 heures de délégation par mois*

Pour pouvoir exercer son mandat pendant son temps de travail, le représentant du personnel a besoin de temps. D'où l'obligation pour l'employeur de lui accorder ce que l'on appelle des heures de délégation. On parle aussi de crédit d'heures.

Remarque : le crédit d'heures ou les heures de délégation désignent le temps dont bénéficient les élus du CSE pour exercer leurs missions sur le temps de travail. En d'autres termes, si un élu qui travaille de 9 heures à 17 heures décide de prendre une heure de délégation pour établir la liste des réclamations, il peut la prendre sur son temps de travail et il n'aura pas à travailler une heure supplémentaire pour récupérer l'heure pendant laquelle il n'aura pas effectué ses activités de salarié.

Chaque élu titulaire du CSE dispose de 10 heures de délégation (articles L. 2315-7 et R. 2314-1 du code du travail).

Remarque : légalement, les suppléants n'ont pas de crédit d'heures. Toutefois, un accord ou un usage d'entreprise peut prévoir un régime plus favorable et leur octroyer des heures de délégation. Si un tel usage existe, les représentants du personnel peuvent s'en prévaloir tant qu'il n'a pas été dénoncé par l'employeur. Aucune faute de nature à justifier leur licenciement ne pourra leur être reprochée.

Les représentants du personnel travaillant à temps partiel bénéficient du même nombre d'heures. Mais attention, leur temps de travail mensuel ne peut pas être réduit de plus d'un tiers par l'utilisation des heures de délégation. Le solde doit être pris en dehors de l'horaire de travail (article L. 3123-14).

Qu'en est-il pour les élus en forfait jours sur l'année ? D'après le code du travail, les heures de délégation doivent être regroupées en demi-journées qui viennent en déduction du nombre annuel de jours devant être travaillés fixé dans la convention de forfait. Une demi-journée correspond à 4 heures de délégation (article R. 2315-3). Lorsque le crédit d'heures ou la fraction du crédit d'heures restant est inférieur à 4 heures, l'élu dispose d'une demi-journée qui vient en déduction du nombre annuel de jours travaillés fixé dans la convention individuelle du salarié.

### *1.2 Le titulaire du CSE peut donner une partie de ses heures à un autre titulaire ou à un suppléant*

Les titulaires du CSE peuvent, chaque mois, répartir entre eux et avec les membres suppléants le crédit d'heures de délégation dont ils disposent (articles L. 2315-9 et R. 2315-6). Selon nous, rien n'interdit à un même titulaire de partager ses heures de délégation avec plusieurs membres (titulaires et suppléants) du CSE.

Un tel partage ne peut pas conduire un élu à disposer, dans le mois, de plus d'une fois et demie le crédit d'heures de délégation dont bénéficie un membre titulaire. Si les titulaires bénéficient de 10 heures de délégation (le minimum légal), un élu ne pourra pas disposer de plus de 15 heures de délégation par mois par le biais de cette répartition.

Les élus doivent informer l'employeur du nombre d'heures réparties au titre de chaque mois au plus tard 8 jours avant la date prévue pour leur utilisation. Cette information se fait par un document écrit précisant leur identité ainsi que le nombre d'heures mutualisées pour chacun d'eux. L'envoi d'un e-mail peut suffire.

## 2. Même s'il est mensuel, le crédit d'heures peut être utilisé cumulativement dans la limite de 12 mois, l'élu peut donc reporter des heures

Dû pour le mois entier, le crédit d'heures ne peut être réduit :

- en fonction des heures non travaillées au cours du mois, par exemple en raison des congés payés ;
- en cas d'élection du CSE en cours de mois.

**Remarque :** un membre du comité réélu en cours de mois ne peut pas prétendre à un second crédit d'heures pour le mois de sa réélection.

Cependant, d'après le code du travail, le représentant du personnel a le droit d'utiliser son crédit d'heures « cumulativement dans la limite de 12 mois » (articles L. 2315-8 et R. 2315-5). Il peut donc reporter ses heures non utilisées sur le ou les mois suivants. Par exemple, cela pourra permettre à un élu de consacrer plus de temps à son mandat lors d'un important dossier.

Il y a deux conditions à respecter :

- cette possibilité ne peut pas conduire un élu à disposer dans le mois de plus d'une fois et demie le crédit d'heures dont il bénéficie habituellement. Par exemple, si les titulaires bénéficient de 10 heures de délégation (le minimum légal), un élu ne pourra pas disposer de plus de 15 heures de délégation par mois par le biais de cette répartition ;
- pour l'utilisation des heures ainsi cumulées, le représentant doit informer l'employeur au plus tard 8 jours avant la date prévue de leur utilisation.

# 3. Temps de travail, charge de travail : à l'employeur de prévoir ce qu'il faut pour que le représentant du personnel puisse exercer son mandat

Il est important que l'employeur prévoie des aménagements au profit du salarié en termes de charge de travail, d'objectifs professionnels, de temps de travail et d'organisation du travail. En effet, bien qu'il bénéficie d'heures de délégation et que les temps de réunion sont payés comme du temps de travail effectif, l'élu ne peut pas être soumis à la même charge de travail qu'un salarié non élu.

L'employeur doit donc prendre en compte le fait qu'un représentant du personnel a un mandat et qu'il ne peut pas travailler autant et dans les mêmes conditions qu'un salarié ordinaire. Sous peine de commettre un délit d'entrave, il doit lui aménager ses horaires de travail (Cass. crim., 5 nov. 2013, n° 12-84.862). Il doit également adapter ses objectifs professionnels en fonction des seules heures consacrées à l'exécution de ses obligations contractuelles (Cass. soc., 6 juill. 2010, n° 09-41.354).

L'entretien de début de mandat (v. p. 156) est l'occasion de discuter avec l'employeur de ces aménagements de poste.

# 4. Comment utiliser les heures de délégation ?

## *4.1 Les heures de délégation doivent être utilisées pour des missions du CSE*

Les heures de délégation doivent être utilisées conformément à l'objet du mandat dont est investi chaque membre du CSE. Ainsi, le représentant du personnel pourra en faire usage pour :

- collecter auprès des salariés les réclamations, les faire remonter en réunion à la direction, rechercher des informations en droit du travail, tenir des permanences et recevoir les salariés, suivre des formations en droit du travail, se rendre à un rendez-vous avec l'inspection du travail, etc. ;
- étudier les projets soumis à consultation du CSE ;
- rechercher des informations en matière de santé/sécurité au travail, étudier le document unique d'évaluation des risques professionnels, rencontrer le médecin du travail, etc.

**Exemple :** il a été jugé qu'un membre du CSE pouvait faire usage de son crédit d'heures pour mener à bien devant les prud'hommes un droit d'alerte en raison d'une discrimination dont il estimait faire l'objet ou pour assurer sa propre défense à l'occasion d'un litige devant les prud'hommes relatif à l'utilisation des heures de délégation.

A l'inverse, les élus ne peuvent pas, sur leurs heures de délégation :

- participer à une « exposition économique » organisée par deux syndicats ou à une animation d'une exposition « Osez la paix » ;
- assister un collègue de travail devant le conseil de prud'hommes dans le cadre d'un procès contre l'employeur.

## *4.2 Les heures de délégation servent également à s'informer et à se former*

La règle veut que le temps passé par un représentant du personnel à son information personnelle ne peut être pris sur le temps de délégation que si l'information se rattache directement à une difficulté particulière à l'entreprise. Les membres du CSE peuvent en conséquence utiliser leurs heures de délégation pour suivre des formations se rapportant aux différents domaines de compétence du CSE : santé et sécurité, réforme du droit du travail, technique de l'arbre des causes, etc.

## *4.3 Les temps passés en réunion sont des heures de délégation ou du temps de travail ?*

### Le temps passé en réunion du CSE, c'est du temps de travail effectif

Le temps passé par les élus titulaires aux réunions du CSE doit être rémunéré comme du temps de travail, sans pouvoir être déduit des crédits d'heures mensuels (articles L. 2315-11 et L. 2315-12). Les suppléants dont la présence en réunion est justifiée par l'absence d'un titulaire doivent également bénéficier de ce maintien de salaire.

Remarque : peu importe qu'il s'agisse d'une réunion mensuelle du CSE ou d'une réunion demandée par le CSE. Dans toutes ces situations, l'employeur doit rémunérer le temps passé en réunion comme du temps de travail effectif, sans qu'il soit possible de le déduire du crédit d'heures.

Les réunions qui ont lieu partiellement ou totalement en dehors de l'horaire habituel de travail ou au-delà de celui-ci peuvent aboutir à la comptabilisation d'heures supplémentaires :

- un élu qui travaille exclusivement la nuit doit être rémunéré en heures supplémentaires pour le temps passé pendant la journée aux réunions du comité. *Idem* pour un élu qui a travaillé dans l'équipe du matin, alors que la réunion a lieu l'après-midi ;
- un élu qui travaille à temps partiel doit être rémunéré en heures complémentaires lorsque la réunion a eu lieu en dehors de son horaire habituel de travail.

### Le temps passé par les membres du CSE en réunion préparatoire est imputé sur le crédit d'heures

L'employeur n'a aucune obligation de rémunérer le temps passé par les membres du CSE en réunion préparatoire. Les élus titulaires doivent donc utiliser leur crédit d'heures mensuel. Les suppléants ne pourront y participer sur leur temps de travail que si des heures de délégation leur ont été données par un titulaire.

Remarque : il est également possible d'organiser ces réunions préparatoires pendant l'heure du déjeuner, pour permettre à tous d'y participer.

## *4.4 Enquête, recherche de mesures préventives, formation des élus, négociation, l'employeur ne peut pas tout imputer sur le crédit d'heures*

L'employeur ne peut pas déduire du crédit d'heures et doit rémunérer comme temps de travail effectif le temps passé (article L. 2315-11) :

- aux enquêtes menées après un accident grave ou des incidents répétés ayant révélé un risque grave ou une maladie professionnelle ou à caractère grave ;

- à la recherche par les représentants du personnel de mesures préventives dans toute situation d'urgence, notamment lors de la mise en œuvre de la procédure d'alerte en cas de situation dangereuse.

**Remarque :** le temps consacré à la formation santé et sécurité au profit des membres du CSE n'est pas déduit des heures de délégation. Il est pris sur le temps de travail et est rémunéré comme tel (article L. 2315-16). De même, le temps passé aux négociations par les membres du CSE n'est pas déduit des heures de délégation. Chaque élu participant à la négociation a droit à un crédit d'heures spécifique de 10 heures maximum par mois (article L. 2232-27).

## 5. Et si le représentant du personnel a besoin de plus de temps ?

### 5.1 *Invoquer des circonstances exceptionnelles pour bénéficier d'heures de délégation supplémentaires*

Avant la création du CSE, le code du travail prévoyait que le crédit d'heures dont bénéficiaient les représentants du personnel pouvait être dépassé en cas de circonstances exceptionnelles. Au fil du temps, la jurisprudence a été amenée à définir et à illustrer cette notion de circonstances exceptionnelles et à préciser les règles de rémunération des heures de délégation prises au-delà du crédit mensuel. Ces jurisprudences conservent tout leur intérêt pour le CSE.

Selon le code du travail, le nombre d'heures de délégation dont bénéficie chaque élu titulaire du CSE peut être augmenté en cas de circonstances exceptionnelles (article R. 2314-1). Concrètement, le représentant du personnel qui a exceptionnellement besoin de plus de temps pour exercer son mandat ne se pose pas forcément la question de savoir s'il peut ou non aller au-delà du nombre d'heures légal. Il prend le temps dont il a besoin et ce n'est qu'au moment du paiement des heures de délégation qu'il devra, si l'employeur le lui demande, justifier de l'existence de circonstances exceptionnelles.

### 5.2 *Qu'entend-on par circonstances exceptionnelles ?*

Pour que des circonstances exceptionnelles soient reconnues, il faut un événement à la fois important et inhabituel :

- le caractère important est attesté par l'intérêt qu'il présente pour l'entreprise ainsi que la fréquence et/ou la durée des démarches et des interventions effectuées ;
- le caractère inhabituel est attesté par un surcroît d'activité débordant le cadre des tâches habituelles du représentant du personnel, mais entrant dans le cadre de ses compétences.

**Remarque :** la circonstance exceptionnelle peut résulter d'une situation imprévisible, caractérisée par sa soudaineté et l'urgence des mesures à prendre, mais il peut aussi s'agir d'un événement connu et annoncé par l'entreprise de longue date.

Correspondent à des circonstances exceptionnelles les situations suivantes :
- la survenance d'accidents du travail ayant nécessité des enquêtes et l'établissement de compte rendu par un membre (les heures passées à l'enquête pour accident grave ne sont pas prises sur le crédit d'heures) ;
- le déclenchement par un membre du CSE du droit d'alerte en raison de la survenance d'un danger grave et imminent ;
- une consultation sur un projet touchant l'entreprise comme un licenciement économique par exemple ;
- le déclenchement du droit d'alerte par un membre du CSE peut justifier un dépassement pour circonstances exceptionnelles.

### 5.3 *Que se passe-t-il en cas de dépassement injustifié ?*

Lorsqu'il prend des heures de délégation au-delà de son crédit mensuel, le représentant du personnel doit savoir que l'employeur pourra lui demander, avant de les lui payer, de justifier l'existence des circonstances exceptionnelles et de prouver que les heures ainsi prises ont bien été utilisées en conformité avec l'objet de son mandat.

Si le dépassement n'est pas justifié, la rémunération des heures correspondantes n'est pas due par l'employeur, lequel peut alors opérer une retenue sur le salaire habituel. Cette retenue peut être effectuée ultérieurement, si les heures ont été payées.

---

**Remarque :** des dépassements répétés et injustifiés peuvent justifier une sanction disciplinaire pouvant aller jusqu'au licenciement.

---

## 6. Pas d'autorisation préalable de l'employeur pour partir en délégation

### 6.1 *Les membres du CSE peuvent partir en délégation lorsqu'ils le souhaitent*

Les membres du CSE sont libres de partir en délégation quand bon leur semble. L'employeur ne peut apporter aucune restriction à cette liberté d'utilisation.

---

**Exemple :** l'employeur ne peut pas imposer aux membres du CSE de prendre la totalité de leurs heures de délégation au cours de 3 à 4 jours maximum par mois.

---

Sous peine de commettre un délit d'entrave, l'employeur ne peut pas :
- subordonner l'utilisation du crédit d'heures à une autorisation préalable qui le ferait juge des conditions d'exercice du mandat ;
- exercer un contrôle *a priori* sur l'emploi du temps du représentant du personnel et sur l'usage prévu des heures de délégation ;
- contraindre le représentant du personnel à lui rendre compte de son activité en délégation.

Ce n'est que s'il a l'intention de contester l'usage qui a été fait du crédit d'heures que l'employeur peut demander au salarié des précisions sur ses activités exercées pendant la délégation.

 

C'est également le représentant du personnel qui apprécie le nombre d'heures dont il a besoin. Rien ne l'oblige à prendre une heure de délégation au minimum, car il peut prendre des fractions d'heures.

**Remarque :** attention, il existe une règle pour les représentants du personnel travaillant à temps partiel permettant d'éviter que leur temps de travail soit trop réduit du fait de l'utilisation d'heures de délégation. Le temps de travail mensuel du salarié ne peut pas être réduit de plus d'un tiers par l'utilisation des heures de délégation. Le solde doit donc être pris en dehors de l'horaire de travail (article L. 3123-14).

**Exemple :** si un élu a un contrat de 21 heures par mois et qu'il dispose de 10 heures de délégation, il pourra prendre 7 heures de délégation sur son temps de travail. Les 3 heures restantes devront être prises en dehors du temps de travail.

## 6.2 *L'employeur a en revanche le droit d'être informé du départ en délégation du représentant du personnel*

### Informer l'employeur avant son départ

En soi, il n'est pas anormal d'informer l'employeur quand l'élu quitte son poste de travail pour exercer son mandat. Afin d'assurer la bonne marche de l'entreprise et de comptabiliser les heures de délégation utilisées, l'employeur peut exiger que le représentant du personnel l'informe avant de s'absenter de son poste de travail. En revanche, il ne peut demander au salarié de préciser le lieu exact et l'objet de son départ en délégation. Tout au plus, pour des raisons de sécurité, peut-il demander s'il s'agit d'un déplacement à l'extérieur de l'entreprise.

Plusieurs systèmes peuvent être utilisés pour informer l'employeur : avertissement du supérieur hiérarchique au début et à la fin du temps passé à l'exercice des missions, utilisation d'un badge, recours à un registre écrit ou à des bons de délégation, etc. Dans la pratique, les modalités de cette information doivent être déterminées en concertation avec les représentants du personnel.

### Le système du bon de délégation

Le bon de délégation est un formulaire remis à l'employeur que le représentant du personnel utilise chaque fois qu'il entend faire usage de son crédit d'heures. Généralement, les bons de délégation comportent :

- le nom du représentant du personnel ;
- le mandat au titre duquel les heures de délégation sont prises ;
- la date et l'heure de départ.

**Remarque :** l'heure de retour est ajoutée en fin de délégation. Toutefois, les pratiques peuvent varier : indication du temps de délégation prévu, avec heure de retour envisagée par exemple. Il doit être possible de modifier au retour pour décompter les heures prises au plus juste.

Il peut également être indiqué si l'exercice du mandat se déroule à l'intérieur ou à l'extérieur de l'entreprise. L'activité du représentant du personnel n'a pas à être mentionnée. Le refus du salarié d'utiliser le bon de délégation constitue une faute passible d'une sanction disciplinaire.

### Respecter un délai de prévenance

L'employeur peut également demander au représentant du personnel de respecter un délai de prévenance avant d'utiliser son crédit d'heures. Le délai de prévenance, en général très court, varie selon le poste occupé et la nature du travail. Il peut même être pratiquement nul, le salarié avertissant son supérieur hiérarchique, sans que ce dernier ait à en référer au chef d'entreprise.

**Remarque :** lorsqu'un élu souhaite bénéficier d'heures reportées ou partagées, il doit prévenir l'employeur 8 jours avant la prise effective de ces heures.

### Que faire si le poste occupé par l'élu ne lui permet pas de s'absenter ?

Il faut trouver une solution lorsque le poste occupé par le représentant du personnel ne lui permet pas de s'absenter de son poste. Si le membre du CSE est affecté à un poste de surveillance qu'il ne peut absolument pas quitter, l'employeur devra prévoir un remplacement pour permettre au membre du CSE d'exercer son mandat correctement.

# 7. Des heures de délégation payées comme temps de travail effectif

## *7.1 Les heures de délégation sont assimilées à du temps de travail effectif, elles sont payées à la fin du mois*

Les heures de délégation sont de plein droit considérées comme temps de travail et payées à l'échéance normale (article L. 2315-10). On présume qu'elles ont été utilisées conformément à l'objet du mandat, l'employeur a donc l'obligation de les payer avant de soulever la moindre contestation.

**Remarque :** d'après la jurisprudence, cette présomption s'applique seulement au crédit d'heures légal, même s'il est utilisé en dehors du temps de travail ou pendant une période de suspension du contrat. Les heures de délégation prises pour circonstances exceptionnelles peuvent être contestées par l'employeur avant d'être payées.

Un refus de l'employeur de payer des heures de délégation constitue un trouble manifestement illicite, ce qui signifie que le représentant du personnel peut en obtenir le paiement en saisissant le conseil de prud'hommes en référé. S'il est dans une logique de départ, il peut prendre acte de la rupture de son contrat de travail aux torts de son employeur. Sur le plan pénal, il y a entrave.

**Remarque :** les heures de délégation sont du salaire. Donc, toute action en paiement d'heures de délégation accomplies se prescrit par trois ans, comme en matière de rémunération.

## 7.2 *Le représentant du personnel doit percevoir le même salaire que s'il avait travaillé*

Le représentant du personnel ne doit subir aucune perte de salaire du fait de l'exercice de son mandat. Il doit être rémunéré comme les autres salariés sur la base de l'horaire collectif. L'employeur doit tenir compte du salaire habituel et de tous les compléments de salaire, à l'exclusion des remboursements de frais professionnels.

**Exemple :** l'employeur devra verser une prime de douche, même si les contraintes justifiant son octroi disparaissent pendant les heures de délégation, une prime d'habillage, une indemnité de repas, une prime de panier, des indemnités de trajet, etc.

Lorsque les heures de délégation sont prises en dehors de l'horaire de travail en raison des « nécessités du mandat », l'employeur doit les payer comme heures supplémentaires. Ce sera par exemple le cas pour un salarié travaillant de nuit qui ne peut être en délégation qu'en journée, ou encore d'un élu travaillant de jour qui a besoin d'aller voir des salariés travaillant de nuit.

**Remarque :** à noter que l'employeur a la possibilité de remplacer la rémunération des heures supplémentaires par un repos compensateur de remplacement (Cass. soc., 9 oct. 2012, n° 11-23.167). En outre, lorsqu'un représentant du personnel utilise des heures de délégation sur le temps de repos compensateur dont il bénéficie en contrepartie d'heures supplémentaires, il ne peut pas prétendre au paiement de ces heures de délégation, mais seulement à un report de son temps de repos (Cass. soc., 23 mai 2017, n° 15-25.250).

Si le représentant du personnel travaille à temps partiel, il aura droit au paiement d'heures complémentaires.

**Remarque :** à l'élu de prouver qu'il n'a pas pu faire autrement. Il ne peut par exemple se contenter d'invoquer l'organisation du travail en 3 x 8, laquelle n'établit pas en soi la nécessité de prendre les heures de délégation en dehors de l'horaire normal de travail.

## 7.3 *Les heures de délégation ne doivent pas apparaître sur le bulletin de paie des membres du CSE*

Le bulletin de paie ne doit contenir aucune mention relative à l'activité de représentation du salarié (article R. 3243-4). Il ne doit faire apparaître aucune distinction entre les heures travaillées et les heures de délégation. Si cela se produit, le représentant du personnel est en droit de demander le retrait de la mention illicite.

**Exemple :** il n'est pas possible de comptabiliser les heures de délégation sous une rubrique « heures assimilées », « heures travaillées II » ou « heures de présence », distincte de la rubrique « heures travaillées ».

L'employeur doit en revanche fournir une fiche annexe au bulletin de paie, mentionnant la nature et le montant de la rémunération de l'activité de représentation. Il doit y indiquer :

- le nombre d'heures de délégation utilisées et le mandat auquel elles se rapportent. Les précisions peuvent varier en fonction des habitudes de l'entreprise. On peut se contenter de la mention « crédit d'heures légal » ou établir un récapitulatif précis des heures prises ;
- « la rémunération correspondante ». Lorsque les heures sont prises dans l'horaire de travail, la mention « maintien de salaire » suffit. Pour celles qui sont utilisées en dehors, le montant de la rubrique « autres heures » du bulletin de paie doit être reporté sur la fiche annexe.

---

**Remarque :** cette fiche reste obligatoire même si, par « consensus » entre l'employeur et les représentants du personnel, aucun contrôle n'est exercé sur les heures de délégation. Elle n'a pas à être signée par le salarié.

---

## 8. L'employeur peut contester l'usage qui a été fait des heures de délégation

L'employeur peut avoir un doute sur l'usage que fait le représentant du personnel de ses heures de délégation et souhaiter vérifier que ces heures ont été utilisées conformément à l'objet du mandat. Rien ne lui interdit de le faire, mais avant toute contestation, il doit payer les heures en question.

Ensuite, si l'employeur lui demande, le membre du CSE devra lui faire connaître les activités exercées pendant la délégation. Il doit obligatoirement répondre.

---

**Remarque :** la réponse n'a pas besoin d'être très précise, elle peut notamment consister en une liste des activités exercées.

---

Si les réponses ne satisfont pas l'employeur, ou sont insuffisantes, l'employeur peut saisir le conseil de prud'hommes pour se faire rembourser les heures indûment rémunérées. Attention, en cas de contestation abusive de la part de l'employeur, le salarié peut réclamer une indemnisation.

Chapitre 4

# La liberté de déplacement des membres du CSE

## 1. Le droit de se déplacer librement dans l'entreprise

Sortir de l'entreprise pour suivre une formation, rencontrer les salariés en situation de travail, se rendre sur un autre site de travail, constater un problème de sécurité..., les représentants du personnel ont besoin de circuler dans l'entreprise et de se déplacer à l'extérieur. Le code du travail leur en donne le droit (article L. 2315-14 du code du travail).

### *1.1 Pour pouvoir exercer son mandat, il faut pouvoir circuler dans l'entreprise*

#### Les élus peuvent se déplacer dans toute l'entreprise

Les élus peuvent circuler librement dans l'entreprise et rencontrer toutes les personnes qu'ils souhaitent afin d'exercer leur mission. Cette liberté de circulation ne doit cependant pas empêcher les salariés de travailler (article L. 2315-14).

Remarque : les membres du CSE sont libres de circuler dans l'entreprise tant durant leurs heures de délégation qu'en dehors des heures habituelles de travail. De fait, seuls les élus pouvant prendre des heures de délégation seront en mesure de circuler dans l'entreprise pendant leur temps de travail. Un suppléant du CSE ne bénéficiant pas d'heures de délégation (soit partagées par un membre titulaire, soit en vertu d'un accord ou d'un usage) et qui s'absente de son poste de travail pour prendre des contacts avec les salariés ou pour exercer son mandat à l'extérieur de l'entreprise sans y avoir été autorisé par l'employeur pourrait faire l'objet d'une sanction disciplinaire.

La liberté de circulation s'étend à tous les lieux de travail sur lesquels sont occupés les salariés, y compris lorsqu'il s'agit de lieu de travail où ne travaille pas le membre élu. Sous peine de se voir condamné pour délit d'entrave, l'employeur ne peut pas la restreindre, à moins qu'il démontre qu'il y a un impératif de sécurité ou que cela empêche les salariés de travailler correctement.

**Remarque :** l'employeur n'est pas en droit d'exercer un contrôle sur les modalités de déplacement ni d'interdire l'accès à certains locaux de travail. Si le port d'équipements de protection individuelle est nécessaire dans certaines zones ou certains chantiers de l'entreprise, c'est à lui de les fournir.

Un problème se pose parfois dans les entreprises où, pour des raisons de sécurité ou de confidentialité, l'entrée dans certains ateliers ou services est réservée aux seuls salariés qui y travaillent ou à certaines personnes expressément habilitées. Il incombe alors à l'employeur de fixer, en concertation avec les membres du CSE, les conditions du libre accès de ceux-ci à ces parties de l'entreprise. Il a été jugé à cet égard :

- que le principe de la libre circulation des élus n'interdit pas à l'employeur, responsable de la sécurité, d'exiger de ceux qui y circulent la justification de leur qualité ;

**Exemple :** l'employeur peut prévoir que les élus devront conserver leurs bons de délégation pendant leurs déplacements, pour être utilisés comme titres de circulation et présentés éventuellement au service de surveillance.

- que l'employeur ne peut pas mettre en place un système d'autorisation préalable tellement compliqué qu'il neutralise complètement la libre circulation dans l'entreprise.

## Se déplacer oui, mais pour faire quoi ?

Les élus peuvent prendre tous les contacts nécessaires à l'accomplissement de leur mission auprès d'un salarié à son poste de travail, sous réserve de ne pas apporter de gêne importante à l'accomplissement du travail. La nature de l'activité du salarié ne peut pas être invoquée pour interdire tout entretien, si bref soit-il.

**Exemple :** les élus peuvent remettre aux salariés, pendant le temps de travail, des comptes rendus des réunions mensuelles ou des documents destinés à recueillir leurs avis et suggestions, dès lors qu'ils n'occasionnent pas de trouble ou de perturbation au travail.

## Tant que l'entreprise est ouverte, l'élu peut s'y déplacer

Les élus peuvent librement circuler dans l'entreprise durant la totalité des heures ouvrables en dehors de leurs heures de travail, ce qui leur permettra notamment d'avoir des contacts avec les autres salariés ayant des horaires de travail différents. Il a été jugé qu'un élu d'une entreprise ouverte 24 heures sur 24 devait pouvoir accéder aux locaux la nuit. Sous peine d'entrave, l'employeur ne peut en effet restreindre la liberté de déplacement des élus qu'en raison d'impératifs de sécurité ou de la gêne importante à l'accomplissement du travail des salariés.

### 1.2 *Pour pouvoir exercer son mandat, il faut pouvoir se déplacer à l'extérieur de l'entreprise*

Les membres du CSE sont libres de se déplacer à l'extérieur de l'entreprise. Pas question de les obliger à remplir un ordre de mission portant la mention « accordé » ou « refusé ». Les déplacements à l'extérieur de l'entreprise doivent bien évidemment être motivés par une activité entrant dans le cadre de la mission du CSE.

---

Remarque : la prise de contact avec des salariés travaillant hors de l'entreprise peut être problématique lorsque ces salariés sont détachés auprès d'une entreprise extérieure. Sur le plan juridique, rien n'oblige cette entreprise tierce à accepter que des représentants du personnel d'une autre société pénètrent dans ses locaux pour rencontrer les travailleurs mis à sa disposition. Ainsi, les membres du CSE ne peuvent pas reprocher à leur employeur de n'avoir pu se rendre dans les locaux d'une autre société où sont employés des salariés détachés de la première société, dès lors que le refus émane de l'entreprise tierce. La solution consisterait à permettre aux salariés détachés de revenir temporairement dans leur entreprise pour pouvoir rencontrer les représentants du personnel.

---

Le déplacement hors de l'entreprise peut être fait durant les heures de délégation, notamment pour aller voir l'inspecteur du travail ou prendre contact avec le médecin du travail.

---

Remarque : à noter que le temps de trajet, pris pendant l'horaire normal de travail en exécution de ses fonctions représentatives, s'impute sur les heures de délégation.

---

## 2. L'employeur doit prendre en charge certains frais de déplacement des élus

### 2.1 *Les frais de déplacement pour se rendre à une réunion*

Malgré l'absence de toute disposition légale en ce sens, les juges considèrent d'une manière générale que les frais de déplacement engagés par un représentant du personnel pour se rendre aux réunions du CSE sont à la charge de l'employeur. Un refus de rembourser les frais de déplacement constituerait un délit d'entrave.

Sur un plan strictement juridique, rien n'oblige l'employeur à faire l'avance des frais ou à prendre directement en charge les dépenses engagées par les représentants du personnel. Il peut demander aux élus de faire l'avance des frais, et rembourser ensuite, contre un justificatif des frais de déplacement.

---

Remarque : cela peut poser un vrai problème pour certains salariés, il ne faudrait pas que cela les dissuade d'effectuer le déplacement. Il peut donc être important d'évoquer le problème en réunion et de demander à la direction de prévoir une avance des frais ou une prise en charge directe des dépenses.

---

## 2.2 *Dans toutes les autres situations, l'employeur ne prend pas en charge, sauf accord ou usage*

### Frais de déplacement pendant les heures de délégation

Les frais engagés par les membres du comité lors de leurs déplacements hors de l'entreprise durant leurs heures de délégation n'ont pas à être pris en charge par l'employeur.

**Exemple :** tel est notamment le cas des frais exposés pour se rendre à des réunions non présidées par l'employeur : réunions officieuses, réunions préparatoires du comité, etc.

Dans ces situations, si l'employeur ne souhaite pas prendre en charge, c'est aux élus de financer leur déplacement, car le CSE dans les entreprises de moins de 50 salariés ne dispose pas de budget.

**Remarque :** bien entendu, si l'employeur et le CSE se mettent d'accord, rien n'interdit à l'employeur de prendre en charge de tels frais.

### Frais de déplacement en cas d'enquête

La question des frais de déplacement dans le cadre des missions du CSE en cas d'enquête suite à un accident du travail ou une maladie professionnelle se pose.

En effet, la prise en charge de ces frais dans ce cas par l'employeur était prévue par le code du travail pour le CHSCT, mais ces dispositions n'ont pas été reprises lors de la mise en place du CSE qui remplace le CHSCT dans ces missions.

On peut donc se demander ce qu'il en est dans ce cas, notamment pour les CSE des entreprises de moins de 50 salariés ne disposant pas de budget, comme c'était le cas du CHSCT.

La question peut également être posée dans le cadre du droit d'alerte pour danger grave et imminent.

Il n'y a pour l'instant pas de réponse à cette question. Il est donc recommandé de discuter et de se mettre d'accord sur ce point.

## 2.3 *Sur quelle base les frais de déplacement sont pris en charge*

La prise en charge couvre les frais de transport, d'hébergement et de restauration. L'élu doit conserver les justificatifs.

**Remarque :** en cas de refus de prise en charge par l'employeur, les représentants du personnel peuvent saisir le conseil de prud'hommes, le cas échéant en référé, pour obtenir le paiement de ces frais de déplacement. Le délai de prescription est de 3 ans.

## 2.4 *L'employeur doit dans certains cas rémunérer les temps de trajet pour se rendre aux réunions du CSE*

Le temps de trajet pour se rendre aux réunions ou en revenir doit être rémunéré par l'employeur.

Il en est ainsi :

- pour les trajets effectués pendant le temps de travail. Le représentant du personnel ne devant subir aucune perte de salaire liée à l'exercice de son mandat, les temps de trajet ne peuvent donner lieu à une retenue sur salaires ;

- pour les trajets effectués en dehors de l'horaire normal de travail du représentant du personnel lorsqu'ils excèdent la durée normale du trajet entre le domicile du salarié et le lieu de travail.

Remarque : même les temps d'attente entre les différents moyens de transport utilisés par le représentant du personnel doivent être rémunérés comme temps de travail effectif par l'employeur.

L'employeur doit prendre en charge les frais de déplacement lorsque le représentant du personnel, qui a par exemple travaillé dans l'équipe du matin, est obligé de revenir dans l'entreprise pour assister à la réunion du CSE. Les temps de trajet aller-retour et de réunion devront également être rémunérés comme temps de travail.

Chapitre 5

# Le droit à la formation des membres du CSE

## 1. Le droit à la formation économique, sociale, environnementale et syndicale

### *1.1 Le congé de formation économique, sociale, environnementale et syndicale*

#### Quel est l'objet d'une formation économique, sociale, environnementale et syndicale ?

L'objet de cette formation est d'accorder un ou plusieurs congés aux salariés désireux de participer à des stages de formation économique et sociale ou de nature syndicale. On l'appelle communément « formation syndicale ». Cette formation peut concerner de nombreux domaines relatifs au rôle du CSE, aux obligations de l'entreprise, au rôle d'une section syndicale, etc. Les formations dispensées peuvent être constituées aussi bien d'interventions à caractère juridique, historique que d'actions de formation syndicale.

## Qui peut bénéficier de la formation économique, sociale, environnementale et syndicale ?

Tous les salariés, sans condition d'ancienneté, ont droit sur leur demande à un ou plusieurs congés de formation économique, sociale, environnementale et syndicale. Les membres du CSE, qu'ils soient titulaires ou suppléants, ont droit à cette formation.

Juridiquement, il n'est pas nécessaire d'être syndiqué pour pouvoir suivre une telle formation.

## Quelle est la durée maximale du congé de formation économique, sociale, environnementale et syndicale ?

La durée totale des congés de formation économique, sociale, environnementale et syndicale pris dans l'année par un salarié ne peut excéder 12 jours par an, 18 jours pour les animateurs de stages et sessions et pour les salariés amenés à exercer des responsabilités syndicales. Le congé peut être pris en une ou plusieurs fois, mais chaque fraction ne peut être inférieure à une demi-journée.

Remarque : ce maximum individuel se combine par ailleurs avec un maximum global de jours de formation évalué au niveau de l'entreprise : 12 jours dans les entreprises de moins de 25 salariés et 24 jours dans les entreprises de 25 à 49 salariés.

A l'issue du congé, le salarié retrouve son emploi dans les mêmes conditions qu'avant son départ. L'organisme de formation lui délivre une attestation de présence à la formation. Cette attestation est remise à l'employeur au moment de la reprise du travail (article R. 2145-6).

## Quels sont les organismes habilités à dispenser la formation économique, sociale, environnementale et syndicale ?

La liste des centres ou instituts habilités à dispenser ces formations est fixée par arrêté du ministre chargé du travail, après avis d'une commission. Il s'agit de centres rattachés à des syndicats représentatifs de salariés ou à des instituts spécialisés.

## Le temps passé en formation économique, sociale, environnementale et syndicale est assimilé à du temps de travail effectif

La durée du congé est assimilée à du travail effectif (article L. 2145-10) :

- pour la détermination de la durée des congés payés. La durée du congé de formation syndicale ne peut être imputée sur les congés payés ;
- pour tout ce qui touche à la détermination du droit aux prestations d'assurances sociales et aux prestations familiales ;
- pour l'ensemble des autres droits résultant pour l'intéressé de son contrat de travail. Ainsi, les primes d'assiduité doivent être maintenues au salarié.

Remarque : les salariés effectuant un stage de formation économique, sociale, environnementale et syndicale bénéficient de la législation sur les accidents du travail pour les accidents survenus par le fait ou à l'occasion de cette formation (article L. 412-8 du code de la sécurité sociale).

### L'employeur maintient la rémunération du salarié

Concernant la rémunération du salarié pendant sa formation, la règle est simple : le salarié a droit au maintien total par l'employeur de sa rémunération (article L. 2145-6).

En revanche, rien n 'est prévu concernant le paiement du coût de la formation elle-même, ou des frais annexes comme les frais de déplacement, de restauration ou d 'hébergement. Un accord peut être négocié à ce sujet.

D'autre part, le syndicat dispensant la formation peut prendre en charge ces coûts (formation et frais annexes) : il faut se renseigner.

---

Remarque : toute entreprise du secteur privé doit verser une « contribution au dialogue social » de 0,016 % des salaires à un fonds national de financement du paritarisme (AGFPN), lequel attribue et répartit les crédits aux organisations syndicales (articles L. 2135-10 et D. 2135-34). L'une des missions de ce fonds est justement la formation économique, sociale, environnementale et syndicale, notamment l'indemnisation des salariés bénéficiant de congés de formation.

---

## 1.2 *Prendre un congé de formation économique, sociale, environnementale et syndicale*

Le salarié doit adresser à l'employeur, au moins 30 jours avant le début du stage de formation, une demande l'informant de sa volonté de bénéficier de ce congé de formation. Il précise la date et la durée de l'absence sollicitée ainsi que le nom de l'organisme responsable du stage ou de la session (article R. 2145-3).

---

Remarque : même si la loi ne l'exige pas, il est conseillé d'adresser son courrier par lettre recommandée avec demande d'avis de réception. On peut aussi opter pour une remise en main propre contre signature ou par un e-mail avec avis de réception.

---

## 1.3 *L'employeur peut refuser ou reporter la demande du salarié dans certains cas*

### Lorsque le salarié a épuisé son quota de jours de formation pour l'année en cours

Chaque salarié ne peut bénéficier, par année, que d'un nombre limité de 12 jours de congé de formation (formation syndicale et formation santé et sécurité). Elle ne peut excéder 18 jours pour les animateurs de stages et de sessions et les salariés appelés à exercer des responsabilités syndicales. Lorsque le salarié a bénéficié du temps maximal de formation, l'employeur peut refuser le départ pour un nouveau congé de formation. Le refus du congé doit être notifié au salarié dans un délai de 8 jours à compter de la réception de sa demande (article R. 2145-5).

### Lorsque le contingent annuel de jours de congés de formation de l'entreprise est déjà épuisé pour l'année civile

Un arrêté ministériel détermine, en fonction de l'effectif de l'entreprise, le nombre total de jours de congé pouvant être pris chaque année civile au titre du congé de formation syndicale et du congé de formation santé et sécurité des membres du CSE (arrêté ministériel du 7 mars 1986) :

| Effectif | Nombre de jours |
|---|---|
| 1 à 24 salariés | 12 jours<br>(18 pour les animateurs et salariés appelés à exercer des responsabilités syndicales) |
| 25 à 49 salariés | 24 jours |

Dans ce cas, l'employeur peut reporter le congé : les demandes reportées sont à satisfaire en priorité par la suite, si elles sont maintenues.

### Lorsque l'employeur considère que l'absence du salarié pourrait avoir des conséquences préjudiciables pour l'entreprise

L'employeur peut refuser la demande de congé qui lui est présentée s'il estime que l'absence du salarié pourrait avoir des conséquences préjudiciables à la production et à la bonne marche de l'entreprise (article L. 2145-11).

---

**Remarque :** important ! Avant de refuser, l'employeur doit consulter le CSE et obtenir son avis conforme. L'absence d'avis conforme du CSE expose l'employeur à une amende de troisième classe : 450 € au plus par infraction (article R. 2146-6). Pas de consultation du CSE en cas de refus pour désaccord sur le nombre maximum de jours de congé (Cass. soc., 12 juin 2024, n° 22-18.302).

---

L'employeur a 8 jours pour répondre (article R. 2145-5). Dans l'hypothèse où il répond tardivement au salarié, celui-ci est en droit de partir en formation à la date proposée.

## 1.4 *Si plusieurs salariés demandent à partir à la même date, l'employeur peut différer l'autorisation d'absence*

Si plusieurs salariés demandent à partir à la même date, l'employeur est en droit de différer l'autorisation d'absence dans les conditions suivantes (arrêté ministériel du 7 mars 1986) :

- dans les entreprises de moins de 25 salariés, si 1 salarié est déjà absent au titre de cette formation ;
- dans les entreprises de plus de 25 salariés, si 2 salariés sont déjà absents.

Les demandes reportées sont à satisfaire en priorité par la suite, si elles sont maintenues.

## 1.5 *Quel recours si l'employeur refuse ?*

Si le salarié estime injustifié le refus de l'employeur, il peut le contester devant le bureau de jugement du conseil de prud'hommes statuant en dernier ressort et dans la forme des référés (article L. 2145-11).

 

# 2. Se former à la santé, la sécurité et aux conditions de travail

## *2.1 Analyser les conditions de travail, déceler les risques professionnels : difficile sans formation*

Les missions du CSE en matière de santé, de sécurité et de conditions de travail ne sont pas évidentes à exercer. Elles nécessitent d'avoir des notions fondamentales à la fois théoriques et pratiques auxquelles les membres du comité ne sont pas initiés, surtout lorsque c'est leur premier mandat.

**Remarque :** au-delà des aspects purement juridiques, il est fondamental de s'initier aux méthodes et aux procédés à mettre en œuvre pour prévenir les risques professionnels et améliorer les conditions de travail.

Construire un arbre des causes après un accident, étudier les postes et les situations de travail, aider les salariés en souffrance au travail, recueillir leurs plaintes... : l'élu ne peut l'acquérir que par la formation.

**Remarque :** commencer, l'INRS a développé plusieurs modules de formation à distance qui portent sur des sujets variés : les enquêtes, la visite des locaux, les avis du CSE et la promotion de la prévention. Ces formations à distance sont gratuites.

## *2.2 Apprendre à déceler et à mesurer les risques professionnels et à analyser les conditions de travail*

La formation dont bénéficient les membres du CSE a pour objet :

- de développer leur aptitude à déceler et à mesurer les risques professionnels et la capacité d'analyser les conditions de travail ;
- de les initier aux méthodes et aux procédés à mettre en œuvre pour prévenir les risques professionnels et améliorer les conditions de travail (article R. 2315-9).

Elle est dispensée à chaque bénéficiaire selon un programme préétabli qui tient compte des caractéristiques de la branche professionnelle à laquelle se rattache son entreprise, des caractères spécifiques de l'entreprise et du rôle propre qu'y joue le représentant du personnel (article R. 2315-10).

## *2.3 Une formation renouvelable tous les 4 ans dont peuvent bénéficier tous les membres du CSE*

Les membres du CSE bénéficient de la formation nécessaire à l'exercice de leurs missions en matière de santé, de sécurité et de conditions de travail (article L. 2315-18).

Ce droit à la formation est un droit individuel, il bénéficie à chaque membre du CSE, dès sa désignation. Cela lui donne la possibilité de choisir le stage qui lui convient parmi les formations proposées par les organismes agréés.

La formation est dispensée aux membres du CSE dès leur première désignation.

**Remarque :** elle doit être renouvelée lorsque les représentants du personnel ont exercé leur mandat pendant 4 ans consécutifs ou non (articles L. 2315-17 et R. 2315-10). Cette nouvelle formation doit être différente de la formation initiale pour permettre au représentant du personnel d'actualiser ses connaissances et de se perfectionner (article R. 2315-11).

La formation est d'une durée minimale de 5 jours, lors du premier mandat. En cas de renouvellement de ce mandat, la formation est d'une durée minimale de 3 jours pour chaque membre de la délégation du personnel (titulaires comme suppléants). Le congé de formation est pris en une seule fois, à moins que le bénéficiaire et l'employeur ne décident qu'il sera pris en deux fois (article R. 2315-18).

## 2.4 *Prendre un congé de formation*

Le salarié qui souhaite bénéficier de cette formation doit prévenir l'employeur au moins 30 jours avant le début du stage (article R. 2315-17). Sa demande doit préciser :

- la date à laquelle il souhaite prendre son congé ;
- la durée du congé de formation ;
- le prix du stage ;
- le nom de l'organisme chargé de la formation.

L'employeur ne peut refuser la demande du salarié que s'il estime que cela pourrait avoir des conséquences préjudiciables sur la production et le bon fonctionnement de l'entreprise. L'employeur doit informer le salarié de son refus dans les 8 jours suivant la réception de la demande. L'employeur ne peut pas refuser éternellement ; le congé de formation est au maximum reporté dans la limite de six mois. Les contingents (personnel et par entreprise) applicables au congé de formation économique, sociale, environnementale et syndicale prennent aussi en compte le congé de formation santé et sécurité.

## 2.5 *La formation santé, sécurité et conditions de travail ne peut être dispensée que par des organismes agréés par les pouvoirs publics*

Ces organismes sont habilités soit au niveau national par arrêté ministériel, soit au niveau régional par arrêté du préfet (article R. 2315-12). On peut trouver les listes de ces organismes aux adresses suivantes :

- un fichier national des organismes habilités à dispenser la formation des membres du CSE est disponible à l'ANACT (www.anact.fr) ;
- dans chaque région, auprès des préfectures de région ou des Direccte. Le plus simple est de consulter l'espace santé au travail du site du ministère du Travail (www.travail.gouv.fr).

---

**Remarque :** à partir du moment où l'organisme de formation a bien l'habilitation réglementaire, l'employeur n'a pas son mot à dire sur l'organisme choisi par les représentants du personnel.

---

## 2.6 *Qui finance cette formation ?*

L'employeur doit financer cette formation. Il doit :

- prendre en charge les frais de déplacement (article R. 2315-20) à hauteur du tarif de seconde classe applicable au trajet le plus direct depuis le siège de l'entreprise au lieu de la formation ;
- prendre en charge les frais de séjour selon la réglementation applicable aux déplacements temporaires des fonctionnaires : entre 90 et 140 € pour l'hébergement (selon le lieu de la formation) et de 20 € par repas (article R. 2315-20) ;
- prendre en charge la rémunération des organismes de formation à hauteur de 36 fois le taux horaire du Smic (419,40 € en 2024) par jour et par stagiaire (article R. 2315-21).

Chapitre 6

# Invoquer le délit d'entrave

## 1. Dans quelles situations l'élu peut-il invoquer un délit d'entrave ?

Il peut arriver que l'employeur refuse de mettre en place un CSE, refuse de payer des heures de délégation, etc. Toutes ces situations correspondent à un délit d'entrave. Entraver, c'est porter atteinte aux droits du CSE ou à ceux de ses membres. L'employeur qui porte une telle atteinte peut se voir condamner à une amende, voire à des peines d'emprisonnement.

| Types d'action | Sanction | Articles du code du travail |
|---|---|---|
| Entraver la constitution d'un CSE ou son renouvellement (défaut d'organisation des élections, défaut d'organisation des élections partielles, etc.) | • 7 500 € d'amende ;<br>• et 1 an d'emprisonnement. | L. 2317-1 |
| Entraver la libre désignation des membres du CSE (refus d'accepter une liste de candidats, etc.) | • 7 500 € d'amende ;<br>• et 1 an d'emprisonnement. | L. 2317-1 |
| Entraver le bon fonctionnement du CSE (défaut d'organisation des réunions, défaut de consultation des membres du CSE, etc.) | • 7 500 € d'amende. | L. 2317-1 |
| Rompre le contrat de travail d'un membre du CSE sans respecter le statut protecteur | • 3 750 € d'amende ;<br>• et 1 an d'emprisonnement. | L. 2432-1 |

Le délit d'entrave peut résulter d'un agissement positif (refus d'organiser une réunion du CSE, refus de communiquer les informations dont le comité a besoin pour émettre un avis, etc.), mais également d'une simple omission (défaut de renouvellement du CSE, etc.). L'acte ou l'omission doit avoir été commis volontairement, c'est ce que l'on appelle l'élément intentionnel de l'infraction. Généralement, la jurisprudence considère que les faits suffisent pour caractériser la volonté de l'employeur d'entraver les droits du CSE.

La seule façon pour l'employeur d'échapper à cette condamnation est de justifier d'une situation de force majeure. Il doit montrer qu'il n'a pas pu faire autrement. Il est cependant très compliqué de prouver la force majeure, l'employeur a donc tout intérêt de respecter la législation sur le CSE pour éviter toute condamnation pour délit d'entrave.

## 2. Que faire en cas de délit d'entrave ?

Avant d'en arriver à des poursuites pénales contre l'employeur, les élus peuvent informer l'inspection du travail de la situation. L'inspecteur du travail commence en général par adresser à l'employeur des observations et l'inviter à régulariser la situation. Dans bien des cas, cela suffit.

Si ce n'est pas le cas, l'inspection du travail peut constater le délit d'entrave par procès-verbal (article L. 8113-7). L'objet de ce PV est de rassembler, dans un seul et même document, l'ensemble des informations qui permettront éventuellement de déclencher les poursuites pénales et de condamner l'employeur. Une fois établi, le procès-verbal est transmis au procureur de la République et c'est ce dernier qui décide de la suite à donner.

Attention, le procès-verbal fait foi jusqu'à preuve du contraire (article L. 8113-7), cela signifie qu'en cas de poursuites, ce sera alors à l'employeur de prouver le contraire.

**Remarque :** c'est la meilleure solution dans les entreprises de moins de 50 salariés compte tenu de l'absence de budget. En effet, il s'agit de procédures complexes, difficiles à mettre en œuvre sans avocat, ce qui implique des frais.

La notion d'entrave est tellement large que tout manquement volontaire de l'employeur à la réglementation sur le CSE pourrait, en théorie, donner lieu à des poursuites pénales. En pratique, l'employeur est poursuivi lorsque les représentants du personnel ne parviennent pas, malgré plusieurs tentatives, à faire respecter leurs droits ou ceux du comité. Il est d'ailleurs assez rare qu'il le soit pour une seule et unique infraction. Il y a généralement un cumul d'irrégularités qui pousse le comité à franchir le pas.

**Remarque :** pour les élus, il peut être utile de rappeler à l'employeur que tel ou tel comportement est susceptible de constituer une entrave au CSE et que, si la situation perdure, des poursuites pourront être envisagées. Cette « menace » peut permettre d'obtenir rapidement gain de cause. Ils peuvent aussi faire valoir que le délit d'entrave est une infraction pénale et qu'il peut être infamant pour l'employeur de faire l'objet de poursuites pénales, surtout si l'information devient publique.

## 3. Plusieurs possibilités pour engager des poursuites pour entrave

Les poursuites pénales pour délit d'entrave peuvent être engagées de différentes manières par toute personne justifiant d'un préjudice direct et personnel du fait de l'infraction.

---

**Remarque :** la complexité des règles de procédure pénale doit inciter à recourir à un avocat spécialisé ou à se faire assister par le service juridique d'un syndicat.

---

Il existe plusieurs possibilités :

- les poursuites pénales peuvent être déclenchées par le procureur de la République ;
- les poursuites peuvent être déclenchées sur la base d'une plainte avec constitution de partie civile ;
- si l'intéressé s'estime victime d'un délit d'entrave, il peut saisir directement le tribunal correctionnel : c'est la citation directe.

# Partie 6

# Le mandat des élus

Chapitre 1

# Ce qu'il faut savoir sur le mandat d'élu du CSE

## 1. Un mandat de 4, 3 ou 2 ans

Les membres du CSE sont élus pour 4 ans (article L. 2314-33 du code du travail).

**Exemple :** si la proclamation des résultats pour le renouvellement du comité a eu lieu le 22 février 2020, le mandat des élus prendra fin le 22 février 2024, à 23 h 59. Le mandat commencera à courir à compter du jour où le vote a été acquis, c'est-à-dire à compter de la proclamation des résultats.

**Remarque :** il ne faut pas confondre durée du mandat et durée de la protection des membres du CSE. La protection des membres du comité commence avant le début du mandat, puisqu'elle s'applique aux candidats. Elle finit bien après la fin des fonctions représentatives, puisqu'elle continue, sous certaines conditions, à s'appliquer aux anciens membres du comité (v. p. 158).

Cette durée de 4 ans peut être réduite par un accord de branche ou d'entreprise, à la seule condition de rester comprise entre 2 et 4 ans (article L. 2314-34).

**Remarque :** la durée des mandats ne peut pas être réduite par le protocole d'accord préélectoral. Et si les élections se sont quand même déroulées sur la base d'un protocole d'accord préélectoral réduisant la durée des mandats ? Si aucune contestation n'a été portée devant le TGI dans les 15 jours, les membres du CSE resteront élus pour la durée fixée par le protocole d'accord préélectoral. En revanche, si une action est exercée dans les 15 jours, les élections pourront être annulées.

## 2. Que devient le mandat en cas de suspension temporaire du contrat de travail ?

### *2.1 Quelle que soit sa cause, la suspension du contrat de travail n'entraîne pas la suspension du mandat de représentant du personnel*

La suspension du contrat est une période pendant laquelle le salarié est dispensé de venir travailler. Cette suspension peut être due à des causes très diverses : absence pour maladie, congé parental d'éducation, congé de maternité, congé sabbatique, chômage partiel, grève, mise à pied disciplinaire ou conservatoire.

Généralement, le représentant du personnel temporairement absent de l'entreprise met de côté ses fonctions représentatives. Mais, s'il le souhaite, il peut continuer à exercer son mandat car la suspension du contrat de travail n'entraîne pas la suspension du mandat.

## *2.2 Un représentant du personnel dont le contrat de travail est suspendu peut participer aux réunions*

### L'élu peut exercer son mandat dans l'entreprise en toute liberté

Dans la mesure où la suspension du contrat de travail n'entraîne pas la suspension du mandat, le représentant du personnel continue à remplir l'intégralité de sa mission. L'employeur doit, sous peine d'entrave, convoquer l'élu aux réunions. Ce dernier peut venir exercer son mandat, circuler librement dans l'entreprise, rencontrer les salariés à leur poste de travail, participer à une réunion d'information, etc. Le représentant du personnel bénéficie bien sûr toujours de son statut protecteur.

Remarque : un employeur ne peut pas interdire à un représentant du personnel, dont le contrat est suspendu pour cause de chômage technique, de pénétrer dans les locaux de l'entreprise et de communiquer avec les salariés. Il commettrait un délit d'entrave. L'intéressé, en conséquence privé de la possibilité de circuler dans l'entreprise et d'exercer ses fonctions représentatives, subit un préjudice direct et personnel dont il peut demander réparation sous forme de dommages-intérêts.

### En toute logique, l'employeur devrait payer les heures de délégation, même si le représentant du personnel est dispensé de travailler

Un représentant du personnel qui fait usage de son crédit d'heures pendant une période de suspension de son contrat de travail a-t-il le droit au paiement des heures de délégation dans ces circonstances ? Les quelques décisions de justice rendues laissent à penser que l'on doit apporter une réponse positive à cette question, quelle que soit la cause de suspension du contrat de travail. Il a ainsi été jugé :

- qu'un membre du CSE placé en chômage partiel total (activité partielle) a droit à la rémunération des heures de délégation prises pendant cette période ;
- qu'un représentant du personnel peut faire usage de ses heures de délégation pendant son congé individuel de formation. Ces heures doivent lui être rémunérées ;
- que les heures de délégation utilisées par des représentants du personnel au cours d'un mouvement de grève doivent être rémunérées.

Remarque : il a été jugé qu'un membre du CSE ne peut pas cumuler une indemnité de congés payés avec la rémunération des heures de délégation prises pendant cette période.

## *2.3 Il faut faire attention si l'élu décide d'exercer son mandat pendant un arrêt de travail pour maladie ou accident*

Il y a une précaution à prendre en cas d'exercice du mandat pendant un arrêt de travail consécutif à une maladie ou à un accident. Il faut que le médecin traitant autorise les sorties sur son avis d'arrêt de travail !

En effet, l'exercice d'une activité de représentant du personnel pendant un arrêt de travail ne peut ouvrir droit à indemnisation que s'il a été préalablement autorisé par le médecin traitant (Cass. ch. mixte, 21 mars 2014, n° 12-20.002).

Si la sécurité sociale s'aperçoit qu'un salarié arrêté pour maladie a exercé une activité non autorisée pendant son arrêt de travail, elle peut lui demander de rembourser les indemnités journalières versées par la CPAM. Et ce, même si les heures de sortie autorisées ont été scrupuleusement respectées (Cass. 2e civ., 9 déc. 2010, n° 09-17.449).

**Remarque :** si le représentant du personnel a été amené à prendre des heures de délégation en dehors de ses heures habituelles de travail, il ne pourra en réclamer le paiement à l'employeur que s'il est en mesure de justifier qu'il a bien été autorisé par son médecin traitant à exercer son mandat pendant son arrêt de travail (Cass. ch. mixte, 21 mars 2014, n° 12-20.002).

# 3. Et si un accident survient pendant l'exercice du mandat ?

## *3.1 Le caractère professionnel est reconnu aux accidents survenus au temps et au lieu de travail à l'occasion de l'exercice des fonctions représentatives*

Dès que l'accident se produit sur le lieu de travail, pendant les heures de travail, il est présumé être un accident du travail.

L'assimilation du temps passé à l'exercice du mandat à du travail effectif entraîne la reconnaissance du caractère professionnel des accidents susceptibles de se produire. L'accident survenant à l'occasion des réunions officielles du comité bénéficie de cette reconnaissance. Lorsqu'il se produit à l'occasion de l'accomplissement d'autres activités de représentation du personnel, la reconnaissance est acquise dès lors que le représentant du personnel exerce ses fonctions et qu'elles sont payées comme temps de travail au temps et au lieu de travail, à moins que l'employeur n'apporte la preuve que le représentant du personnel n'exerçait pas ses missions.

**Remarque :** la reconnaissance du caractère professionnel d'un accident présente des avantages pour le salarié. La victime bénéficie en effet de la réparation de ses dommages corporels (prestations en nature), de l'octroi d'indemnités journalières dès le premier jour en cas d'interruption temporaire de travail et d'une rente en cas d'incapacité permanente.

Si un salarié, revenant d'une réunion, a un accident, il s'agit d'un accident de trajet.

## *3.2 Quelles sont les formalités à accomplir ?*

La victime de l'accident doit, sauf cas de force majeure, informer ou faire informer l'employeur dans la journée où l'accident s'est produit, ou, au plus tard, dans les 24 heures. Par ailleurs, il doit faire constater ses lésions par un médecin qui établira un certificat médical et si nécessaire un avis d'arrêt de travail. L'employeur doit, dans les 48 heures après son information, déclarer l'accident à la caisse primaire d'assurance-maladie (CPAM) dont relève la victime. Si l'accident donne lieu à un arrêt de travail, il doit joindre une attestation de salaire servant à calculer les indemnités journalières dues au salarié.

**Remarque :** en cas de carence ou de refus de l'employeur, la victime peut effectuer elle-même la déclaration à la CPAM.

 

# 4. Un mandat peut prendre fin prématurément

## 4.1 *Les différents cas de cessation anticipée du mandat*

Le code du travail énumère les cas de cessation anticipée du mandat des membres du CSE. Il s'agit de (article L. 2314-33) :

- la démission du mandat ;
- la rupture du contrat de travail (licenciement, rupture conventionnelle, etc.) ;
- la perte des conditions pour être éligible ;
- le décès du salarié.

## 4.2 *Qu'il soit titulaire ou suppléant, tout élu du CSE peut librement mettre fin à son mandat*

Un membre élu du CSE peut à tout moment décider de démissionner de son mandat, sans avoir à se justifier et sans pour autant quitter l'entreprise. Le code du travail n'impose aucune condition de forme particulière. Pour des raisons de preuve, il est préférable de ne pas se contenter d'une démission verbale et d'adresser un écrit à l'employeur et à l'autre membre (s'il y a deux élus).

---

Remarque : la démission du mandat prend effet à la date de réception de cette lettre ou à la date annoncée par le démissionnaire.

---

Il est d'autant plus important d'avoir une trace écrite de la démission du mandat et de sa date d'effet :

- que les élus continuent à bénéficier d'une protection pendant 6 mois à compter de la fin du mandat ;
- que l'employeur n'a plus besoin de convoquer l'élu démissionnaire aux réunions ;
- que, s'il s'agit d'un titulaire, son suppléant le remplace à compter de cette date et bénéficie de ses heures de délégation.

## 4.3 *Le salarié dont le contrat de travail est rompu ne peut plus être représentant du personnel de l'entreprise*

Qu'elle intervienne à l'initiative de l'employeur ou du salarié, la rupture du contrat de travail met fin au mandat de membre du CSE. Il peut s'agir d'une démission, d'un licenciement, d'une mise à la retraite, d'une rupture conventionnelle, etc.

---

Remarque : avant de rompre le contrat de travail, l'employeur doit avoir obtenu une autorisation de l'inspecteur du travail. Lorsqu'il est licencié sans autorisation ou en vertu d'une autorisation qui a été ultérieurement annulée, le salarié qui demande sa réintégration peut retrouver son mandat.

---

Lorsqu'il y a rupture du contrat de travail, les fonctions de membre du CSE prennent fin au moment où le contrat de travail cesse effectivement, c'est-à-dire à l'expiration du préavis. C'est également le cas lorsque le salarié a été dispensé par l'employeur d'exécuter son préavis :

- la dispense du préavis n'avance pas la date à laquelle le contrat de travail prend normalement fin. Elle n'a pas d'incidence sur la durée du mandat ;
- le simple fait d'autoriser le salarié à ne pas venir travailler pendant la durée du préavis n'empêche pas l'intéressé de venir exercer normalement son mandat de membre du CSE.

---

Remarque : pendant la période du préavis, l'employeur doit se comporter à l'égard du représentant du personnel comme avec tous les autres membres : convocation aux réunions, remise des mêmes informations, etc.

---

### 4.4 *Le sort du mandat en cas de changement de catégorie professionnelle*

Les membres du CSE conservent leur mandat en cas de changement de catégorie professionnelle. Le mandat se poursuit même en cas de changement de collège électoral (article L. 2314-33), que ce changement s'opère dans le sens d'une promotion ou d'un déclassement.

### 4.5 *Un élu titulaire du CSE cesse son mandat en cours de route : un suppléant le remplace*

Les membres titulaires du CSE sont, en cas d'absence, remplacés par un membre suppléant. Les règles de remplacement sont les mêmes que l'absence du titulaire soit temporaire ou définitive (article L. 2314-37). Si le mécanisme de la suppléance ne peut plus être mis en œuvre, faute de suppléant, l'employeur peut être tenu d'organiser des élections partielles (v. p. 25).

## 5. Les entretiens de début et fin de mandat

### 5.1 *L'entretien de début de mandat*

Au début de leur mandat, les élus titulaires peuvent demander à bénéficier d'un entretien individuel avec l'employeur (article L. 2141-5). Les suppléants n'y ont donc pas droit.

L'entretien de début de mandat porte sur les modalités pratiques d'exercice, par le salarié, de son mandat au sein de l'entreprise au regard de l'emploi qu'il occupe. Il peut se faire accompagner par une personne de son choix appartenant au personnel de l'entreprise.

**Remarque :** à l'inverse, il n'est pas prévu légalement que l'employeur puisse être accompagné.

Aucun texte ne détermine précisément le contenu de l'entretien et les points devant y être abordés. C'est par exemple l'occasion pour l'employeur de rappeler au salarié les différentes formations dont il peut bénéficier au titre de son mandat, ou plus pratiquement, de l'informer des modalités particulières d'accès à certaines zones de l'entreprise ou de l'utilisation de son crédit d'heures de délégation. Cela peut également être l'occasion de réfléchir avec le salarié à un aménagement de ses missions qui soit compatible avec l'exercice d'un mandat.

Dès lors que le titulaire du mandat demande à bénéficier de cet entretien, l'employeur ne peut refuser, sous peine de dommages et intérêts au profit du salarié demandeur.

### 5.2 *L'entretien de fin de mandat*

L'entretien de fin de mandat (article L. 2141-5) permet de procéder au recensement des compétences acquises au cours du mandat et de préciser les modalités de valorisation de l'expérience acquise.

Il est peu probable qu'il trouve à s'appliquer dans les entreprises de 11 à 49 salariés, car il est réservé aux seuls titulaires de mandat disposant d'heures de délégation sur l'année représentant au moins 30 % de la durée de travail fixée dans leur contrat de travail ou, à défaut, de la durée applicable dans l'établissement.

Par exemple, pour un salarié à temps complet, c'est-à-dire à 1 607 heures annuelles, l'entretien de fin de mandat est ouvert aux titulaires de mandat disposant de 1 607 × 30/100 = 482 heures, soit 40 heures mensuelles de délégation.

Il est toutefois possible de prévoir la création de ce type d'entretien par accord.

# 6. Les spécificités du mandat de suppléant

## *6.1 Les suppléants du CSE remplacent les titulaires qui cessent leurs fonctions ou qui sont momentanément absents*

Lorsqu'un titulaire cesse ses fonctions ou est momentanément absent pour une cause quelconque, il est remplacé par un suppléant (article L. 2314-37). Cela se produit en cas, notamment, de départ définitif de l'entreprise, de démission du mandat, d'absence temporaire pour maladie, pour déplacement professionnel, pour congé parental, pour congé de maternité, etc.

**Remarque :** un suppléant peut même remplacer un titulaire le temps d'une seule réunion.

Le remplacement du titulaire par le suppléant est automatique, il n'y a pas de formalités à accomplir. Cependant, même si la loi ne l'exige pas, il est conseillé d'informer l'employeur et le supérieur hiérarchique du suppléant. Un e-mail avisant que M. X. devient titulaire du CSE en raison de l'absence de Mme Y. suffit. Le suppléant devient titulaire jusqu'au renouvellement du CSE. En conséquence, il pourra assister aux réunions du CSE et utiliser les heures de délégation du titulaire qu'il remplace.

**Remarque :** un suppléant pourrait-il refuser de remplacer un titulaire temporairement ou définitivement absent ? *A priori*, non. S'il ne souhaite pas devenir titulaire et assumer les fonctions du titulaire, il peut démissionner du CSE.

## *6.2 Les suppléants assistent aux réunions en l'absence des titulaires*

Le suppléant n'assiste aux réunions du CSE qu'en cas d'absence du titulaire (article L. 2314-1). De fait, cette règle réduit considérablement le rôle et l'implication que les élus suppléants sont susceptibles d'avoir au sein du CSE. En n'assistant pas aux réunions, les suppléants sont inévitablement privés de tout un pan de leur mandat de représentant du personnel.

Même si les suppléants n'assistent pas automatiquement aux réunions, l'employeur doit les convoquer et leur adresser les mêmes documents et les mêmes informations qu'aux titulaires.

Il est bien sûr possible d'autoriser la présence des suppléants aux réunions du CSE selon des modalités à déterminer.

### 6.3 *Pour les heures de délégation, il est possible de partager les heures avec un élu titulaire*

Les suppléants n'ont pas d'heures de délégation leur permettant de consacrer du temps, sur leur journée de travail, à l'exercice de leur mandat. Il est cependant possible de leur en donner. En effet, les titulaires du CSE peuvent chaque mois répartir entre eux et avec les membres suppléants le crédit d'heures de délégation dont ils disposent (articles L. 2315-9 et R. 2315-6).

**Remarque :** à défaut de partage d'heures de délégation, les suppléants ne peuvent pas se déplacer pendant le temps de travail au sein ou à l'extérieur de l'entreprise pour exercer leur mandat. Sur un plan juridique, un suppléant ne bénéficiant pas d'heures de délégation et qui souhaite s'absenter de son poste de travail doit solliciter une autorisation de l'employeur. A défaut, il pourrait faire l'objet d'une sanction disciplinaire. Rappelons que pour la prise des heures de délégation partagées, l'élu doit informer l'employeur 8 jours avant, outre l'information donnée chaque mois sur ce partage (article R. 2315-6) (v. p. 128).

Chapitre 2

# La protection des membres du CSE

## 1. Que couvre la protection ?

### 1.1 *Une protection qui joue dans de nombreux cas de rupture du contrat de travail*

La procédure protectrice est une procédure spéciale qui interdit de licencier un représentant du personnel comme un salarié « ordinaire ». L'employeur ne peut en effet rompre le contrat de travail que sur autorisation de l'inspecteur du travail : les représentants du personnel bénéficient d'un statut protecteur, on les appelle des « salariés protégés ».

**Remarque :** cette protection se justifie par la nécessité de leur permettre d'exercer avec une certaine sérénité leur mandat et de les protéger contre d'éventuelles mesures de représailles ou d'intimidation.

La procédure protectrice s'applique à toute rupture du contrat de travail :
- tous les cas de licenciement (licenciement pour faute, pour motif économique, pour motif personnel) ;
- la mise à la retraite ou le départ en préretraite ;
- la rupture d'un CDD ;
- la rupture conventionnelle individuelle et collective ;
- le transfert d'un salarié protégé : en cas de transfert partiel, en raison du risque de discrimination, le transfert de l'élu est soumis à la procédure protectrice.

Remarque : à l'inverse, l'employeur n'a pas à respecter la procédure spéciale lorsque le salarié démissionne ou lorsqu'il décide de partir à la retraite. A noter également que l'inspecteur du travail n'intervient pas lorsque le salarié prend acte de la rupture de son contrat de travail ou qu'il fait une demande de résiliation judiciaire. Il s'agit de deux hypothèses qui permettent aux salariés de rompre le contrat de travail si l'employeur ne respecte pas les obligations issues du contrat de travail et du droit du travail.

Le statut protecteur est un statut d'ordre public. Un licenciement prononcé sans autorisation ou malgré un refus d'autorisation est nul. Sur le plan pénal, c'est un délit d'entrave (article L. 2434-1 du code du travail). Cela signifie :
- que l'accomplissement des formalités protectrices après la rupture du contrat ne permet pas de valider le licenciement ainsi prononcé ;
- que l'employeur qui licencie un salarié protégé sans avoir demandé d'autorisation ne peut, sans l'accord de l'intéressé, revenir sur sa décision.

## *1.2 La protection ne met pas à l'abri d'une sanction disciplinaire*

### En tant que salariés, les élus restent soumis au pouvoir disciplinaire de l'employeur

Les représentants du personnel sont des salariés de l'entreprise, ils restent soumis au pouvoir disciplinaire de l'employeur dans l'exécution de leur contrat de travail. Ils peuvent donc faire l'objet d'une sanction en cas de comportement fautif ou d'agissements contraires au règlement intérieur de l'entreprise.

Remarque : sauf si la sanction constitue un licenciement disciplinaire, l'employeur n'a pas à solliciter d'autorisation de l'inspecteur du travail avant de sanctionner un représentant du personnel. Il est en revanche tenu de respecter la procédure disciplinaire prévue par l'article L. 1332-2 du code du travail.

Attention, la règle veut que l'employeur ne puisse jamais imposer à un membre du CSE une modification de son contrat de travail ou un changement de ses conditions de travail. Or, certaines sanctions disciplinaires peuvent avoir pour effet d'affecter temporairement ou définitivement le contrat ou les conditions de travail du salarié : incidence sur la rémunération, sur les fonctions, sur le lieu de travail, etc. En pratique, il en résulte que la sanction doit être acceptée par le salarié.

### En tant que représentant du personnel, le salarié peut être sanctionné en cas d'exercice abusif de son mandat

Tant que le membre du CSE reste dans les limites de sa mission, il ne peut pas faire l'objet d'une sanction dans le cadre de l'exercice de son mandat. A l'inverse, l'employeur peut sanctionner l'élu en cas d'abus de prérogative dans le cadre de l'exercice de son mandat.

**Remarque :** dans ce cas, l'employeur doit prouver non seulement la faute, mais également l'existence d'un abus suffisamment important pour justifier une sanction disciplinaire.

Il faut être vigilant avant de prononcer une sanction, car le conseil de prud'hommes, au cas par cas, analyse les éléments avancés par l'employeur pour justifier la sanction.

**Exemple :** un élu du CSE au comportement violent qui s'en prend de façon agressive et réitérée à la personne chargée de la gestion du personnel, en l'empêchant de répondre aux réclamations en réunion, en éteignant de force le rétroprojecteur à plusieurs reprises, en lui arrachant ses dossiers des mains et en lui hurlant aux oreilles peut être sanctionné : son comportement constitue un abus (Cass. soc., 2 juillet 2015, n° 14-15.829). A l'inverse, il n'est pas possible de sanctionner un membre du CSE qui arrive en retard à une réunion du CSE.

## 1.3 *La protection joue aussi pendant l'exercice du mandat*

L'employeur ne peut pas modifier le contrat de travail ou effectuer un changement des conditions de travail d'un salarié protégé sans son accord. Ainsi, si l'employeur souhaite modifier la rémunération du salarié, le lieu de travail, les horaires ou même les tâches qu'il a à effectuer, il doit obtenir l'accord du salarié.

**Remarque :** l'acceptation du salarié est nécessaire même si une clause de son contrat donne par avance à l'employeur la possibilité de modifier un élément de la relation de travail. Par exemple, un salarié protégé ne peut pas être muté contre son gré dans un autre établissement même si son contrat contient une clause de mobilité.

L'employeur doit recueillir l'accord du salarié. En fonction du type de modification, la loi prévoit des conditions spécifiques :

- si la modification du contrat est motivée par des raisons économiques, l'article L. 1222-6 du code du travail prévoit l'envoi d'une lettre recommandée avec avis de réception et le respect d'un délai de réflexion d'un mois. A défaut de réponse dans ce délai, l'employeur peut considérer que le salarié a accepté la modification ;
- si la modification du contrat ou des conditions de travail est la conséquence d'une sanction, l'employeur doit respecter la procédure disciplinaire (articles L. 1332-1 et suivants) et être en mesure de justifier, en cas de litige, que le salarié a bien accepté la sanction infligée et ses conséquences sur les conditions de travail ;
- s'il s'agit d'un simple changement des conditions de travail, le code du travail ne prévoit pas de règles. Il est cependant important de demander au salarié de formuler par écrit son accord.

Si le salarié refuse, l'employeur a deux possibilités :

- soit il renonce et maintient l'intéressé dans ses conditions antérieures ;

• soit il engage une procédure de licenciement. Attention, l'employeur ne peut pas licencier le salarié protégé pour refus d'une modification du contrat ou d'un changement des conditions de travail. Il faut qu'il s'appuie sur une autre cause de licenciement, comme un motif économique. Cependant, le refus d'un simple changement des conditions de travail peut être considéré comme fautif et donc constituer un motif valable de licenciement.

**Remarque :** quel recours pour les salariés ? L'employeur ne peut pas passer en force : si le salarié refuse et que l'employeur modifie le contrat ou change les conditions de travail du salarié protégé, ce dernier peut saisir le juge des référés pour imposer à l'employeur de maintenir ses anciennes conditions de travail.

## 2. Qui est protégé et pendant combien de temps ?

| Qui ? | Pendant combien de temps ? |
|---|---|
| Les membres élus du CSE (article L. 2411-5) :<br>• les titulaires ;<br>• les suppléants.<br>La protection s'applique quelle que soit la nature du contrat de travail dont est titulaire le représentant du personnel (CDD, CDI...). | Ils sont protégés :<br>• dès leur candidature (ou dès que l'employeur a connaissance de l'imminence de la candidature) (1) ;<br>• pendant toute la durée de leur mandat (la protection commence au jour de la proclamation des résultats des élections et prend fin à l'expiration des mandats) ;<br>• pendant 6 mois après la fin de leur mandat. |
| Les salariés demandant l'organisation d'élections professionnelles, s'ils sont soutenus par une organisation syndicale. | Ils sont protégés pendant 6 mois à compter de l'envoi à l'employeur de la lettre recommandée par laquelle une organisation syndicale a demandé qu'il soit procédé à des élections (article L. 2411-6). |
| Les salariés qui se portent candidats aux élections professionnelles après la conclusion du protocole d'accord préélectoral. | Ils sont protégés 6 mois à compter de la date à laquelle la liste de candidats a été envoyée à l'employeur (article L. 2411-7). |
| (1) C'est au salarié d'apporter la preuve que l'employeur avait connaissance de sa candidature avant l'envoi de la convocation à l'entretien préalable de licenciement. | |

**Remarque :** un salarié qui se sent menacé ne peut pas se porter candidat dans le seul but de bénéficier de la protection. Si l'employeur a des doutes, il peut saisir le tribunal judiciaire pour faire constater que la candidature est frauduleuse.

# 3. Les étapes à suivre en cas de licenciement des salariés protégés

L'employeur doit respecter une procédure spécifique pour les salariés protégés s'il souhaite les licencier. Cette procédure doit être combinée avec les procédures propres à chaque type de licenciement (licenciement pour faute, licenciement économique, licenciement d'un salarié inapte, etc.).

## *3.1 1^re^ étape : la convocation à un entretien préalable et la tenue de l'entretien préalable*

L'employeur doit convoquer le salarié pour un entretien préalable. La lettre de convocation, envoyée en lettre recommandée ou remise en main propre, doit clairement mentionner qu'il s'agit d'un licenciement et indiquer la date, l'heure et le lieu de l'entretien préalable. La convocation doit également rappeler au salarié qu'il peut se faire assister par une personne de son choix appartenant au personnel de l'entreprise.

Au cours de l'entretien, qui ne peut avoir lieu moins de 5 jours ouvrables après la convocation, l'employeur doit indiquer le ou les motifs de la décision envisagée et recueillir les explications du salarié.

## *3.2 2e étape : l'employeur doit demander une autorisation de licenciement à l'inspecteur du travail*

L'employeur doit adresser sa demande à l'inspecteur du travail dont dépend l'entreprise où le salarié est employé, par lettre recommandée avec accusé de réception.

L'employeur doit indiquer dans la demande d'autorisation de licenciement :

- le mandat du salarié ;
- les motifs pour lesquels l'autorisation de licenciement est demandée. Il ne peut pas invoquer dans sa demande un motif différent de celui indiqué au salarié.

## *3.3 3e étape : l'inspecteur procède à une enquête*

Une fois saisi, l'inspecteur du travail procède à une enquête. L'enquête doit avoir lieu même si l'inspecteur estime être en possession des éléments d'information nécessaires. L'enquête suppose l'audition personnelle et individuelle de l'employeur et du salarié.

---

**Exemple :** un entretien téléphonique avec le représentant du personnel ne peut tenir lieu d'audition. Une confrontation de l'employeur et du salarié n'est pas suffisante. Les auditions doivent être menées séparément.

---

Lors de cette enquête, le salarié peut :

- sur sa demande se faire assister par un représentant de son syndicat (article. R. 2421-4) ;
- faire usage de son crédit d'heures pour répondre à la convocation de l'inspecteur du travail. Ce temps sera normalement rémunéré par l'employeur.

## 3.4 4$^{e}$ étape : l'inspecteur prend la décision d'autoriser ou de refuser la rupture du contrat de travail

A l'issue de l'enquête de l'inspecteur du travail doit faire connaître sa décision : refuser ou autoriser le licenciement. Il dispose d'un délai de deux mois. Ce délai court à compter de la réception de la demande d'autorisation de licenciement (article R. 2421-4).

La décision de l'inspecteur du travail doit être (article R. 2421-5) :

- notifiée en recommandé avec avis de réception à l'employeur et au salarié. La notification doit indiquer les voies et les délais de recours contre cette décision. Si les délais ne sont pas mentionnés, la décision pourra être contestée sans condition de délai ;
- motivée. A ce titre, l'inspecteur du travail doit préciser les éléments justifiant sa décision.

## 3.5 5$^{e}$ étape : l'employeur doit respecter la décision de l'inspecteur du travail

### L'inspecteur du travail refuse le licenciement

Si l'autorisation de licencier a été refusée, le salarié est maintenu dans son emploi et perçoit son salaire ou, s'il a fait l'objet d'une mise à pied conservatoire, il doit retrouver son emploi. Le maintien du salarié dans son emploi doit être effectif. L'employeur ne peut se borner à lui verser sa rémunération sans lui fournir de travail. Si tel était le cas, le salarié pourrait saisir le conseil de prud'hommes en référé pour faire cesser cette situation illicite.

---

Remarque : le silence gardé par l'inspecteur du travail pendant plus de deux mois vaut rejet de la demande d'autorisation de licenciement du salarié protégé (article R. 2421-11).

---

### L'inspecteur du travail autorise le licenciement

Si l'autorisation de licencier a été accordée : l'employeur peut procéder au licenciement, même s'il sait qu'un recours hiérarchique ou contentieux a été introduit. Ces recours n'ont pas d'effet suspensif.

---

Remarque : il peut aussi renoncer au licenciement.

---

L'employeur peut donc notifier le licenciement par lettre motivée, en recommandé avec accusé de réception. C'est à compter de cet envoi que le contrat est considéré comme rompu. Pour motiver sa lettre, l'employeur peut soit se contenter de se référer à l'autorisation de licenciement, soit énoncer le motif de licenciement. A défaut, le licenciement est sans cause réelle et sérieuse.

Deux points importants méritent d'être signalés :

- le licenciement ne peut intervenir que pour les faits qui ont justifié l'octroi de l'autorisation. Si l'autorisation a été délivrée pour motif économique, l'employeur ne peut pas invoquer une faute ;
- le délai d'un mois dont dispose l'employeur pour notifier un licenciement disciplinaire à un salarié protégé court à compter du jour où l'autorisation de licenciement a été délivrée. Une notification tardive rend le licenciement abusif.

# 4. Même en cas de rupture conventionnelle, l'inspecteur du travail intervient

## L'employeur et le salarié peuvent convenir d'une rupture conventionnelle du contrat de travail

La rupture conventionnelle permet à l'employeur et au salarié de convenir des conditions de la rupture du contrat de travail (article L. 1237-11). Le contrat de travail d'un représentant du personnel peut faire l'objet d'une rupture conventionnelle (article L. 1237-15). Pour autant, l'inspecteur du travail reste compétent pour accorder une autorisation qui vaut homologation de la convention de rupture amiable. Son rôle est de vérifier que le salarié n'a pas fait l'objet de pressions et que la rupture n'est pas liée à l'exercice du mandat.

Il convient de noter que :

- l'inspecteur du travail doit permettre au salarié de lui présenter ses observations écrites et, sur sa demande, des observations orales. Le salarié peut se faire assister par un représentant de son syndicat ;
- l'inspecteur du travail peut aussi mener une enquête et entendre les parties (article R. 2421-19) ;

---

**Remarque :** l'inspecteur du travail doit appliquer la même procédure lorsque la demande d'autorisation de rupture du contrat qui lui est soumise concerne un salarié protégé visé par une rupture conventionnelle collective (articles R. 2421-18 et suivants).

---

- l'employeur ne peut saisir l'inspecteur du travail qu'après l'expiration du délai de 15 jours de rétractation dont disposent les parties à la convention.

---

**Remarque :** en cas de rupture conventionnelle avec un représentant du personnel, l'employeur doit utiliser un imprimé Cerfa qu'il pourra facilement trouver sur internet (Cerfa n° 14599*01).

---

## Même en cas de départ du salarié dans le cadre d'une rupture conventionnelle collective, il faut une autorisation de l'inspecteur du travail

Le code du travail autorise l'entreprise à conclure un accord collectif en vue de mettre en place une rupture conventionnelle collective (articles L. 1237-19 et suivants). Pour les représentants du personnel, l'inspecteur du travail doit appliquer la même procédure qu'en cas de rupture conventionnelle individuelle (article R. 2421-18).

Chapitre 3

# Faire face au contentieux de la rupture du contrat de travail

## 1. Contester la décision de l'inspecteur du travail par un recours hiérarchique

Si l'employeur ou le représentant du personnel n'est pas satisfait de la décision de l'inspecteur du travail, il peut, dans un premier temps, exercer un recours hiérarchique. Cela consiste à demander au ministre du Travail d'annuler la décision de l'inspecteur du travail (article R. 2422-1 du code du travail).

**Remarque :** le recours hiérarchique n'a pas d'effet suspensif. Cela signifie que si le licenciement a été autorisé, l'employeur peut le prononcer même si le salarié a formé un recours hiérarchique.

Le recours doit être formé dans le délai de 2 mois à compter de la date de notification de la décision de l'inspecteur du travail. Si le délai expire normalement un samedi, un dimanche ou un jour férié ou chômé, il est prorogé jusqu'au premier jour ouvrable suivant.

Le ministre a ensuite quatre mois pour prendre sa décision. Le sort du représentant du personnel dépend alors de la décision du ministre :

- si le ministre confirme l'autorisation de licenciement, le licenciement du salarié demeure valable ;
- si le ministre confirme le refus d'autorisation de licenciement, l'employeur ne peut toujours pas licencier le salarié protégé ;
- si le ministre annule l'autorisation initiale et refuse d'autoriser le licenciement, le salarié est en droit de demander sa réintégration dans l'entreprise ;
- si le ministre annule le refus d'autorisation et autorise le licenciement, l'employeur peut licencier son salarié.

Si l'employeur ou le salarié n'est pas satisfait de la décision du ministre, il peut ensuite exercer un recours devant le tribunal administratif.

## 2. Saisir le juge administratif

Pour faire annuler la décision de l'administration, il faut exercer un recours devant le juge administratif.

---

**Remarque :** il n'est pas obligatoire de faire appel à un avocat. Si le salarié licencié décide de recourir à un avocat, il peut demander à bénéficier d'une aide juridictionnelle. Il est conseillé de prendre un avocat étant donné la complexité des recours devant le juge administratif.

---

Pour saisir le tribunal, il faut adresser à son président une « requête » tendant à l'annulation de la décision administrative. Outre un exposé des faits, la requête doit comporter des « moyens » énonçant les raisons de fait et de droit qui ont poussé le salarié ou l'employeur à saisir le tribunal administratif.

---

**Remarque :** il faut saisir le tribunal dans un délai de deux mois à compter de la notification de la décision de l'administration.

---

La saisine du tribunal administratif n'a pas d'effet suspensif. Par conséquent, la décision d'autorisation ou de refus d'autorisation de licenciement s'applique pendant ce recours.

Le tribunal administratif peut soit confirmer soit annuler la décision. S'il confirme la décision de l'administration, la situation demeure inchangée pour le salarié. En cas d'annulation de la décision, il existe deux hypothèses :

- première hypothèse : le tribunal annule l'autorisation de licenciement. Le licenciement n'est alors plus valide. Le salarié peut alors demander sa réintégration ;
- deuxième hypothèse : le refus d'autoriser le licenciement est annulé par le tribunal. Cela ne vaut pas autorisation de licenciement. Si l'employeur maintient sa décision de licencier, l'inspecteur doit prendre une nouvelle autorisation.

---

**Remarque :** si la décision ne convient pas au salarié ou à l'employeur, il est ensuite possible de saisir la cour administrative d'appel et, en dernier recours, le Conseil d'État.

---

## 3. Dans certains cas, il est possible d'agir devant le conseil de prud'hommes

A partir du moment où le licenciement a été autorisé par l'administration, le conseil de prud'hommes (CPH) n'est plus compétent pour en apprécier la validité. Le CPH reste notamment compétent dans les cas suivants :

- pour tout ce qui concerne l'exécution du contrat de travail ;

---

**Exemple :** il pourra être saisi d'une action en paiement d'un rappel de salaire ou encore d'une demande de paiement d'heures supplémentaires. Le salarié qui ne parvient pas à obtenir son attestation France Travail pourra également le saisir.

---

- le salarié peut agir aux prud'hommes pour prendre acte de la rupture ou demander la résiliation judiciaire de son contrat de travail ;
- en cas de licenciement pour faute grave, le CPH est compétent pour apprécier la gravité de la faute du salarié ;

Remarque : même si l'administration considère que la faute du salarié était suffisamment grave pour justifier le licenciement, le CPH reste compétent pour apprécier si l'intéressé a droit aux indemnités de rupture, c'est-à-dire l'indemnité de licenciement et l'indemnité de préavis : il peut considérer que le salarié n'a pas commis de faute grave et que l'employeur doit lui verser ces indemnités.

- le CPH peut aussi intervenir en cas de licenciement pour motif économique. Il peut notamment condamner l'employeur à verser des dommages-intérêts si ce dernier n'a pas respecté l'ordre des licenciements et la priorité de réembauche (qui permet au salarié licencié pour motif économique d'être réembauché chez son ancien employeur dès lors qu'un poste compatible avec sa qualification se libère) ;
- les problèmes de réintégration et/ou d'indemnisation du salarié sont de la compétence du CPH.

Remarque : en cas de licenciement sans autorisation administrative ou d'annulation ultérieure de l'autorisation de licenciement délivrée par l'administration, le salarié a le droit de demander sa réintégration dans l'entreprise. S'il se heurte à un refus de l'employeur, il a la faculté de saisir en référé le CPH pour obtenir sa réintégration. Qu'il demande ou non à être réintégré dans l'entreprise, le salarié a également droit à un certain nombre d'indemnités dont la fixation relève de la compétence du CPH.

# 4. L'indemnisation du représentant du personnel

## *4.1 L'indemnisation du représentant du personnel en cas de licenciement sans autorisation*

L'indemnisation est différente selon que le salarié demande ou pas sa réintégration dans l'entreprise.

### Hypothèse 1 : le salarié demande sa réintégration

Le salarié licencié sans autorisation qui demande sa réintégration a droit à une indemnité égale au montant des salaires qu'il aurait perçus entre son licenciement et sa réintégration.

### Hypothèse 2 : le salarié ne souhaite pas être réintégré dans l'entreprise

Le salarié a droit :

- à une indemnité pour violation du statut protecteur égale au montant des rémunérations qu'il aurait dû percevoir entre la date de la rupture de son contrat et l'expiration de la période de protection en cours. Cette indemnité est plafonnée à 30 mois de salaires ;
- aux indemnités de rupture du contrat de travail : indemnité légale (ou conventionnelle) de licenciement, indemnité compensatrice de préavis ;
- à une indemnité réparant l'intégralité du préjudice résultant du caractère illicite du licenciement.

### 4.2 *L'indemnisation du représentant en cas d'annulation ultérieure de l'autorisation administrative*

#### Hypothèse 1 : le salarié a expressément demandé sa réintégration dans l'entreprise

Le salarié a droit à une indemnité réparant le préjudice que lui a causé son licenciement. L'indemnisation correspond à la réparation du préjudice subi par le salarié au cours de la période qui s'est écoulée entre son licenciement et sa réintégration.

#### Hypothèse 2 : le salarié licencié n'a pas demandé à être réintégré

Dans cette hypothèse, l'indemnité doit correspondre au préjudice subi au cours de la période qui s'est écoulée entre le licenciement et l'expiration d'un délai de deux mois à compter de la notification de la décision d'annulation de l'autorisation de licenciement.

Selon les cas, il peut également avoir droit :

- aux indemnités de rupture s'il n'en a pas déjà bénéficié au moment du licenciement et s'il remplit les conditions pour y prétendre. Il s'agit de l'indemnité de préavis et de l'indemnité de licenciement qui sont dues sauf en cas de faute grave ou lourde du salarié ;
- à des dommages-intérêts pour licenciement abusif s'il est établi que son licenciement était, au moment où il a été prononcé, sans cause réelle et sérieuse.

## 5. Les cas dans lesquels le salarié peut demander à être réintégré dans l'entreprise

Le salarié peut demander sa réintégration dans les cas suivants (article L. 2422-1) :

- si l'employeur a licencié le salarié sans autorisation de l'inspecteur du travail ou malgré un refus d'autorisation de l'inspecteur du travail ;
- si l'employeur a imposé à un représentant du personnel un transfert partiel d'entreprise sans autorisation ;
- si la décision de l'inspecteur du travail autorisant le licenciement a été annulée par le ministre du Travail ;
- si la décision de l'inspecteur du travail ou du ministre du Travail autorisant le licenciement a été annulée par le juge administratif ;
- si un inspecteur du travail s'est déclaré incompétent et si le juge administratif a annulé cette décision.

La réintégration n'est jamais automatique, elle doit être demandée par le salarié à l'employeur. L'employeur ne peut pas refuser la demande du salarié.

Si l'employeur refuse de le réintégrer, le salarié pourra saisir le CPH en référé pour obtenir sa réintégration.

**Remarque :** le salarié qui demande sa réintégration a le droit de retrouver en priorité l'emploi qu'il occupait dans l'entreprise avant son licenciement. Si cet emploi n'est plus disponible, l'employeur doit lui proposer un emploi équivalent (article L. 2422-2). Par ailleurs, si le CSE n'a pas été renouvelé, le salarié doit retrouver sa place au sein du CSE (article L. 2422-2).

Chapitre 4

# La protection des membres en cas de discrimination pour l'exercice d'un mandat

## 1. L'interdiction des discriminations syndicales vaut aussi pour les membres du CSE

Le code du travail et le code pénal interdisent les discriminations syndicales. En d'autres termes, l'employeur ne peut pas traiter différemment les salariés selon qu'ils sont syndiqués ou non.

**Remarque :** même si cela n'est pas expressément prévu par les textes légaux, la jurisprudence considère que par discrimination syndicale il faut également comprendre la discrimination à raison de l'exercice d'un mandat. Aussi, un membre du CSE non syndiqué bénéficie aussi de cette protection contre les discriminations.

## 2. L'interdiction des discriminations vaut de l'embauche à la rupture du contrat de travail

Aucune des nombreuses décisions ou mesures susceptibles d'être prises par un employeur ne peut reposer sur un motif discriminatoire. Il s'agit notamment des mesures en matière de :

- recrutement ;
- accès à un emploi ;
- période de formation en entreprise ;
- rémunération ;
- intéressement et distribution d'actions ;
- formation ;
- reclassement ;
- qualification ;
- promotion professionnelle ;
- mutation ;
- renouvellement de contrat ;
- sanction disciplinaire ;
- licenciement.

Mise au placard, retard dans l'évolution de carrière, mutation injustifiée, suppression d'un élément de rémunération, les exemples de discriminations liées à l'activité des représentants du personnel ne manquent pas :

- marginalisation d'un cadre après son élection : mise à pied conservatoire non suivie d'une autorisation de licenciement, réduction de ses attributions au profit d'un subordonné, privation de certains moyens de travail et de communication informatique, etc. ;
- employeur qui justifie l'absence de promotion et d'augmentation individuelle en invoquant le fait que l'activité syndicale du salarié le rendait peu disponible vis-à-vis de la hiérarchie, ce qui empêchait l'évaluation de sa valeur professionnelle ;
- disparité de rémunération au désavantage d'un élu du personnel par comparaison avec deux autres salariés de même ancienneté et de même niveau professionnel et absence totale de bilan professionnel.

## 3. Comment prouver l'existence d'une discrimination ? Quelles sont les sanctions ?

### 3.1 *Sur le plan civil*

Sur le plan civil, un élu victime d'une mesure de discrimination syndicale peut agir devant les prud'hommes pour en demander l'annulation et/ou réclamer des dommages-intérêts. Pour prouver une discrimination, le salarié doit présenter des éléments de fait laissant supposer l'existence d'une discrimination.

**Remarque :** la discrimination est rarement imputable à un élément unique ; elle est le plus souvent le résultat d'une série de décisions qui s'étalent dans le temps. Elle est en principe établie dès lors qu'il est démontré que, du jour de la prise des fonctions représentatives, la carrière et/ou la rémunération du salarié ont évolué défavorablement par rapport à l'époque antérieure ou par rapport aux autres salariés.

Le code du travail pose les règles suivantes (article L. 1134-1) :

- le salarié doit présenter les éléments de fait laissant supposer l'existence d'une discrimination : absence d'évolution professionnelle, évolution de carrière, mauvaises évaluations professionnelles, mesures d'intimidation, etc. ;
- au vu de ces éléments, l'employeur doit démontrer que sa décision est justifiée par des éléments objectifs et qu'elle ne repose pas sur une discrimination ;
- le juge décide après avoir ordonné, si nécessaire, toutes les mesures d'instruction.

**Remarque :** la discrimination peut se prouver par tout moyen : attestation d'un représentant du personnel, courriers électroniques, témoignages, SMS, rapport de l'inspecteur du travail, tableau comparatif des évolutions de carrière, documents de l'entreprise fournis au membre du CSE à l'occasion de l'exercice de ses fonctions, etc.

L'élu a 5 ans à compter de la révélation de la discrimination pour agir en justice (article L. 1134-5). La révélation n'est pas la simple connaissance de la discrimination par le salarié, elle correspond au moment où il dispose de tous les éléments de comparaison lui permettant de mettre en évidence la discrimination.

**Remarque :** 5 ans, ce n'est que le délai dont dispose le salarié pour agir en justice. Le juge pourra, si nécessaire, examiner l'évolution de carrière sur une durée bien plus longue. D'ailleurs, le code du travail prévoit que les dommages-intérêts auxquels aura droit le salarié doivent réparer le préjudice total, pendant toute sa durée.

 

## 3.2 *Sur le plan pénal*

Un salarié qui estime être victime d'une discrimination peut agir au pénal contre une personne physique et/ou contre l'entreprise en tant que personne morale :

- les personnes physiques sont passibles de 3 ans d'emprisonnement et/ou de 45 000 € d'amende (article 225-2 du code pénal) ;
- les entreprises sont passibles d'une amende (225 000 €). Elles peuvent également être placées sous surveillance judiciaire pour une certaine durée, être condamnées à l'affichage du jugement, etc. (article 225-4 du code pénal).

Si un élu souhaite saisir le juge pénal, il doit saisir le tribunal correctionnel dans les 6 ans qui suivent les faits de discrimination (article 8 du code de procédure pénale).

---

Remarque : en matière pénale, ce n'est pas à l'employeur accusé de délit de discrimination de prouver son innocence, mais à l'accusation de prouver sa culpabilité. Si le salarié n'a pas suffisamment de preuves, le prévenu sera relaxé.

---

# Partie 7

## Modèles

# Sommaire des modèles


## Élire le CSE ..... 177

Schéma des opérations électorales à effectuer pour l'élection du comité social et économique ..... 178

Note de service annonçant l'organisation prochaine des élections professionnelles – Invitation des organisations syndicales ..... 179

Note de service relative à l'organisation des élections professionnelles par vote électronique ..... 180

Courrier de l'employeur aux prestataires concernant la prise en compte des salariés mis à disposition ..... 182

Note de service relative au non-renouvellement du comité social et économique ..... 190

## Le rôle du CSE en matière de droit du travail et de négociation collective ..... 191

Négociation d'un accord dans les entreprises de moins de 50 salariés sans délégué syndical ..... 192

## Le rôle du CSE en matière de santé, sécurité et conditions de travail ..... 193

Exemple d'arbre des causes élaboré après un accident du travail ..... 194

Schéma de mise en œuvre du droit d'alerte du CSE en cas de danger grave et imminent ..... 196

Schéma de mise en œuvre du droit de retrait d'un salarié ..... 197

Exemple de registre des dangers graves et imminents ..... 198

Schéma de mise en œuvre du droit d'alerte en cas d'atteinte à la santé physique et mentale ou aux libertés individuelles des salariés ..... 199

## Le fonctionnement du CSE ..... 200

Exemple de bon de délégation pour l'utilisation du crédit d'heures ..... 201

Information mensuelle de l'employeur en cas de partage des heures de délégation entre élus du CSE ..... 202

## Le mandat des élus ..... 203

Exemple de recours hiérarchique contre une autorisation de licenciement ..... 204

Demande de réintégration suite à un licenciement prononcé sans autorisation administrative ..... 205

Demande de réintégration après annulation de l'autorisation de licenciement ..... 207

# Élire le CSE

# Schéma des opérations électorales à effectuer pour l'élection du comité social et économique

**De l'information des salariés à l'affichage des résultats, en passant par la récupération des votes par correspondance et la négociation du protocole d'accord préélectoral, ce schéma permet d'avoir une vision globale de l'élection des membres du comité social et économique.**

Information du personnel de l'organisation des élections
Le document diffusé doit indiquer la date envisagée du premier tour (1)

↓

Invitation des syndicats à négocier le protocole d'accord préélectoral et à établir leurs listes de candidats (2)

↓

Négociation du protocole d'accord préélectoral avec les syndicats qui ont répondu à l'invitation de l'employeur (3)

↓

Affichage par la direction des listes électorales (4)

↓

Dépôt des listes de candidats par les syndicats. Affichage de ces listes par la direction

↓

Envoi par l'entreprise du matériel de vote aux salariés ayant informé la direction qu'ils souhaitent voter par correspondance

↓

Mise en place des bureaux de vote

↓

Récupération des votes par correspondance

↓

Jour du scrutin – Dépouillement par les bureaux de vote – Attribution des sièges – Proclamation des résultats du premier tour par les présidents de bureau – Report des résultats sur le procès-verbal d'élections

↓

Organisation d'un second tour s'il reste des sièges à pourvoir ou si le quorum n'a pas été atteint – Affichage d'un appel à candidatures avec indication de la date et de l'heure du scrutin

↓

Dépôt des listes de candidats et affichage par la direction de ces listes

↓

Envoi par l'entreprise du matériel de vote aux salariés ayant informé la direction qu'ils souhaitaient voter par correspondance

↓

Mise en place des bureaux de vote

↓

Récupération des votes par correspondance

↓

Jour du scrutin – Dépouillement par les bureaux de vote – Attribution des sièges – Proclamation des résultats du premier tour par les présidents de bureau – Report des résultats sur le procès-verbal d'élections

↓

Affichage des résultats des élections des premier et deuxième tours – Envoi du procès-verbal d'élections à l'inspection du travail (5)

(1) Cette information est obligatoire à chaque élection, elle peut se faire par tout moyen permettant de lui conférer une date certaine. Le premier tour doit se tenir, au plus tard, le 90e jour suivant l'information du personnel. Dans les entreprises de 11 à 20 salariés, si aucun salarié ne s'est porté candidat dans les 30 jours suivants, l'employeur est dispensé d'inviter les organisations syndicales à négocier le protocole préélectoral. Dans ce cas, les 2 étapes suivantes ne sont pas effectuées. Attention, l'employeur doit néanmoins organiser les deux tours de l'élection.

(2) En cas de renouvellement du CSE, l'invitation des syndicats doit être effectuée 2 mois avant l'expiration des mandats en cours. Le premier tour doit alors avoir lieu dans la quinzaine précédant l'expiration des mandats.
Que ce soit pour une première élection ou pour un renouvellement du CSE, la première réunion de négociation du protocole préélectoral doit avoir lieu au maximum 15 jours après l'invitation.

(3) Une fois adopté, le protocole d'accord préélectoral est valable pour les 2 tours de l'élection. Si aucun syndicat ne s'est présenté à la négociation, l'employeur décide des modalités d'organisation de l'élection.

(4) Les listes électorales doivent être rendues publiques dans l'entreprise au moins 4 jours avant la date du premier tour.

(5) Le procès-verbal des élections est transmis dans les 15 jours, en double exemplaire, par l'employeur à l'inspecteur du travail.

# Note de service annonçant l'organisation prochaine des élections professionnelles – Invitation des organisations syndicales

**Cette note de service s'applique dans les entreprises nouvellement assujetties ou non encore pourvues de représentants du personnel. Dans les entreprises assujetties, l'employeur doit, tous les 4 ans, informer le personnel de l'organisation d'élections, par tout moyen permettant de conférer une date certaine à cette information, même si aucune demande ne lui a été faite.**

*Z ..... (dénomination sociale)*

Société ..... *(forme)* au capital de ..... *(capital)*

..... *(RCS)*, ..... *(numéro SIREN)*

..... *(siège social/adresse)*

**NOTE DE SERVICE**

Objet : élections professionnelles

En application de la législation en vigueur, des élections de représentants du personnel au CSE seront prochainement organisées dans notre entreprise ..... *(nom et adresse)*. La date envisagée pour le premier tour de scrutin est le...... *(date)*.

> Obs : cette date doit se placer au plus tard le 90e jour suivant celui de l'information (ou le 90e jour si les élections sont organisées suite au franchissement de seuil de 11 ou 50 salariés).

Notre entreprise relève de la convention collective de branche ..... *(intitulé de la convention collective)*, IDCC ..... *(identifiant de la convention collective applicable)*.

Les organisations syndicales de salariés intéressées au sens des articles L. 2314-3 et L. 2324-4 du code du travail, désirant participer à la négociation du protocole préélectoral et déposer une ou plusieurs listes de candidats, sont invitées à se manifester auprès de l'employeur avant le..... *(date)*. La première réunion de négociation est prévue le ..... *(date)*, à ..... *(heure)*, à l'adresse suivante ..... *(adresse)*.

> Obs : l'employeur ne peut pas se contenter de cette information, car il doit inviter certaines organisations syndicales par courrier. Il s'agit des organisations syndicales reconnues représentatives dans l'entreprise, celles ayant constitué une section syndicale dans l'entreprise ainsi que les syndicats affiliés à une organisation syndicale représentative au niveau national et interprofessionnel. Dans tous les cas, l'invitation doit parvenir aux syndicats au moins 15 jours avant la date de la première réunion de négociation. Concernant les entreprises de 11 à 20 salariés, l'employeur invite les organisations syndicales uniquement à la condition qu'au moins un salarié se soit porté candidat aux élections dans un délai de 30 jours à compter de leur information.

Si à la date du...... *(à compléter)* aucune organisation syndicale ne s'était manifestée, la direction fixerait conformément à la loi les conditions de déroulement des opérations électorales et les porterait aussitôt à la connaissance du personnel.

Fait à..... *(lieu)*, le..... *(date)*

Signature

# Note de service relative à l'organisation des élections professionnelles par vote électronique

**Lorsque l'employeur organise les élections professionnelles par vote électronique, il doit envoyer à chaque salarié une notice d'information détaillée sur le déroulement des opérations électorales.**

**Élections professionnelles du comité social et économique par vote électronique : ..... *(le..... /du..... au.....)***

Les élections de vos représentants du personnel auront lieu sous la forme d'un vote électronique conformément à..... *(l'accord/la décision de l'employeur)* en date du..... *(à compléter)* :

**Article 1** - Avant l'ouverture du scrutin

Vous avez reçu un mail et un courrier à votre domicile contenant votre code d'identification personnel et confidentiel ainsi que votre mot de passe. Il est important de conserver précieusement vos codes d'accès car ils seront également valides pour un éventuel second tour.

**Article 2** - Déroulement des opérations de vote

Du..... *(date)* au..... *(date)* de..... *(heures)* à..... *(heures)*, vous aurez la possibilité de voter à tout moment, à partir de n'importe quel terminal internet, en vous connectant sur le site sécurisé propre aux élections : ..... *(nom du site de vote à préciser)*.

Pendant cette période, si vous ne disposez pas de connexion internet, des ordinateurs avec une connexion sécurisée au site seront mis à votre disposition dans l'entreprise.

La saisie de votre code d'identification et de votre mot de passe vaut signature de la liste d'émargement dès réception de vos votes (étant précisé que les informations relatives au vote et à l'identification de l'électeur sont séparées afin de garantir le secret et la sincérité des opérations électorales).

Une fois connecté, seuls les bulletins de vote correspondant à votre collège vous seront présentés, soit en principe 2 votes, un pour les titulaires et un pour les suppléants.

Si aucun candidat ne se présente dans votre collège, un message s'affichera lors de votre connexion au site pour vous informer de l'absence de candidat.

Pour chaque scrutin, vous pourrez choisir l'une des options suivantes :

– voter pour une liste entière ;

– cocher vote blanc.

En cas de perte des clés d'identification des électeurs, vous pourrez vous faire communiquer un nouveau code par envoi instantané sur votre messagerie professionnelle en vous connectant sur le site de vote selon la procédure suivante : ..... *(à compléter)*.

Si vous ne disposez pas d'adresse mail professionnelle pour le renvoi automatique de votre code de vote, vous pourrez appeler le support téléphonique au : ..... *(à compléter)* et un nouveau code vous sera communiqué par SMS sur un numéro de téléphone portable.

Un second tour se déroulera, du..... *(date)* au..... *(date)* de..... *(heures)* à..... *(heures)* :

– si moins de 50 % des électeurs se sont exprimés ;

– ou si aucun siège n'a pu être pourvu faute de candidat au 1^er^ tour ;

– ou si le nombre total de candidatures de toutes les organisations syndicales ne permet pas de pourvoir tous les sièges.

La confidentialité de votre vote est assurée par le système, mis en place par la société..... *(indiquer le nom du prestataire)*, lequel a fait l'objet d'une expertise indépendante. Le site de vote retenu respecte les principes généraux du droit électoral indispensables à la régularité du scrutin, en garantissant la sécurisation de l'ensemble des opérations électorales.

La société..... *(indiquer le nom du prestataire)* est ainsi la seule à avoir accès aux fichiers comportant les éléments d'authentification des électeurs. Par ailleurs, à l'expiration du délai de recours en contestation des élections, toutes les données du vote seront détruites.

# Courrier de l'employeur aux prestataires concernant la prise en compte des salariés mis à disposition

**Les salariés mis à disposition ne sont pas exclus des élections professionnelles dans leur entreprise d'accueil. A ce titre, l'employeur de l'entreprise d'accueil doit interroger leur entreprise d'origine pour déterminer s'ils remplissent les conditions pour les intégrer dans les effectifs. De plus, ces salariés peuvent choisir de voter dans l'entreprise d'origine ou dans l'entreprise d'accueil ; dans ce cas, il y a lieu pour cette dernière de les inscrire sur les listes électorales.**

*Y ..... (dénomination sociale)*

*Z ..... (forme)* au capital de *..... (capital)*

*..... (RCS)*, *..... (numéro SIREN)*

*..... (siège social/adresse)*

*..... (lieu)*, le *..... (date)*
*Y..... (dénomination sociale)*
*..... (siège social/adresse)*

**Lettre recommandée avec AR**

**Objet :** élections professionnelles – Informations relatives aux salariés mis à disposition dans notre entreprise

*..... (Monsieur/Madame)*,

Nous préparons l'organisation des élections professionnelles dans notre entreprise.

A cet égard, conformément à l'article L. 1111-2 du code du travail, les salariés mis à disposition de notre entreprise par une entreprise extérieure, qui sont présents dans nos locaux et y travaillent depuis au moins un an, doivent être pris en compte dans le calcul de nos effectifs, à due proportion de leur temps de présence au cours des 12 mois précédents.

En outre, conformément à l'article L. 2314-23 du code du travail, ces salariés mis à disposition peuvent être électeurs aux élections professionnelles de notre entreprise s'ils ont une durée de présence de 12 mois continus.

En conséquence, nous vous prions donc de bien vouloir nous communiquer d'ici le ...... *(à compléter)*, la liste des salariés mis à disposition présents dans nos locaux à la date du ...... *(à compléter)* avec en regard, leur durée de présence en continu dans nos locaux.

Merci également de reporter sur cette liste la mention que le salarié a fait le choix ou non de voter aux élections professionnelles de notre entreprise.

Veuillez agréer, *..... (Monsieur/Madame)*, l'expression de nos salutations distinguées.

*..... (prénom) A ..... (nom)*
*..... (qualité)*

Signature

 

# Protocole d'accord préélectoral

**Protocole d'accord préélectoral pour l'élection des membres du comité social et économique de.... *(à compléter)***

Le présent protocole d'accord a pour objet de définir les modalités d'organisation de l'élection du comité social et économique. Les membres du CSE sont élus pour 4 ans.

> Obs : par défaut, les représentants du personnel sont élus pour 4 ans. Cependant, un accord de branche, de groupe ou d'entreprise peut réduire la durée des mandats entre 4 et 2 ans.

**Article 3** - Effectif global de l'entreprise - Nombre de sièges à pourvoir au sein du comité social et économique

Les parties constatent que l'effectif global de l'entreprise est de.... *(nombre)* salariés. Cet effectif se décompose de la manière suivante :

– .... *(nombre)* ouvriers ;

– .... *(nombre)* employés ;

– .... *(nombre)* agents de maîtrise ;

– .... *(nombre)* cadres.

Compte tenu de l'effectif, le nombre de sièges à pourvoir est de.... *(nombre)* titulaires et.... *(nombre)* suppléants.

> Obs : le code du travail prévoit que le protocole préélectoral peut modifier le nombre d'élus du CSE prévu par le code du travail. A défaut de stipulation, le nombre de membres du CSE est celui fixé par l'article R. 2314-1 du code du travail.

**Article 4** - Collèges électoraux et répartition des sièges au sein du comité social et économique

> Obs : à condition d'être adopté à l'unanimité, le protocole d'accord préélectoral peut modifier le nombre et la composition des collèges électoraux. Par exception, dans les entreprises de 11 à 24 salariés, lesquelles n 'élisent qu'un membre de la délégation du personnel titulaire et un suppléant, il est mis en place un collège électoral unique.

Conformément aux dispositions légales, il est convenu de répartir les sièges à pourvoir de la manière suivante :

– 1er collège, qui regroupe.... *(nombre)* ouvriers et employés dont .... *(nombre)* femmes et .... *(nombre)* hommes :.... *(nombre)* titulaires et.... *(nombre)* suppléants ;

– 2e collège, qui regroupe.... *(nombre)* cadres, ingénieurs, chefs de service, agents de maîtrise et assimilés dont .... *(nombre)* femmes et .... *(nombre)* hommes :.... *(nombre)* titulaires et.... *(nombre)* suppléants.

> Obs : la proportion de femmes et d'hommes composant chaque collège électoral doit figurer dans le protocole préélectoral en fonction des effectifs connus lors de sa négociation. A défaut, il appartient à l'employeur de la fixer en fonction de la composition du corps électoral au moment de l'établissement de la liste électorale, sous le contrôle des syndicats.

**Article 5 - Dates, heures et lieu des élections de la délégation du personnel au comité social et économique**

Le scrutin se déroulera pendant le temps de travail des salariés, de.... *(indiquer l'heure)* à.... *(indiquer l'heure)*, salle.... *(à compléter)*.

Les dates retenues pour les élections sont les suivantes :

– premier tour des élections : le.... *(date)* ;

– second tour des élections : le.... *(date)*.

**Article 6 - Salariés ayant la qualité d'électeur – Constitution et affichage des listes électorales**

Conformément aux dispositions légales, tout salarié âgé de 16 ans et ayant au moins 3 mois d'ancienneté dans l'entreprise à la date du premier tour de scrutin, soit le..... *(date)*, a droit de vote.

Les listes électorales de chaque collège seront arrêtées par la direction à la date du premier tour des élections, soit le.... *(date)*. Elles indiqueront les nom et prénom, l'ancienneté dans l'entreprise et la date de naissance de chaque électeur ainsi que la part de femmes et d'hommes composant chaque collège électoral.

Elles seront affichées sur les panneaux réservés à l'entreprise le.... *(date)*. Tout syndicat de l'entreprise pourra en demander communication.

**Article 7 - Candidatures des salariés – Représentation équilibrée des femmes et des hommes – Listes de candidats**

7.1 - Salariés pouvant se porter candidats à l'élection du CSE

Conformément aux dispositions légales, tout salarié âgé de 18 ans révolus et ayant au moins 1 an d'ancienneté dans l'entreprise à la date du premier tour de scrutin, soit le.... *(date)*, peut se porter candidat au sein du collège auquel il appartient.

Il est rappelé que le premier tour est réservé aux organisations syndicales et que les candidatures sont libres au second tour.

7.2 - Représentation équilibrée des femmes et des hommes

Pour chaque collège électoral, il est rappelé que les listes de titulaires et de suppléants comportant plusieurs candidats doivent être composées d'un nombre de femmes et d'hommes correspondant à la part de femmes et d'hommes inscrits sur la liste électorale.

Lorsque l'application de ces règles conduit à exclure totalement la représentation de l'un ou l'autre sexe, les listes de candidats pourront comporter un candidat du sexe qui, à défaut, ne serait pas représenté. Par conséquent :

– s'il y a un siège à pourvoir, les listes peuvent présenter indifféremment un homme ou une femme ;

– s'il y a deux sièges à pourvoir, les listes doivent obligatoirement présenter un homme et une femme, quelle que soit la proportion de femmes et d'hommes du collège (l'ordre de présentation importe peu). Il est interdit de ne faire figurer qu'un homme ou qu'une femme.

> Obs : ces règles ne s'appliquent que pour les listes syndicales au premier et au second tour des élections.

7.3 - Constitution, dépôt et affichage des listes de candidats

Les listes de candidats sont établies par collège en distinguant titulaires et suppléants. Pour des raisons d'ordre matériel tenant à l'organisation du vote par correspondance, les listes du premier tour seront communiquées à l'employeur au plus tard le.... *(date)* à.... *(préciser l'heure)*. Cette communication peut être effectuée par lettre recommandée avec accusé de réception, le cachet de La Poste faisant foi, ou par dépôt auprès de l'employeur contre récépissé, ou par courriel avec AR à l'adresse suivante .... *(adresse mail)*.

Si un second tour est nécessaire, l'employeur affiche avec les résultats du premier tour un appel à candidatures indiquant, pour chaque institution, le nombre de sièges qu'il reste à pourvoir et les collèges concernés. Cet affichage doit être effectué dès le lendemain de la proclamation des résultats du premier tour, soit le.... *(date)*.

Les listes du second tour devront être communiquées à la direction au plus tard le.... *(date)* à.... *(préciser l'heure)*, selon les mêmes modalités qu'au premier tour. Les candidatures présentées au premier tour seront considérées comme maintenues au second tour, sauf si les organisations syndicales déposent de nouvelles listes avant la date limite.

Les listes de candidats seront affichées par la direction des ressources humaines sur les panneaux réservés à l'entreprise le lendemain de la date limite de dépôt.

Il est rappelé que les listes de candidats ne devront pas comporter plus de candidats que de sièges à pourvoir. Les listes incomplètes sont admises.

## Article 8 - Campagne électorale – Propagande électorale – Profession de foi

Les organisations syndicales et les candidats assureront leur propagande électorale dans le cadre des dispositions habituelles dans l'entreprise : affichage, distribution de tracts, réunions, etc.

Les professions de foi, destinées à être adressées aux salariés concernés par le vote par correspondance, devront être remises à la direction avant le.... *(date)* pour le premier tour et avant le.... *(date)* pour le second tour.

Chaque candidat ou organisation syndicale est responsable de la reproduction de sa propagande électorale et devra remettre à la direction un nombre suffisant de professions de foi par liste.

## Article 9 - Mise à disposition par la direction des bulletins de vote, des enveloppes, des urnes et d'isoloirs

9.1 - Bulletins de vote et enveloppes

L'impression et la fourniture des bulletins de vote et des enveloppes incombent à la direction.

Les bulletins de vote et les enveloppes qui doivent contenir les bulletins sont de couleurs différentes pour l'élection des titulaires et des suppléants :

– .... *(indiquer la couleur)* pour les titulaires ;

– .... *(indiquer la couleur)* pour les suppléants.

Outre l'indication des noms et prénoms du ou des candidats, les bulletins de vote comporteront très lisiblement :

– la mention « Titulaires » ou « Suppléants » et l'indication du collège concerné ;

– le sigle de l'organisation syndicale concernée ou éventuellement la mention « Liste libre ».

Les bulletins de vote et les enveloppes seront disposés, en nombre suffisant, à l'entrée du lieu de vote. Il conviendra de les déposer de manière à ce qu'il n'y ait pas de confusion possible entre les bulletins et les enveloppes des différents collèges.

9.2 - Urnes - Mise en place d'isoloirs

L'élection des membres du comité social et économique se déroule par collège. Il convient donc de prévoir deux urnes pour chaque collège : l'une pour l'élection des titulaires, l'autre pour l'élection des suppléants.

Chaque urne sera marquée de la couleur correspondant aux bulletins et enveloppes qui lui sont destinés et devra indiquer très lisiblement le collège concerné.

Afin de permettre à chaque électeur de s'isoler pour voter, la direction met en place.... *(nombre)* isoloirs. Le passage des électeurs par cet isoloir est obligatoire.

**Article 10** - Modalités d'organisation du vote par correspondance pour les salariés absents le jour du scrutin

Les salariés absents de l'entreprise à la date du scrutin pour quelque cause que ce soit (arrêt de travail, congé de maternité, congés payés, formation, etc.) pourront, s'ils le souhaitent, voter par correspondance. Ils devront en avoir informé la direction des ressources humaines avant le.... *(date)*.

Les salariés devant voter par correspondance recevront, au plus tard.... *(nombre)* jours avant chaque tour de scrutin :

– les bulletins de vote des candidats titulaires et suppléants des différentes listes de leur collège électoral et les enveloppes correspondantes destinées à recevoir les bulletins ;

– les professions de foi des organisations syndicales qui auront été remises à la direction des ressources humaines dans les conditions prévues par le présent protocole ;

– une note explicative relative aux modalités du vote par correspondance. Cette note explicative sera annexée au présent protocole préélectoral ;

– une grande enveloppe d'expédition, timbrée à l'adresse de la boîte postale ouverte à cet effet par l'employeur auprès du bureau de La poste, destinée à recevoir les enveloppes contenant les bulletins de vote.

L'enveloppe d'expédition doit mentionner, au verso, les nom et prénom de l'électeur ainsi que le collège électoral auquel il appartient. L'électeur doit obligatoirement apposer à cet endroit sa signature. Les enveloppes intérieures ne doivent, à peine de nullité du vote, porter aucun signe distinctif.

 

Pour le premier tour, la boîte postale sera relevée le.... *(date)* à.... *(préciser l'heure)* par l'employeur et les présidents des bureaux de vote.

Si un second tour est nécessaire, la boîte postale sera relevée dans les mêmes conditions le.... *(date)* à.... *(préciser l'heure)*.

Les votes par correspondance ne seront recevables que jusqu'à la dernière heure utile de réception du courrier postal.

**Article 11** - Composition et mission des bureaux de vote de chaque collège – Délégués de liste

Un bureau de vote est mis en place pour chaque collège électoral. Il sera composé de trois électeurs appartenant obligatoirement au collège concerné :

– un président : l'électeur le plus ancien ou, à défaut, un salarié volontaire ;

– deux assesseurs : le second plus ancien et le plus jeune électeur ou, à défaut, des salariés volontaires.

Le bureau de vote est chargé de contrôler le déroulement des opérations électorales. Il s'assure de la régularité, du secret du vote, procède au dépouillement des votes après clôture du scrutin par son président et proclame les résultats.

La direction fournit à chaque bureau de vote les listes d'émargement et un exemplaire du présent protocole d'accord préélectoral.

Un représentant de chaque liste de candidats, membre du personnel, peut assister aux opérations électorales. Le temps passé par ces observateurs au déroulement des élections étant rémunéré comme temps de travail.

L'employeur peut désigner un représentant de son choix qui sera chargé d'assister aux opérations électorales.

**Article 12** - Clôture du scrutin, opérations de dépouillement et proclamation et affichage des résultats

Les salariés voteront pour élire les titulaires et, après émargement sur la liste correspondant aux titulaires, voteront pour les suppléants en émargeant sur la liste correspondant aux suppléants.

A l'heure fixée par le présent protocole, le président de chaque bureau annonce la clôture du scrutin. Il est ensuite procédé aux opérations de dépouillement :

– préalablement à l'ouverture des urnes, le président dépose dans chaque urne correspondante les enveloppes de vote par correspondance non décachetées après pointage des listes électorales ;

– il est ensuite procédé à l'ouverture des urnes et au dépouillement des bulletins de vote. Si nécessaire, le bureau pourra solliciter le concours de scrutateurs, parmi les électeurs présents dans la salle de vote.

A l'issue des opérations de dépouillement, les membres du bureau remplissent et signent les procès-verbaux d'élection prévus à cet effet. Les résultats sont proclamés par le président.

Les résultats définitifs des élections seront affichés par la direction sur les panneaux réservés à l'entreprise dès la proclamation des résultats.

**Article 13** - Calendrier des opérations électorales pour l'élection du comité social et économique

Le calendrier du premier tour des élections professionnelles est établi comme suit :

| A effectuer (premier tour des élections) | Date |
|---|---|
| Affichage des listes électorales par l'employeur | Le.... *(date)* |
| Dépôt des listes de candidats du premier tour | Avant le..... *(date)* |
| Affichage des listes de candidats sur les panneaux d'affichage | Le.... *(date)* |
| Remise à l'employeur des professions de foi | Avant le..... *(date)* |
| Information de l'employeur du souhait de voter par correspondance | Avant le..... *(date)* |
| Envoi du matériel de vote aux salariés ayant opté pour le vote par correspondance | Avant le..... *(date)* |
| Constitution des bureaux de vote | Avant le..... *(date)* |
| Relevé de la boîte postale contenant les votes par correspondance | Le.... *(date)* |
| Premier tour de scrutin | Le.... *(date)* |
| Affichage des résultats du premier tour et, si nécessaire, d'une note d'appel à candidatures pour le second tour | Le.... *(date)* |

Le calendrier du second tour des élections professionnelles est établi comme suit :

| A effectuer (second tour des élections) | Date |
|---|---|
| Dépôt des listes de candidats du second tour | Avant le..... *(date)* |
| Affichage des listes de candidats sur les panneaux d'affichage | Le.... *(date)* |
| Remise à l'employeur des professions de foi | Avant le..... *(date)* |
| Information de l'employeur du souhait de voter par correspondance | Avant le..... *(date)* |
| Envoi du matériel de vote aux salariés ayant opté pour le vote par correspondance | Avant le..... *(date)* |
| Constitution des bureaux de vote | Avant le..... *(date)* |
| Relevé de la boîte postale contenant les votes par correspondance | Le.... *(date)* |
| Second tour de scrutin | Le.... *(date)* |
| Affichage des résultats du second tour | Le.... *(date)* |

**Article 14** - **Durée de validité et publicité du présent protocole d'accord préélectoral**

Le présent protocole d'accord est conclu pour les élections des membres de la délégation unique du personnel de l'année... *(année)*.

Il sera établi en autant d'exemplaires originaux que de parties à la négociation. Un exemplaire original sera transmis par la direction à l'inspection du travail du siège de l'entreprise.

Il sera affiché sur les panneaux destinés à l'information du personnel.

Fait à.... *(lieu)*, le.... *(date)*

Pour les syndicats

Signature

Pour la direction

Signature

# Note de service relative au non-renouvellement du comité social et économique

**Cette note doit être établie un mois avant la date normale de renouvellement du comité social et économique. Mais une information préalable du CSE paraît souhaitable.**

*Z..... (dénomination sociale)*

Société..... *(forme)* au capital de..... *(capital)*

..... *(RCS)*,..... *(numéro SIREN)*

..... *(siège social/adresse)*

**NOTE DE SERVICE**

Objet : comité social et économique

Les effectifs de notre entreprise ont été inférieurs à 11 salariés pendant 12 mois consécutifs.

Cette baisse d'effectifs contraint la direction, comme l'y autorise l'article L. 2313-10 du code du travail, à ne pas renouveler dans l'immédiat le comité social et économique, dont le mandat expire le..... *(date)*.

De nouvelles élections auront lieu dès que les conditions d'effectifs seront à nouveau remplies.

> Obs : le seuil de 11 salariés devra à nouveau être atteint pendant au moins 12 mois consécutifs.

Fait à..... *(lieu)*, le..... *(date)*

Signature

# Le rôle du CSE en matière de droit du travail et de négociation collective

# Négociation d'un accord dans les entreprises de moins de 50 salariés sans délégué syndical

Dans les entreprises dont l'effectif est compris entre 11 et moins de 50 salariés, il est prévu deux modalités alternatives de négociation en l'absence de délégué syndical. Les accords d'entreprise peuvent être négociés soit avec des salariés mandatés, soit avec des membres du CSE. Ce schéma illustre ces modalités.

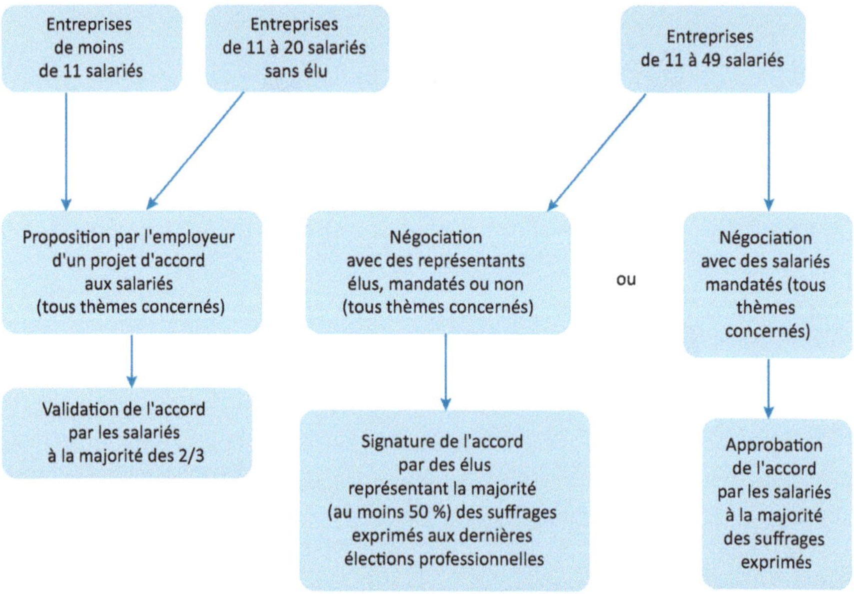

# Le rôle du CSE en matière de santé, sécurité et conditions de travail

# Exemple d'arbre des causes élaboré après un accident du travail

**Après un accident, le CSE doit mener une enquête. Celle-ci peut être réalisée en suivant la méthode de l'arbre des causes. Cette méthode a pour objet de rechercher les causes objectives et profondes de l'accident et de mettre en place les mesures nécessaires pour qu'il ne se reproduise plus. Pour comprendre réellement ce qu'est la méthode de l'arbre des causes et vous aider à construire un tel arbre, il est plus simple de partir d'un exemple.**

## 1. Étapes à suivre pour construire un arbre des causes

Schématiquement, les étapes sont les suivantes :

– enquête minutieuse et méthodique en vue de recueillir rapidement et de manière objective les faits relatifs à l'accident. L'enquête ne doit servir qu'à comprendre pourquoi l'accident s'est produit et à dégager des mesures de prévention. Elle n'a pas pour objectif de trouver un coupable ;

– construction de l'arbre des causes en partant du fait ultime et en se posant les questions suivantes : quelle est la cause de ce fait ? Cette cause est-elle nécessaire et suffisante pour être la cause du fait suivant ? Ce fait est-il la conséquence d'une ou plusieurs causes simultanées (au moins 2) ?

## 2. Circonstances de l'accident dont a été victime Pierre

Pierre est magasinier. Il retire le film plastique qui entoure les palettes de produits et dépose les produits dans les racks de stockage prévus à cet effet. Pour trancher le film qui maintient les produits, Pierre utilise un cutter qu'il réserve habituellement à cet effet.

Au cours du tranchage du film d'une palette, il se forme un boudin de film non coupé. Pour achever la découpe, Pierre reprend le tranchage de bas en haut, vers lui. Au cours de cette manœuvre, le cutter ripe sur le boudin. Avec l'élan donné, il termine sa course dans l'avant-bras de Pierre, au niveau du coude. La blessure profonde entraîne des soins hospitaliers.

Après avoir examiné le cutter, il apparaît que la lame est usée. Les autres magasiniers nous ont précisé qu'une lame usée entraînait fréquemment des boudins, surtout lorsque le filmage des palettes est lâche. C'était le cas de la palette de Pierre.

## 1. Agencement des faits dans un arbre des causes

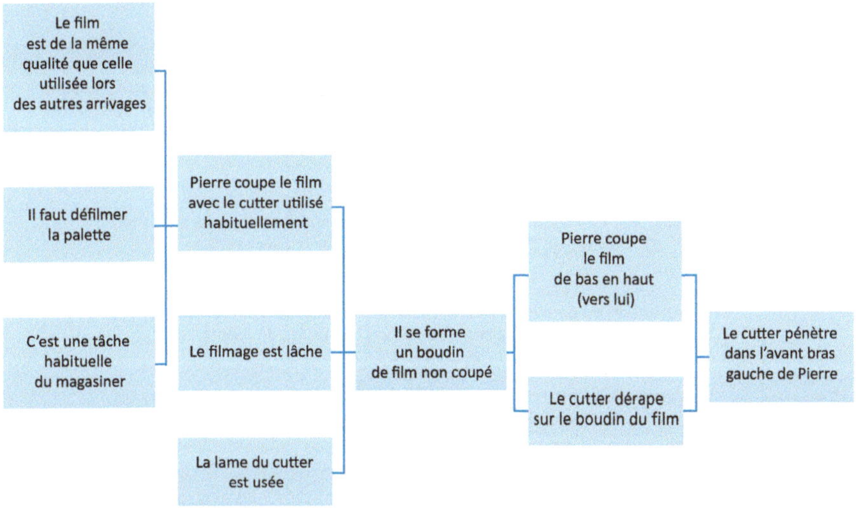


## 2. Déterminer les actions de prévention nécessaires

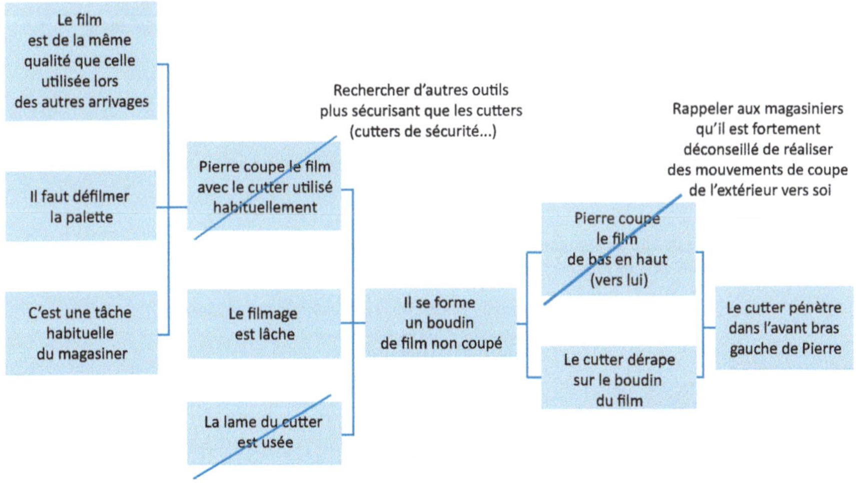

# Schéma de mise en œuvre du droit d'alerte du CSE en cas de danger grave et imminent

En cas de danger grave et imminent, tout représentant du personnel au CSE dispose d'un droit d'alerte qui lui permet de tirer immédiatement une sonnette d'alarme auprès de l'employeur. Ce schéma permet de visualiser les différentes étapes de mise en œuvre du droit d'alerte.

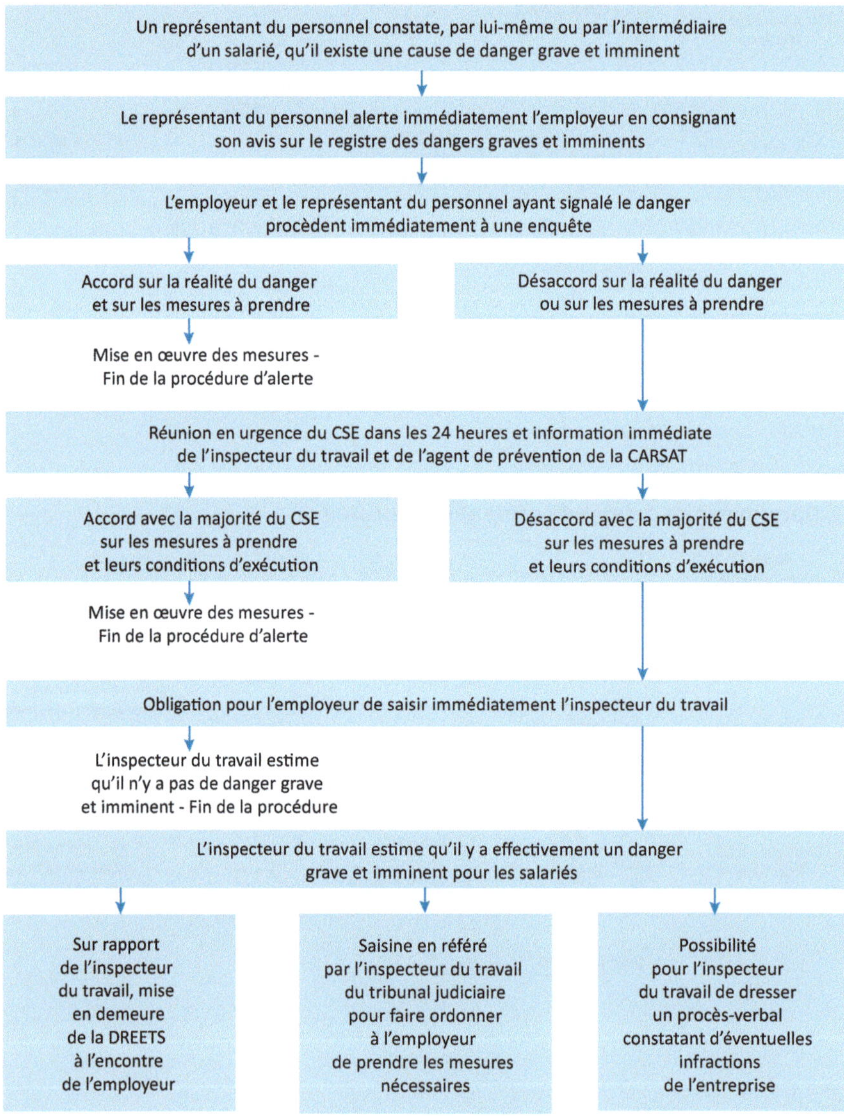

# Schéma de mise en œuvre du droit de retrait d'un salarié

Le droit de retrait, c'est la possibilité pour un salarié de quitter son poste de travail lorsqu'il a un motif raisonnable de penser que sa situation de travail présente un danger grave et imminent pour sa vie ou sa santé (article L. 4131-1). Le code du travail ne prévoit pas de procédure à suivre quand on fait jouer son droit de retrait. D'où l'intérêt de ce schéma qui permet de visualiser comment les choses doivent se passer.

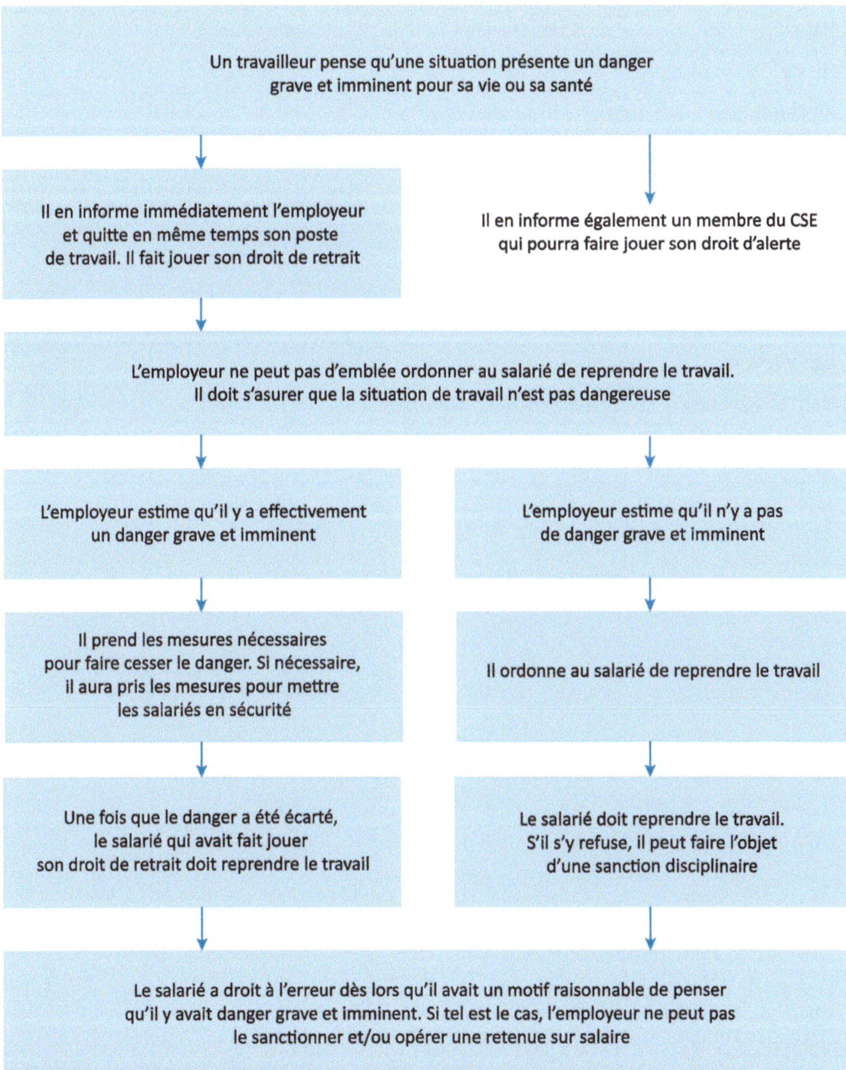

# Exemple de registre des dangers graves et imminents

**Lorsqu'il fait jouer son droit d'alerte pour danger grave et imminent, le représentant du personnel au CSE consigne son avis par écrit sur un registre spécial qui doit être tenu à sa disposition sous la responsabilité de l'employeur. Cet avis daté et signé indique les postes de travail concernés par la cause du danger constaté, la nature et la cause de ce danger ainsi que le nom des travailleurs exposés (article D. 4132-1). Voilà à quoi ressemble ce registre.**

| | |
|---|---|
| Date : ..... *(date)* | Établissement : *Z ..... (dénomination sociale)* |
| Heure : ..... *(heure)* | |
| Atelier(s) ou service(s) concerné(s) | ..... *(à compléter)* |
| Poste(s) de travail concerné(s) | ..... *(à compléter)* |
| Nature et cause(s) du danger constaté | ..... *(à compléter)* |
| Nom des salariés exposés | ..... *(à compléter)* |
| Observations | ..... *(à compléter)* |
| Nom et signature du représentant du personnel | ..... *(à compléter)* |

# Schéma de mise en œuvre du droit d'alerte en cas d'atteinte à la santé physique et mentale ou aux libertés individuelles des salariés

Lorsqu'un membre du CSE constate une atteinte aux droits des personnes, à leur santé physique et mentale ou aux libertés individuelles dans l'entreprise, il en saisit immédiatement l'employeur. L'employeur procède sans délai à une enquête. C'est ce qu'on appelle le droit d'alerte en cas d'atteinte aux droits des personnes. Ce schéma reprend les grandes étapes de la mise en œuvre de ce droit d'alerte.

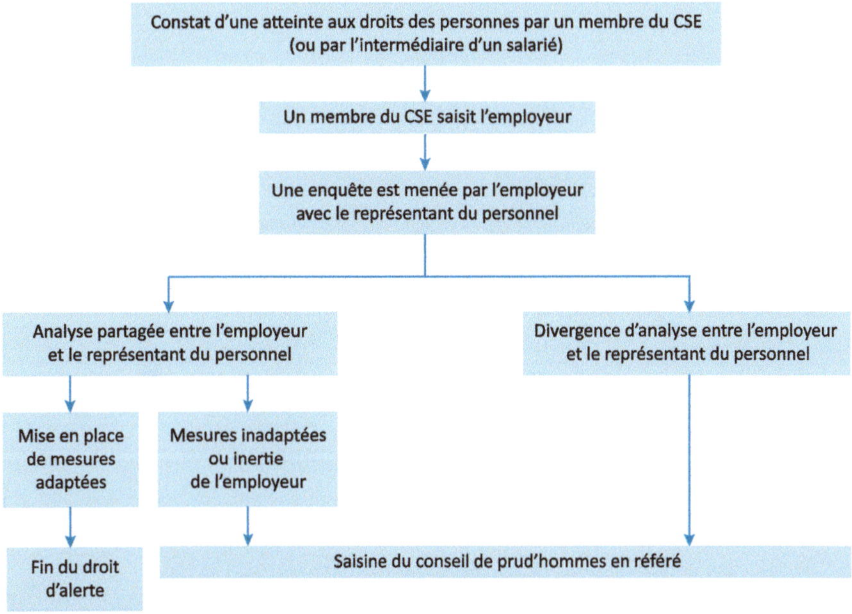


 

# Le fonctionnement du CSE

# Exemple de bon de délégation pour l'utilisation du crédit d'heures

**Dans de nombreuses entreprises, la prise d'heures de délégation donne lieu à établissement d'un bon de délégation. Cette pratique est légale dans la mesure où elle n'institue pas un contrôle *a priori* de l'utilisation du crédit d'heures par l'employeur. Il n'existe pas de modèle officiel de bon de délégation. Ce modèle permet de se faire une idée des informations que l'on peut demander au représentant du personnel.**

*Z ..... (dénomination sociale)*

Établissement de : *..... (à compléter)*

*..... (lieu)*, *..... (date)*

**Bon de délégation**

*..... (Atelier/Service)* : *..... (à compléter)*

Nom : *B ..... (nom)*

Prénom : *B ..... (prénom)*

Mandat exercé : *..... (à compléter)*

Heure de départ : *..... (préciser l'heure)*

Durée présumée de l'absence : *..... (préciser la durée d'absence)*

Mission :

*..... (dans/hors de)* l'entreprise

Heure de retour : *..... (préciser l'heure)*

Visa du chef de service

*A ..... (prénom) A ..... (nom)*

Signature

# Information mensuelle de l'employeur en cas de partage des heures de délégation entre élus du CSE

**Chaque mois, les titulaires du CSE peuvent répartir entre eux et avec les membres suppléants le crédit d'heures de délégation dont ils disposent. Les élus titulaires concernés doivent informer l'employeur du nombre d'heures réparties au titre de chaque mois au plus tard 8 jours avant la date prévue pour leur utilisation. Cette information se fait par un document écrit précisant leur identité ainsi que le nombre d'heures mutualisées pour chacun d'eux. L'envoi d'un mail suffit.**

*A ..... (prénom) A ..... (nom)*,

membre titulaire du CSE

A *..... (lieu)*, le *..... (date)*

A l'attention de *B ..... (prénom) B ..... (nom)*, président du comité social et économique

**Objet :** information de la répartition des heures de délégation pour le mois de *..... (mois)*

*..... (Monsieur/Madame)*,

En ma qualité d'élu titulaire du comité social et économique, je vous informe que mes *..... (nombre)* heures de délégation du mois de *..... (mois)* seront réparties entre *C ..... (prénom) C ..... (nom)*, élu suppléant du CSE et moi-même de la manière suivante : *..... (nombre)* heures pour l'exercice personnel de mon mandat et *..... (nombre)* heures pour *C ..... (prénom) C ..... (nom)*.

Bien cordialement

Signature

# Le mandat des élus

# Exemple de recours hiérarchique contre une autorisation de licenciement

**Dès qu'il y a été autorisé par l'inspecteur du travail, l'employeur peut licencier un représentant du personnel. S'il n'est pas d'accord, le salarié peut intenter un recours devant le ministre du Travail pour faire annuler l'autorisation de licenciement. Le modèle proposé envisage l'hypothèse d'un représentant du personnel qui conteste lui-même son licenciement pour faute grave.**

*A ..... (prénom) A ..... (nom)*

*A ..... (adresse)*

A ..... *(lieu)*, le ..... *(date)*

..... *(Monsieur ou Madame)* ..... *(le ou la)* ministre chargé du travail

..... *(adresse)*

Obs : la décision de l'inspecteur du travail doit indiquer les voies et délais de recours ainsi que l'adresse à laquelle le recours hiérarchique peut être adressé. Il est conseillé d'envoyer un recommandé avec accusé de réception.

**Lettre recommandée avec AR**

..... *(Monsieur ou Madame)* ..... *(le ou la)* ministre,

Sur autorisation délivrée le ..... *(date)* par l'inspecteur du travail de ..... *(indiquer la ville)*, *B ..... (prénom)* B ..... *(nom)*, j'ai été licencié pour faute grave le ..... *(date)*. Il m'a été reproché ..... *(exposer le motif de licenciement)*.

Je vous précise que je travaillais pour la société *Z ..... (dénomination sociale)* depuis le ..... *(date)* et que j'y occupais le poste de *A ..... (fonction)*. J'ai été élu en qualité de titulaire du comité social et économique de mon entreprise ..... *(à compléter)* le ..... *(date)*.

J'estime que les faits qui ont été retenus par ..... *(Monsieur ou Madame)* l'inspecteur du travail pour autoriser mon licenciement pour faute grave ne sont pas fondés. Il apparaît en effet ..... *(exposer la version du salarié)*.

Obs : quand on conteste un licenciement pour faute, il faut donner un maximum d'éléments de fait prouvant que le motif invoqué par l'employeur n'est pas justifié. D'où l'intérêt d'avoir des traces écrites de ce qui s'est passé ou de ce qui s'est dit (mail, courrier, compte rendu annuel d'évaluation, attestation d'un autre représentant du personnel, etc.).

Aussi, en application de l'article R. 2422-1 du code du travail, je vous demande de bien vouloir annuler la décision du..... *(date)* par laquelle mon licenciement a été autorisé par..... *(Monsieur ou Madame)* l'inspecteur du travail de..... *(indiquer la ville)*.

Vous trouverez en annexe une copie de cette décision d'autorisation.

Veuillez agréer, ..... *(Monsieur ou Madame)* ..... *(le ou la)* ministre, l'expression de mes sentiments distingués.

*A ..... (prénom) A ..... (nom)*

# Demande de réintégration suite à un licenciement prononcé sans autorisation administrative

**Sans autorisation de l'inspecteur du travail, le licenciement du représentant du personnel est nul. Qui dit nullité dit droit à réintégration dans l'entreprise. Le salarié n'est pas obligé de demander sa réintégration. S'il la demande, on peut lui conseiller d'adresser un premier courrier à l'employeur par lequel il fait valoir la nullité de son licenciement et son droit à réintégration.**

*A ..... (prénom) A ..... (nom)*

*A ..... (adresse)*

A *..... (lieu)*, le *..... (date)*

*Z ..... (dénomination sociale)*

A l'attention de *B ..... (prénom) B ..... (nom)*

*Z ..... (siège social)*

**Lettre recommandée avec AR**

> Obs : il est vivement conseillé d'envoyer un tel courrier en recommandé avec accusé de réception.

*..... (Monsieur/Madame)*,

Après m'avoir convoqué à un entretien préalable le *..... (date)*, vous avez pris la décision de me licencier. Ce licenciement m'a été notifié le *..... (date)* et j'ai définitivement quitté l'entreprise le *..... (date)*.

> Obs : il faut commencer par rappeler les circonstances dans lesquelles est intervenu le licenciement.

A la date à laquelle cette procédure de licenciement a été engagée, je bénéficiais du statut protecteur accordé aux représentants du personnel. Compte tenu de ma qualité de membre du comité social et économique, vous ne pouviez me licencier sans y avoir été préalablement autorisé par l'inspecteur du travail compétent.

Je vous informe donc par la présente que je considère le licenciement prononcé à mon encontre comme nul et de nul effet.

> Obs : toute rupture du contrat de travail d'un représentant du personnel sans autorisation de l'inspecteur du travail est nulle et de nul effet.

Souhaitant retrouver mon poste de travail et mes fonctions représentatives, je vous demande de me réintégrer immédiatement dans l'entreprise. A défaut, je me verrai contraint d'engager une action contentieuse devant le conseil de prud'hommes.

> Obs : le salarié protégé licencié sans autorisation administrative a le droit d'exiger sa réintégration dans l'entreprise. Il doit retrouver ses fonctions représentatives si l'institution n'a pas été renouvelée.

Par ailleurs, la violation de mon statut protecteur m'ouvre droit à une indemnité venant réparer le préjudice subi entre mon licenciement et ma réintégration. Je vous propose de chiffrer ultérieurement le montant de cette indemnité au cours d'un entretien que vous voudrez bien m'accorder dès mon retour dans l'entreprise.

> Obs : le salarié a droit à une indemnité réparant le préjudice subi du fait de la violation de son statut protecteur.

Je vous informe qu'une copie de ce courrier a été adressée ce jour à *C ..... (prénom) C ..... (nom)*, inspecteur du travail dont relève l'entreprise.

Veuillez agréer, *..... (Monsieur/Madame)*, l'expression de mes sentiments distingués.

*A ..... (prénom) A ..... (nom)*

Signature

# Demande de réintégration après annulation de l'autorisation de licenciement

**Le licenciement d'un représentant du personnel est nul lorsque l'autorisation de licenciement a fait l'objet d'une annulation à la suite d'un recours. Le salarié est alors en droit d'être réintégré dans l'entreprise et de percevoir une indemnisation réparant le préjudice subi. Le modèle de lettre proposé envisage l'hypothèse d'un salarié protégé qui demande sa réintégration après annulation de l'autorisation de licenciement par le ministre du Travail.**

*A ..... (prénom) A ..... (nom)*

*A ..... (adresse)*

A *..... (lieu)*, le *..... (date)*

Obs : le salarié doit demander sa réintégration dans un délai de 2 mois à compter de la notification de la décision d'annulation de l'autorisation de licenciement.

*Z ..... (dénomination sociale)*

A l'attention de *B ..... (prénom) B ..... (nom)*

*Z ..... (siège social)*

*..... (Monsieur/Madame)*,

Comme vous en avez été informé, l'autorisation de licenciement délivrée par l'inspecteur du travail le *..... (date)* à mon encontre a fait l'objet d'une annulation de la part du ministre du Travail par décision du *..... (date)*. Compte tenu de cette annulation, mon licenciement doit être considéré comme nul et de nul effet.

Obs : même si l'employeur conteste, devant le tribunal administratif, la décision d'annulation, le salarié a le droit de demander sa réintégration.

Souhaitant retrouver mon poste de travail, je vous demande de me réintégrer immédiatement dans l'entreprise en application de l'article L. 2422-1 du code du travail. A défaut, je me verrai contraint d'engager une action en référé devant le conseil de prud'hommes.

Obs : le salarié pourrait également demander à retrouver son mandat de membre élu du comité social et économique. Cependant, cela ne sera possible que si le CSE n'a pas été renouvelé avant sa réintégration.

Par ailleurs, conformément à l'article L. 2422-4 du code du travail, vous êtes dans l'obligation de m'indemniser pour réparer le préjudice subi entre mon licenciement et ma réintégration. Je vous propose de chiffrer ultérieurement le montant de cette indemnité au cours d'un entretien que vous voudrez bien m'accorder dès mon retour dans l'entreprise.

Obs : il est recommandé de se faire assister par un avocat ou par le service juridique de son syndicat pour chiffrer le montant de l'indemnité due par l'employeur.

Je vous informe qu'une copie de ce courrier a été adressée ce jour à *C ..... (prénom) C ..... (nom)*, inspecteur du travail dont relève l'entreprise.

Veuillez agréer, *..... (Monsieur/Madame)*, l'expression de mes sentiments distingués.

*A ..... (prénom) A ..... (nom)*

Signature

# Table alphabétique


## A

Accident du travail : 91

Accord de branche : 84

Accord de performance collective (APC) : 82

Arbre des causes : 94, 194

Attribution des sièges : 45

Avis conforme du CSE : 68

## B

Bon de délégation : 133, 201

Bulletins de vote : 38

## C

Campagne électorale : 37

Collèges électoraux : 24, 31

Commission santé, sécurité et conditions de travail (CSSCT) : 96

Composition du CSE : 8

Congés payés : 67

Consultation du CSE : 63
- réunion : 120
- tableaux récapitulatifs : 68

Contestation des élections : 51

Crédit d'heures : 127

CSE dans les entreprises de 50 salariés et plus : 11

Cumul des heures de délégation : 128

## D

Défenseur des droits : 79

Délit d'entrave : 147

Dépouillement des votes : 43

Discrimination : 76, 169

Document unique d'évaluation des risques professionnels (DUERP) : 90

Droit d'alerte : 97
- en cas d'atteinte aux droits des personnes : 98, 199
- en cas de danger grave et imminent : 101, 196
- en cas de risque pour la santé publique ou l'environnement : 104

Droit de retrait : 101, 197

Droit de veto : 68

## E

Effectif
- calcul : 16
- évolution : 20

Élections du CSE : 22, 178

Élections partielles : 25

Éligibilité : 28

Enquête : 91

Entretien de début et de fin de mandat : 156

Épargne salariale : 82

Établissements : 13

## F

Forfait jours : 127

Formation : 141
- à la santé, à la sécurité et aux conditions de travail : 145
- économique, sociale, environnementale et syndicale : 141

Frais de déplacement : 139

## H

Heures de délégation : 127

## I

Inaptitude : 65

Information du CSE : 61

Inspection du travail : 80, 107, 148, 162

Isoloir : 39

## L

Liberté de déplacement : 137

Licenciement d'un élu : 162, 204

Licenciement économique : 65

Listes de candidats : 35

Listes électorales : 34

Local : 122

## M

Mandat des élus : 152

Médecine du travail : 110

## N

Négociation d'un accord : 81, 192

## O

Obligation de discrétion : 126

## P

Panneaux d'affichage : 124

Parité des listes de candidats : 36

Partage des heures de délégation : 128, 202

Périodicité des réunions du CSE : 116

Prime de partage de la valeur (PPV) : 83

Procès-verbal de carence : 24, 50

Procès-verbal des élections : 50

Proclamation des résultats des élections : 49

Promotion de la santé, sécurité et des conditions de travail : 88

Protection des membres du CSE : 158, 204

Protocole d'accord préélectoral : 29, 183

## Q

Quorum : 44

## R

Réclamations : 54, 119

Recours hiérarchique : 165, 204

Référent harcèlement : 96

Registre
- des dangers graves et imminents : 103, 198
- des réclamations : 60
- unique du personnel : 62

Rémunération des heures de délégation : 134

Représentants de proximité : 14

Représentation équilibrée entre des femmes et des hommes : 36

Réunion : 116

Rupture conventionnelle : 164

## S

Sanction disciplinaire : 159

Santé, sécurité et conditions de travail : 88

Secret professionnel : 126

Services de prévention et de santé au travail (SPST) : 110

Suppléants : 157

Suspension de séance : 121

## T

Tableaux des consultations du CSE : 68

Travailleurs mis à disposition : 17, 18, 29, 182

## U

Unité économique et sociale (UES) : 14

Urne : 39

## V

Visioconférence : 120

Vote électronique : 41, 180

Vote par correspondance : 40